Michael Steinberger

DER UNSICHTBARE

MICHAEL STEINBERGER

DER UNSICHTBARE

TECH-MILLIARDÄR ALEX KARP, PALANTIR UND DER GLOBALE ÜBERWACHUNGSSTAAT

Aus dem amerikanischen Englisch
von Bernhard Schmid

ARISTON

Originalausgabe erschien 2025 unter dem Titel
The Philosopher in the Valley bei Avid Reader Press, Simon & Schuster.

MIX
Papier | Fördert gute Waldnutzung
FSC® C014496

Penguin Random House Verlagsgruppe FSC® N001967

1. Auflage 2025

in der Penguin Random House Verlagsgruppe GmbH,
Neumarkter Straße 28, 81673 München
produktsicherheit@penguinrandomhouse.de
(Vorstehende Angaben sind zugleich
Pflichtinformationen nach GPSR.)

www.penguin.de/verlage/ariston

Übersetzung: Bernhard Schmid
Redaktion: Jan W. Haas
Umschlaggestaltung: wilhelm typo grafisch nach einer Vorlage
von Pete Garceau unter Verwendung von Bildmaterial von
Gettyimages / Bloomberg, Aleksandra Konoplia
Satz: Satzwerk Huber, Germering
Druck und Bindung: GGP Media GmbH, Pößneck
Printed in Germany
ISBN 978-3-424-20284-7

INHALT

Für Kathy, James und Ava
(und auch Patches)

Prolog

EINE GEFAHRLOSERE WELT FÜR ALEX KARP

»Hier muss wohl irgendwo ein Meth-Labor sein.«

Alex Karp hatte sich zu einer Joggingrunde aufgemacht. Es war ein Dienstagnachmittag im September 2021, und auch wenn es noch warm war in diesem nördlichen Zipfel New Hampshires, lag bereits der Herbst in der Luft – der Sonne fehlte die Kraft. Karp, in Radlerhose und T-Shirt, trabte langsam die an sein Anwesen grenzende Straße entlang. Das gemächliche Tempo war beabsichtigt, Teil eines Konditionstrainings, das ihm die Norweger aus seinem Personenschutzteam verordnet hatten, ehemalige Kommandosoldaten, die Karp auch im Skilanglauf trainieren, einem Sport, von dem er geradezu besessen ist. Vor dem Jogging hatte er, unter Anleitung seines langjährigen Lehrers, des Großmeisters Yang Yang, der aus New York zu Besuch war, ein Tai-Chi-Training absolviert und – als Mittagsmahlzeit – rasch einige dick mit Erdnussbutter beschmierte Brezeln verdrückt.

Karp befand sich am Fuße eines Hügels, als plötzlich ein arg ramponierter Wagen in sein Blickfeld gekrochen kam – im Schneckentempo wie er, als hätte sich jemand verfahren oder suchte ein schwer zu findendes Haus. Am Steuer saß ein Mann, auf dem Beifahrersitz eine Frau. Die beiden mochten Ende zwanzig, Anfang dreißig sein, und ihren hageren Gesichtern nach zu urteilen, ließen sie in ihrem Leben nichts aus.

Es gehört zu Karps Geschäft, auf alles zu achten: Er leitet ein Unternehmen, das mit der Erkennung von Mustern befasst ist, und ihm waren jüngst in der eher spärlich besiedelten Gegend mehrere mysteriöse Fahrzeuge aufgefallen, was ihn auf den Gedanken brachte, dass ganz in der Nähe womöglich ein echter Walter White sein Unwesen trieb. Als sich das Auto näherte, hob Karp die Hand zum Gruß, aber das Paar reagierte nicht, sondern starrte ihn nur misstrauisch an.

Ihr Misstrauen war verständlich: Sie befanden sich auf einer gewundenen Landstraße, drei Meilen von der nächsten Ortschaft und vielleicht eine Stunde südlich der kanadischen Grenze, und plötzlich trottete da mitten auf der Straße ein drahtiger Typ mit einem gewaltigen Schopf graumelierten Haars auf sie zu, hinter ihm ein paar stämmige Typen auf Fahrrädern und hinter diesen wiederum ein schwarzer Chevy Suburban mit getönten Scheiben. Wenn Karp Grund hatte, sich zu fragen, was sie dort verloren hatten, dann hatten sie doppelt Grund, sich über ihn und seine Entourage Gedanken zu machen. Drogenfahnder? Eine Falle? Jemand im Zeugenschutzprogramm? Ein Drogenboss? Falls die beiden tatsächlich auf dem Weg zu einem Deal waren, dürften sie angesichts der merkwürdigen Begegnung ins Schwitzen geraten sein. Hätten sie Karps wahre Identität gekannt, sie hätten womöglich auf die Tube gedrückt. So aber fuhren sie ganz vorsichtig an ihm vorbei, wie um zu signalisieren, dass sie keinen Ärger wollten.

Als der Wagen vorbei war, verfiel Karp wieder in seinen Trab. Während er so dahinschlenkerte, erzählte er mir von den 180 000 Dollar, die er kürzlich einem gewissen »River Dave« geschenkt hatte, einem Einsiedler aus der Gegend, dessen Zuhause abgebrannt war. Es war nicht nur eine nette Geste gewesen, sondern auch Ausdruck der Solidarität eines Introvertierten gegenüber einem Artgenossen. Das Geschenk sorgte landesweit für Schlagzeilen. Einigen Artikeln zufolge war

Karp – mit einem Gehalt von 1,1 Milliarden Dollar – 2020 der höchstbezahlte CEO eines börsennotierten Unternehmens der Welt.

Nachdem er einen Augenblick innegehalten hatte, um einige Füchse über die Straße huschen zu lassen, sprach er die Aussicht auf einen Krieg mit China an und betonte dabei, wie wichtig es sei, die amerikanische Vorherrschaft bei der Softwareentwicklung aufrechtzuerhalten. Was ihn auch gleich zu einigen gehässigen Bemerkungen über die »Wokeness« des Silicon Valley veranlasste und die seiner Ansicht nach unentschuldbare Ambivalenz der Tech-Branche hinsichtlich einer Zusammenarbeit mit dem amerikanischen Militär. Und wie so oft brachte ihn das Thema »Wokeness« auf unsere Alma Mater, das Haverford College, und dessen Versäumnis, ihn zu einer Rede auf dem Campus einzuladen, ganz zu schweigen von seinen halbherzigen Bemühungen um ihn als potenziellen Spender, was er ebenso beleidigend findet wie verrückt.

Nach etwa einer halben Stunde erreichte Karp eine Kreuzung, die den Endpunkt seiner üblichen Strecke markierte. Er wischte sich den Schweiß von der Stirn, trank einen Schluck Wasser und stieg auf der Beifahrerseite in den Suburban. (Fahren hat Karp nie gelernt.) Während der kurzen Fahrt zurück zum Haus zog er über Facebook vom Leder, nannte die Plattform ein »parasitäres Unternehmen« und erzählte mir, dass dessen Mitbegründer und CEO Mark Zuckerberg kürzlich ihren gemeinsamen Freund Peter Thiel angerufen hatte, um sich über Karps Breitseiten gegen seinen Konzern zu beschweren. Karps zwei Quadratkilometer großes Anwesen liegt an einem sanft abfallenden Hang. Das Haus selbst steht inmitten hoch aufragender Kiefern und bietet einen herrlichen Blick auf die White Mountains. Karp ging hinein und traf dort auf Günter, einen der vier Österreicher seines persönlichen Assistenteams; die anderen heißen Gabriel, Hermann und Agnes.

Dann war da noch ein Schweizer namens Martin, der ebenfalls zum Team gehörte. Karp und Günter wechselten einige Worte auf Deutsch; überhaupt unterhält er sich mit seinen Assistenten fast ausschließlich auf Deutsch. Mehrere Mitglieder von Karps Sicherheitsteam, zu dem neben den fünf Norwegern auch eine Handvoll Amerikaner, zwei Österreicher, ein Ire und ein Schotte gehören, saßen in der Küche bei einem späten Lunch. Die Szene hatte etwas geradezu Surreales – als befände man sich im Schlupfwinkel eines *Bond*-Schurken. Nur dass Karps Unternehmen mit dem britischen Geheimdienst zusammenarbeitet, nicht gegen ihn. Und dann war da noch die Mesusa an der Eingangstür, die man wohl eher nicht in *Bond*-Filmen sieht.

Karp schlug vor, auf die Schießbahn hinterm Haus zu gehen, ließ den Gedanken aber angesichts meines Mangels an Begeisterung gleich wieder fallen. Als wir ins Wohnzimmer traten, legte er sein Telefon in eine Faraday-Box und bat mich, seinem Beispiel zu folgen. »Die Chinesen wären verrückt, würden sie nicht versuchen, meine Anrufe abzuhören«, erklärte er. Karp, ein lebenslanger Junggeselle und mittlerweile Mitte fünfzig, besitzt mehrere Häuser in den Vereinigten Staaten und Europa. Das Haus in New Hampshire ist sein Hauptwohnsitz. Er fühlt sich dem Norden Neuenglands sentimental verbunden, hat er doch dort die Sommer seiner Kindheit verbracht, als seine Eltern noch zusammen waren, mit anderen Worten: vor deren bitterer Scheidung, die ein furchtbarer Schlag für ihn war.

Das Haus ist spärlich möbliert; es gibt eine Couch und einige Sessel, aber man hat nicht das Gefühl, dass dort tatsächlich jemand wohnt. Dies spiegelt sowohl Karps asketischen Lebensstil als auch seine rastlose Reisetätigkeit wider. Vor dem pandemiebedingten Hausarrest war er etwa 300 Tage im Jahr unterwegs und blieb selten länger als ein oder zwei Nächte am selben Ort. Er rechtfertigt die vielen Reisen mit seinen beruflichen Anforderungen, aber einige seiner Kollegen sind da skeptisch. »Der Typ läuft eindeutig vor etwas weg«, sagte einer von ihnen mit amüsiertem Unterton. Vereinzelt lagen Bücher herum, auf dem Tisch im Esszimmer eine Biografie von Albert Einstein auf Deutsch, daneben eine Handvoll Romane von John le Carré. Dieses Nebeneinander mag einem merkwürdig vorkommen, aber im Haus eines Alex Karp hat es eine gewisse Logik.

Karp ist Chief Executive Officer von Palantir Technologies, einem auf Datenanalyse spezialisierten Unternehmen. Benannt nach den sehenden Steinen in J.R.R. Tolkiens *Herr der Ringe*, entwickelte Palantir eine Software, die durch Analyse enormer Datenmengen Muster, Trends und Verbindungen zu erkennen vermag, die zu sehen menschliche Analysten womöglich Tage, Wochen oder gar Monate bräuchten. Gegründet wurde das Unternehmen nach dem 11. September 2001 mit der Maßgabe, dem amerikanischen Staat bei der Terrorismusbekämpfung beizustehen; finanziert wurde es zum Teil von In-Q-Tel, dem Risikokapitalarm der CIA. Heute arbeiten eine ganze Reihe von Geheimdiensten mit Palantir zusammen, darunter auch Israels Mossad. Spekulationen darüber, dass Palantirs Technologie eine Rolle bei der Kommandoaktion zur Tötung Osama bin Ladens gespielt haben könnte, verliehen dem Unternehmen einen geheimnisvollen Nimbus, der sich bis heute hält.

Die Arbeit des Unternehmens beschränkt sich jedoch nicht auf den Kampf gegen den Terrorismus. Alle sechs Teilstreitkräfte des US-Militärs nutzen seine Technologie. Mehr als drei Dutzend Bundesbehörden sind Kunden von Palantir, darunter das FBI, das Finanzamt (IRS) und die Nationalen Gesundheitsinstitute (NIH). Konzernriesen wie Airbus und BP nutzen Palantir, um die tagtäglich generierte Datenflut zu entschlüsseln. Obwohl Palantir ein relativ kleines Unternehmen mit nur etwa viertausend Mitarbeitenden ist, verfügt es über die Reichweite eines Kraken. Ob Terrorismus, Klimawandel, Hungersnöte, Zuwanderung, Menschenhandel, Finanzbetrug oder die Zukunft der Kriegsführung – Palantir wirkt an der Schnittstelle der wichtigsten Probleme des 21. Jahrhunderts. Was während der Pandemie besonders deutlich wurde, als mehr als ein Dutzend Länder die Technologie des Unternehmens nutzten, um das neuartige Coronavirus aufzuspüren und einzudämmen. Die Vereinigten Staaten und Großbritannien baten Palantir auch um Unterstützung bei der Verteilung von Impfstoffen.

Doch bei aller geschäftlichen Entwicklung blieb die Kernaufgabe des Unternehmens unverändert: Karp zufolge existiert Palantir, um zur Verteidigung des Westens beizutragen (ein Auftrag, dem man intern den Spitznamen »Rettung des Auenlandes« verpasst hat, eine Anspielung auf die literarischen Wurzeln von Palantir; die Unternehmensleitung bezeichnet die Mitarbeitenden auch gerne als »Hobbits«). Die explizit ideologische Agenda macht Palantir zu einem Kuriosum der Unternehmenswelt. So verweigerte man von Anfang an jedwedes Geschäft mit China und Russland, da man in beiden Ländern Gegner des Westens sieht. Diese Entscheidungen sollten sich letztlich als richtig erweisen, aber Mitte der 2000er-Jahre fand sie der eine oder andere potenzielle Investor grotesk: Warum sollte ein Unternehmen sich dem boomenden chinesischen Markt verschließen? Bei Palantir jedoch war das Streben nach Profitabilität – ein Ziel, das zu erreichen sich als frustrierend schwierig erweisen sollte – stets dem untergeordnet, worin Karp und Kollegen ihr höchstes Ziel sahen: Palantir zu Schwert und Schild Amerikas und im weiteren Sinne des ganzen Westens zu machen.

Fast schon widernatürlich wirkte Palantir im Silicon Valley, dessen beherrschende Unternehmen größtenteils auf Produkte und Dienstleistungen für den Endverbrauchermarkt spezialisiert waren. Aber die Palantirianer waren stolz auf ihr Anderssein: Statt Gadgets und Games herzustellen, sahen sie sich an vorderster Front im Kampf um den American Way of Life. Und auch wenn das Unternehmen seinen Sitz in Palo Alto hatte, hegten Karp und seine Kollegen eine tiefe Abneigung gegen das Valley und seine Kultur – wobei Facebook zur besonderen Zielscheibe ihres Hohns wurde – und schöpften zusätzliche Motivation aus diesem Gefühl der Entfremdung. (2020 verlegte man denn seinen Hauptsitz nach Denver, womit man auch offiziell mit dem Valley brach).

Zweifelsohne war Karp ein Ausreißer in der Tech-Branche. Er hatte weder Informatik noch Wirtschaft studiert, und mit seinem persönlichen Hintergrund war er ein höchst unwahrscheinlicher Kandidat für die Leitung eines Unternehmens, das sich zum bevorzugten Softwarelieferanten des Geheimdienstapparats mausern sollte. Als multi-ethnischer Jude aus einem streitbar linken Haushalt erwarb Karp in Haverford seinen Bachelor mit dem Hauptfach Philosophie. Anschließend studierte er Jura an der Stanford University und erwarb einen Doktor in Gesellschaftstheorie an der Frankfurter Goethe-Universität, wo sein Mentor für kurze Zeit Jürgen Habermas war, Europas womöglich bekanntester lebender Philosoph. Dass Karp Legastheniker ist, macht seine akademischen Leistungen umso beeindruckender.

Er hatte jedoch keine Lust auf eine akademische Laufbahn, und als Peter Thiel, Mitbegründer von Paypal und ein Kommilitone aus Karps Jahrgang in Stanford, 2004 bei ihm anfragte, ob er nicht Interesse habe, bei einem Startup einzusteigen, das Software zur Bekämpfung des Terrorismus herstelle. packte Karp die Gelegenheit beim Schopf. Schon wenig später übernahm Karp als CEO die Leitung von Palantir. Seine akademischen Referenzen, potenziert durch seine exzentrische Erscheinung und sein nicht weniger exzentrisches Verhalten, machten ihn zu einem überzeugenden Frontmann für ein Unternehmen wie Palantir. Dasselbe galt für seine politischen Ansichten: Eine Zeit lang bezeichnete er sich als Neosozialist, was ungewöhnlich schien für jemanden an der Schnittstelle von Technologie und Landessicherheit. Außerdem bot er einen interessanten Kontrast zu Peter Thiel, dem Libertären (der sich einige Jahre später in Richtung der extremen Rechten zu orientieren begann). Und auch wenn einige Risikokapitalgeber aus dem Silicon Valley Palantir als jungem Startup die kalte Schulter zeigten, entpuppte Karp sich als überzeugender Fürsprecher für sein Unternehmen.

Karp pitchte Palantir, als ginge es um sein Leben – was nicht zuletzt daran lag, dass er das tatsächlich so sah. Schon als Kind litt er unter einem schmerzlichen Gespür für seine Verwundbarkeit als Jude und Schwarzer in einer Welt, die Juden und Schwarzen mit so unerbittlicher Abneigung zu begegnen schien. Und dann war da noch die Lernschwäche. Überleben und erfolgreich sein könne einer wie er seiner Überzeugung nach nur in einer Gesellschaft, die Minderheiten und anderen Risikogruppen einen robusten Schutz bot. »Nichts macht mir so Angst wie der Faschismus«, sagte er mir 2019 bei einem unserer ersten Gespräche. Damals war er ungeteilt der Überzeugung, die Verteidigung der liberalen Demokratie sei gleichbedeutend mit der Verteidigung des Westens, und für ihn war Palantirs Mission eine zutiefst persönliche: Palantir machte die Welt sicherer für Alex Karp. So wurde denn auch das Unternehmen in einem geradezu unheimlichen Maß zum Spiegelbild seiner selbst: seiner Gewohnheiten, Marotten, prägenden Erfahrungen, vor allem aber seiner düsteren Weltsicht und der Ängste, die ihm zu schaffen machten. Seine ungute Vorahnung, so sagte er mir einmal, sei »die Triebkraft hinter vielen Entscheidungen für das Unternehmen«.

Karps Hingabe an Palantir ist absolut, wie er 2013 in einem Interview mit der Zeitschrift *Forbes* betonte: »Es gibt nur drei Beschäftigungen, bei denen ich nicht an Palantir denke: Schwimmen, Qigong und Sex.« (Schwimmen war damals seine Hauptsportart.) Er hat keine Kinder, ist aber gleichzeitig in zwei Langzeitbeziehungen mit zwei Frauen, ein Arrangement, das zum Teil deshalb funktioniere, weil er »geografisch monogam« sei, wie jemand aus dem Kreis seiner Kollegen so treffend sagte. (Dieselbe Person bezeichnete beide Frauen als »altersgemäß«.) Wenn Karp nicht arbeitet, geht er gern Skilaufen. Die meisten seiner Häuser befinden sich in abgelegenen Gegenden und nicht zufällig ganz in der Nähe von Langlaufloipen. Wann immer es die Zeit gestattet, läuft er zwanzig oder fünfundzwanzig Kilometer am Tag. Aber Karp zufolge steht selbst der Langlauf im Dienst von Palantir: Seiner Ansicht nach braucht es die Kondition eines Spitzensportlers, um seinen mörderischen Terminplan durchzustehen.

Unter Karps unkonventioneller Leitung wurde Palantir zu einer dominanten Kraft im Bereich der Datenanalyse, einem Multimilliarden-Dollar-Unternehmen mit schicken Dependancen rund um die Welt und einer – sorgfältig kultivierten – Aura des Geheimnisvollen, mit der man sich selbst in der Treibhausatmosphäre des Silicon Valley vom Rest des Felds unterschied. Die Bestätigung, sowohl für Palantir als auch für Karp selbst, kam 2020, als das Unternehmen nach jahrelangem Zögern schließlich doch an die Börse ging. Die erfolgreiche Börsennotierung bestätigte Palantirs Lebensfähigkeit und machte Karp offiziell zum Milliardär. Vom Kauf weiterer Häuser (und schließlich auch eines eigenen Jets) abgesehen, hat der Reichtum sein Leben nicht wirklich verändert, und wie Karp beteuert, lässt ihn die Größe seines Nettovermögens kalt, auch wenn er davon nicht alle in seinem Umfeld zu überzeugen vermag. »Geld motiviert ihn wahrscheinlich mehr, als er denkt«, sagte mir Thiel, »und mich motiviert Geld weniger, als die Leute denken.« Immerhin genießt Karp sein gestiegenes Ansehen. Bei Events wie dem alljährlichen Weltwirtschaftsforum im Schweizer Davos steht er heute im Mittelpunkt der Aufmerksamkeit. Staats- und Regierungschefs rund um den Globus sind erpicht auf seine Ansichten, und auch als Redner ist er zunehmend gefragt. Außer in Haverford.

Völlig überraschend ist die Zurückhaltung seiner Alma Mater Karp gegenüber freilich nicht. Palantir ist nicht unumstritten. Die Software des Unternehmens könnte sehr wohl der Massenüberwachung dienen, und seine Verbindungen zu Geheimdiensten und Polizeibehörden machen es in den Augen von Datenschützern und Bürgerrechtlern mehr als suspekt. Donald Trumps erste Präsidentschaft hatte Palantir in den Augen zahlreicher Beobachter toxisch gemacht. Das Unternehmen war in den Skandal um Cambridge Analytica verwickelt, bei dem man 2016 mittels heimlicher Verwendung ihrer Facebook-Daten Millionen von Amerikanern dazu bringen wollte, Donald Trump zu wählen. Ein noch brisanterer Aspekt war Palantirs Zusammenarbeit mit der Einwanderungs- und Zollbehörde, kurz ICE. Mit dem Beginn von Trumps hartem Durchgreifen gegen Einwanderer sah Palantir sich dem Vorwurf der Unterstützung unmenschlicher und rassistischer Maßnahmen ausgesetzt. Dass Thiel einer der prominentesten Unterstützer Trumps gewesen war, heizte die Entrüstung der Öffentlichkeit weiter an.

Es kam zu Protesten vor Niederlassungen des Unternehmens sowie vor Karps Haus in Palo Alto, und bald war Palantir auch an einigen Universitäten nicht mehr willkommen – darunter offenbar auch unsere Alma Mater. Davon abgesehen, dass sie für Palantir ein PR-Fiasko waren, brachten die ersten vier Trump-Jahre auch eine unangenehme Wahrheit ans Licht:

Die Technologie des Unternehmens wäre eine wirksame Waffe in den Händen eines autoritären Regimes.

Doch abgesehen von der Geschichte mit Haverford war das alles nur noch eine bittere Erinnerung, als ich Karp im September 2021 in New Hampshire besuchte. Ich war hingefahren, um mit ihm über mein Interesse an einem Buch über ihn und Palantir zu sprechen. Im Jahr zuvor hatte ich einen Artikel über Palantir für das *New York Times Magazine* geschrieben. Bevor ich den Auftrag für den Artikel im *Times Magazine* erhielt, hatten Karp und ich einander nicht persönlich gekannt. Wir waren in Haverford im selben Jahrgang, schafften es aber irgendwie, nie auch nur ein Wort miteinander zu wechseln, was man kaum glauben möchte bei einem College mit gerade mal 1500 Studierenden. Wir begegneten uns zum ersten Mal im April 2019, als ich das New Yorker Büro von Palantir aufsuchte, um ein inoffizielles Gespräch mit Karp zu führen. (Womöglich um den Geist der Collegezeit – oder wenigstens etwas in dieser Richtung – zu beschwören, trank er während unseres Gesprächs ein alkoholfreies Bier.) In den darauffolgenden Monaten schrieb ich die Magazinstory und traf Karp in New York, Washington, Paris und Vermont. Wir verstanden uns; Karp schien sich durchaus wohlzufühlen im Gespräch mit mir. Jedenfalls sprach er mit entwaffnender Offenheit über Palantir und sich selbst.

Der Artikel, der im Oktober 2020 erschien, wenige Wochen nach Palantirs Börsengang, war mit zirka 9000 Wörtern alles andere als kurz. Dennoch hatte ich das Gefühl, dass es da noch mehr zu sagen gab. Karp war eine einzigartige Persönlichkeit in der Geschäftswelt, und Palantir war das vielleicht interessanteste Unternehmen der Welt – und womöglich auch eines der gefährlichsten. Seine Technologie hatte nicht nur das Potenzial, das globale Machtgleichgewicht im 21. Jahrhundert mitzugestalten, sie hatte auch das Potenzial, die Beziehung zwischen dem Einzelnen und dem Staat zu verändern. Palantir schien mir einen so faszinierenden wie beunruhigenden Einblick in die eben angebrochene panoptische Zukunft zu bieten, doch ohne Verständnis der ungewöhnlichen Person an seiner Spitze ließe sich das Unternehmen unmöglich verstehen.

Karp hatte ein offenes Ohr für die Idee mit dem Buch. Er ging davon aus, so sagte er mir, dass irgendjemand früher oder später ein Buch über Palantir schreiben würde – warum also nicht mit einem Autor zusammenarbeiten, den er kannte und den er sympathisch fand? Was er nicht sagte, obwohl es sicherlich zutraf: Er *wollte* das Thema eines Buches sein. Karp mochte der CEO sein, aber für die Presse war das Unternehmen für gewöhnlich »Peter Thiels Palantir«. Das galt insbesondere während der ersten Trump-Administration, als der Name Thiel massenhaft Klicks versprach. Doch auch wenn Palantir Thiels Idee war und er dem Board vorsaß, hatte er nie eine Rolle im Tagesgeschäft des Unternehmens gespielt. Entsprechend stand Karp nach Palantirs Börsengang als Hauptverantwortlichem für diesen Erfolg der Sinn nach Anerkennung, was denn auch der wesentliche Grund für sein Interesse an einer Zusammenarbeit mit mir war.

Karp war so großzügig mit seiner Zeit wie mit seinen Gedanken. Für viele unserer Gespräche trafen wir uns persönlich, für gewöhnlich in New York oder Washington. Darüber hinaus unterhielten wir uns immer wieder telefonisch oder per Video. Ich hatte ein stehendes Angebot, mit ihm in seinem Privatjet zu reisen, entschied mich aber gleich zu Anfang dagegen; ich hatte Sorge, damit womöglich die Integrität des Buches zu untergraben. Außerdem wollte ich nicht mit ihm fliegen, weil ich befürchtete, ihm an Bord irgendwann zur Last zu fallen. Karps Aufmerksamkeit war schwer zu fesseln. So einige seiner Kollegen vermuten ein gewisses Maß an ADHS. Bei Meetings spielt er gern mit einem Rubik's Cube, und wenn nicht damit, tändelt er mit etwas anderem herum. Bei Gesprächen im Stehen übt Karp für gewöhnlich Tai-Chi-Bewegungen, egal ob er zuhört oder selbst spricht. Für gewöhnlich konnte ich mich 30 bis 45 Minuten produktiv mit ihm unterhalten, dann begann er abzudriften.

So ungern Karp einem Einblicke in sein Privatleben gewährt, verstand er doch, dass sich kaum ein Buch über ihn schreiben ließe ohne Input der Menschen, die ihn am besten kennen. Sein Bruder Ben, der in Japan lebt, sprach des Öfteren mit mir, und ich verdanke ihm eine Menge Erinnerungen und Einsichten. Außerdem sprach ich mit seiner Mutter. Zu einem Gespräch mit seinem Vater kam es dessen schwindender Gesundheit wegen nicht. Unbegrenzt war Karps Kooperationsbereitschaft freilich nicht: So verweigerte er mir etwa den Kontakt mit seinen Gefährtinnen. Ich begegnete einmal einer von ihnen, aber das war reiner Zufall; sie ist Amerikanerin. Eine weitere anhaltende Beziehung hat er mit einer Frau in Europa, und das seit mehr als 20 Jahren. Karps Leben ist mit anderen Worten nicht weniger kompliziert als sein Unternehmen.

Als ich mit der Arbeit an diesem Buch begann, saß Joe Biden im Weißen Haus, die Demonstranten vor Palantirs Zweigstellen waren verschwunden, die Pandemie schien im Großen und Ganzen vorbei, und ich fragte mich, ob damit eine Zeit begann, die sich für Karp und sein Unternehmen als eher ereignislos erweisen würde. Aber ich schrieb kaum zwei Wochen an meinem Buch, da fiel Russland in der Ukraine ein – ein Konflikt, in dem Palantirs Technologie eine zentrale Rolle spielen sollte. Dramatische Fortschritte im Bereich des Maschinenlernens, wie sie im November 2022 das Debüt von ChatGPT deutlich machte, läuteten die KI-Revolution ein, und auch hier hatte Palantir – im militärischen wie im kommerziellen sprich zivilen Bereich – die Nase vorn. Dann kam der 7. Oktober 2023, der Terroranschlag der Hamas, dem 1200 Israelis zum Opfer fielen. Für Karp war diese Tragödie eines der entscheidenden Ereignisse seiner Laufbahn und damit auch ein epochaler Augenblick für Palantir – man befand sich einmal mehr im Krieg gegen den Terror in einer Welt, die für Juden plötzlich ausgesprochen unsicher geworden war und damit ausgesprochen unsicher für Alex Karp. Alle großen Themen in Karps Leben, sein Gefühl der Verwundbarkeit, seine tiefe Verbundenheit mit seinem jüdischen Erbe (die in deutlichem Gegensatz zu seiner scheinbaren Ambivalenz gegenüber seinem schwarzen Erbteil steht), seine Verachtung für die identitäre Linke und die akademische Welt, sie alle kristallisieren sich um dieses eine Problem – und ihm in den Tagen und Wochen nach dem Anschlag zuzuhören, vermittelte mir besonders tiefe Einblicke.

Das Massaker in Israel festigte auch seine politische Metamorphose. Obwohl er sich längst nicht mehr als Neosozialist bezeichnete, nannte er sich, als ich ihn zum ersten Mal traf, immer noch progressiv, und zu bestimmten Themen wie beispielsweise der Einwanderung äußerte er Meinungen, die sich mit einer liberalen Weltanschauung zu decken schienen (obwohl er gleichzeitig die »positive Diskriminierung« ablehnte und ein entschiedener Befürworter des verfassungsmäßigen Rechts auf Schusswaffen war). Während Bidens Präsidentschaft jedoch war kaum zu übersehen, dass er selten ein gutes Wort für Demokraten hatte und sie oft verächtlich abtat. Im Gegensatz dazu überschlug er sich schier vor Lob für die Republikaner – sogar für Trump. Eine Zeit lang ging ich davon aus, dass es sich dabei nur um einen Widerspruchsreflex handelte oder um eine Art, einen unabhängigen Geist zu signalisieren. Aber irgendwann wurde mir klar, dass er sich nach rechts bewegte, und das Pogrom vom 7. Oktober sowie der Ausbruch antiisraelischer Proteste an Colleges und Universitäten führten schließlich zum entschiedenen Bruch mit den Demokraten brach.

Im Zuge meiner Recherchen konnte ich auch den Wandel von Karps Bild in den Augen der Öffentlichkeit verfolgen. Falls man früher überhaupt Notiz von ihm genommen hatte, dann in erster Linie als Exzentriker, als komischem Kauz. Lange bediente er dieses Bild bewusst und bezeichnete sich stolz als »den voll durchgeknallten CEO«. Doch im Gefolge von Ukraine, KI und Israel begann sich der Eindruck von ihm zu ändern. Er äußerte sich sehr offen zu allen drei Themen und vertrat eine interessante, oft provokante Meinung. Außerdem bewies er Zivilcourage: Im Mai 2022, drei Monate nach Beginn des Krieges, reiste er nach Kiew, um sich mit dem ukrainischen Präsidenten Wolodymyr Selenskyj zu treffen. Karp wirkte plötzlich gemessen, ein Eindruck, den der scheinbare Mangel an Seriosität einiger anderer Größen der Tech-Welt noch verstärkte. Während Karp Kriegsgebiete besuchte und über Krieg und Frieden sprach, planten Mark Zuckerberg und Elon Musk, sich in einem Cage-Fight zu messen.

Aber so sehr sein Ansehen und Einfluss auch zunehmen mochten, schien es Karp nicht möglich, sich von seinem Groll zu befreien. Nie agierte er lebhafter als in den Augenblicken, in denen er sich über Wall Street oder Silicon Valley ereiferte. Eine Zeit lang war mir das unerklärlich. Seine Firma floriert, der Mann ist Milliardär, er hat in jeder Hinsicht »gewonnen«. Warum kann er es nicht dabei belassen? Schließlich wurde mir klar, dass der Mann einfach Feinde braucht. Die Zweifler und Neider, seien sie nun eingebildet oder tatsächlich vorhanden, geben ihm den Kick der zusätzlichen Motivation. Sie sind Teil der größeren Erzählung, die Karp über sich und Palantir geschaffen hat: dass sie von Anfang an Außenseiter gewesen seien – die sprichwörtlichen Barbaren vor dem Tor.

Karp und sein Unternehmen hatten sich dieses rebellische

Image effektvoll zunutze gemacht, aber in der Zeit, in der ich an diesem Buch saß, gewann der Erfolg von Palantir dramatisch an Fahrt. Das Ringen des Unternehmens um Rentabilität war eine Quelle anhaltender Frustration für Palantirs Investoren gewesen, nicht zuletzt für Thiel selbst. Doch Ende 2022, nach fast zwei Jahrzehnten Geschäftstätigkeit, schrieb das Unternehmen endlich schwarze Zahlen, und das erwies sich als Wendepunkt. Seither ist Palantir Quartal für Quartal profitabel, und dank des Booms auf dem Gebiet der generativen KI stieg sein Umsatz sprunghaft an. Im September 2024 wurde Palantir in den S&P 500 aufgenommen, nach Ansicht Karps der bislang wichtigste Meilenstein des Unternehmens. Zu diesem Zeitpunkt hatte sich der Aktienkurs seit Jahresbeginn mehr als verdoppelt und stieg weiter an. Am 4. November, nach einem weiteren fantastischen Quartalsbericht, legte das Papier um fast 10 Dollar pro Anteilschein zu und schloss zum ersten Mal über der Marke von 50 Dollar.

Kaum mehr als 24 Stunden später war Donald Trump zum zweiten Mal Präsident. Diesen Sieg verdankte er in erster Linie seinem Versprechen, noch schärfer gegen die Einwanderung vorzugehen, was potenziell dazu führen würde, dass man Millionen von Menschen ohne Papiere in Internierungslagern zusammentrieb, um sie dann abzuschieben. Wesentliches Merkmal von Trumps Wahlkampf war seine gewaltstrotzende Rhetorik, die von vielen Fachleuten (und Wählern) als faschistisch bezeichnet wurde. Zwei Generäle aus Trumps erster Amtszeit, John Kelly und Mark Milley, erklärten öffentlich, ihrer Ansicht nach sei Trump ein Faschist. Trump hat ganz offensichtlich wenig Respekt vor Rechtsstaat und Verfassung, wie nicht zuletzt sein Versuch belegt, die Wahl von 2020 zu kippen. Nach Trumps Rückkehr an die Macht sieht es nun fast so aus, als hätte der Autoritarismus in den Vereinigten Staaten gesiegt. Fortan, so scheint es, wird Palantir, von Karp immer als Bollwerk der internationalen liberalen Weltordnung gepriesen, der Agenda eines Präsidenten dienen, der nichts als Verachtung übrig hat für Amerikas politische Tradition und das westliche Bündnis, dafür aber eine merkwürdige Schwäche für einige der brutalsten Tyrannen der Welt.

Kapitel 1
DIE SCHMATTES-FABRIK

Am 14. April 2021 gab Präsident Joe Biden seine Absicht bekannt, die letzten in Afghanistan verbliebenen US-Truppen bis zum 11. September des Jahres abzuziehen – dem zwanzigsten Jahrestag des Terroranschlags, der zu Amerikas militärischem Engagement dort geführt hatte. Die US-Geheimdienste hatten Biden versichert, dass die afghanischen Sicherheitskräfte in der Lage sein würden, die wiedererstarkten Taliban lange genug aufzuhalten, um den USA und ihren Verbündeten eine geordnete Evakuierung zu ermöglichen. Biden hatte im Wahlkampf versprochen, den »ewigen Krieg« in Afghanistan zu beenden, und jetzt, kaum vier Monate nach Amtsantritt, hatte er beschlossen, sein Versprechen einzulösen.

Wie sich herausstellte, hatten die Geheimdienste die Lage jedoch unterschätzt. Schon Ende Juni war das afghanische Militär so gut wie zusammengebrochen, die Regierung wankte, und die Taliban hatten weite Teile des Landes eingenommen und rückten immer näher an die Hauptstadt Kabul heran. Im Juli verlegte Biden angesichts der sich zuspitzenden Lage den Termin für den Abzug der letzten US-Truppen auf den 31. August vor. Die meisten der 2500 US-Soldaten, die sich in Afghanistan befanden, als Biden den Abzug ankündigte, hatten das Land bereits verlassen, aber einige Hundert waren noch dort. Darüber hinaus versuchten nach wie vor Hunderte von westlichen Diplomaten und Mitarbeitende von Hilfsorganisationen sowie Zehntausende von Afghanen, die die USA und ihre Koalitionspartner unterstützt hatten, das Land zu verlassen. Sie sahen sich zunehmend in Gefahr. Am 13. August gab Biden bekannt, zur Unterstützung der mittlerweile so dringlichen wie gefährlichen Evakuierung von Nichtkombattanten unverzüglich 3000 zusätzliche Soldaten nach Kabul zu schicken.

Die Operation erforderte Hunderte von Flugzeugen und Tausende von Flügen. Außerdem musste das Pentagon zusätzliche Humvees und andere Fahrzeuge nach Kabul verbringen, darüber hinaus Lebensmittel und Wasser für die US-Soldaten und all die Zivilisten, die zu evakuieren waren. Gleichzeitig waren Militärstützpunkte in Europa und im Nahen Osten auf die Ankunft Zehntausender Flüchtlinge vorzubereiten. Man musste also sicherstellen, dass genügend Lebensmittel, Wasser, Feldbetten, Toiletten und andere lebenswichtige Dinge zur Stelle waren. Darüber hinaus würde man jeden Afghanen, der in den Vereinigten Staaten bleiben wollte, überprüfen müssen, um zu verhindern, dass man bekannte oder mutmaßliche Terroristen ins Land ließ. Erschwert wurde diese logistische Herausforderung dadurch, dass viele der zur Durchführung der Evakuierung benötigten Informationen in Datensilos gespeichert waren, auf die der Planungsstab nicht ohne Weiteres zugreifen konnte. Womit die Mission gefährdet war, bevor sie überhaupt begonnen hatte.

Einen Tag nach Bidens Ankündigung, zusätzliche Truppen nach Afghanistan zu entsenden, ging das Pentagon Palantir um Hilfe an. Die Army nutzte zur Verwaltung von Personal und Nachschub bereits seit 2018 Software von Palantir. Das Unternehmen hatte für sie eigens ein System namens Vantage entwickelt und darin über 150 Datenbanken mit mehr als 30 000 Datensätzen integriert, was der Army zu jedem beliebigen Zeitpunkt einen kaleidoskopischen Überblick über ihre Bereitschaft gab. Jetzt beabsichtigten die für den Afghanistan-Einsatz zuständigen Joint Chiefs of Staff, Vantage bei der Evakuierung einzusetzen. Die Anfrage aus dem Verteidigungsministerium vermittelte ein Gefühl akuter Dringlichkeit. Die Ansage aus dem Pentagon, so Mitchell Skiles, der die Zusammenarbeit des Unternehmens mit der Army koordinierte, war eindeutig: »... da so schnell wie möglich zu verschwinden und dabei so viele Menschenleben zu retten wie nur möglich.« Binnen weniger Stunden waren Skiles und ein Team von Palantirianern in den Stab der Joint Chiefs integriert. Kurz darauf trugen bereits etwa 150 Palantir-Ingenieure zu den Bemühungen bei. Größtenteils arbeiteten sie von den Vereinigten Staaten aus, aber eine Handvoll saß auch in Übersee, sodass Palantir die Operation trotz der unterschiedlichen Zeitzonen rund um die Uhr unterstützen konnte.

Mithilfe von Vantage ließen sich in kürzester Zeit Daten aus allen an der Evakuierung beteiligten Behörden, militärischen wie zivilen, abrufen und integrieren, vom United States Transportation Command (Transcom), das für alle amerikanischen Militärtransporte verantwortlich ist, über das Außenministerium bis hin zur Zoll- und Grenzschutzbehörde, der Customs and Border Protection (CBP). Binnen weniger Tage baute die Palantir-Crew den Joint Chiefs ein voll integriertes Datenökosystem auf, sodass sich etwa Wartungsdaten einsehen ließen, um sicherzugehen, dass Flugzeuge und Unterstützungsfahrzeuge tatsächlich einsatzbereit waren; man konnte problemlos Nachschub lokalisieren und ausgehenden Flügen zuweisen; und es ließ sich jederzeit überprüfen, wie viele Evakuierte sich an Bord jeder Maschine befanden, die Kabul verließ. Die Palantirianer bedienten sich hinsichtlich der benötigten Informationen sowohl bei bestehenden Datenbanken als auch bei Ad-hoc-Quellen: Einer der Datenströme, die sie in Vantage integrierten, war ein Gruppenchat amerikanischer Soldaten am Flughafen von Kabul. Die Software von Palantir half darüber hinaus beim Erkennen großer wie kleiner Probleme. So machte sie einmal auf ein Problem mit einem amerikanischen Soldaten aufmerksam, der nach Afghanistan ausreisen wollte: Er war erst 17 Jahre alt, und nach US-amerikanischem Recht muss man für den Dienst in einem Kriegsgebiet 18 oder älter sein.

Eine entscheidende Rolle spielte die Technologie von Palantir auch bei der Sicherung des internationalen Flughafens von Kabul. Diese Aufgabe oblag der 82. Luftlandedivision (82nd Airborne Division) der Army unter dem Kommando von Generalmajor Chris Donahue. Als die 82nd Airborne in Kabul eintraf, war der afghanische Präsident bereits aus dem Land geflohen, die Regierung war implodiert, die Taliban waren in die Hauptstadt eingedrungen, am Flughafen drängten sich Tausende von verzweifelten Afghanen. Es war eine Situation, die für Soldaten und Zivilisten gleichermaßen gefährlich war. Um sicherzustellen, dass die Evakuierung ohne Behinderungen durch die Taliban oder Terroranschläge über die Bühne ging, stattete man Donahue und seine Soldaten mit mehreren Tools zur Gefechtsfeldaufklärung aus, die ebenfalls auf der Basis von Palantirs Software liefen. Diese Software kam auch auf der heimischen Seite zum Einsatz, um bei der Ankunft von Flüchtlingen in den USA deren Hintergrund zu durchleuchten. Die Technologie von Palantir wurde mit anderen Worten zum Dreh- und Angelpunkt der gesamten Operation.

Die Entscheidung des Pentagons, Palantirs Hilfe in Anspruch zu nehmen, belegte nicht nur die Effektivität seiner Produkte und die Fähigkeiten seiner Ingenieure, sie war auch Ausdruck einer grundlegenden Erkenntnis: Selbst so gut finanzierte und scheinbar hoch entwickelte Organisationen wie das US-Militär tun sich oft schwer mit der sinnvollen Nutzung ihrer Daten. Eines der Axiome dieses informationsgetränkten Zeitalters lautet: In so gut wie allen Bereichen menschlichen Wirkens können Daten zu besseren Entscheidungen beitragen – vom Operationssaal über Fließband und Schlachtfeld bis hin zum Baseballplatz. Fünfzehn Jahre vor der Evakuierung Kabuls stellte ein britischer Mathematiker und Unternehmer namens Clive Humby in einem Vortrag in London eine kühne Behauptung auf. »Daten«, so sagte er, »sind das neue Öl.« Womit er meinte, dass Daten fortan der Treibstoff wirtschaftlichen Wachstums und materiellen Fortschritts seien. Sein cleveres Bonmot wurde alsbald zum Slogan der Big-Data-Revolution. Im selben Vortrag ergänzte Humby seine Metapher noch durch eine weitere Beobachtung. Wie Rohöl, sagte er, müssten Daten erst raffiniert werden, um wirklich von Wert zu sein.

Rohdaten können durchaus zur Herausforderung werden. Zum einen sind Rohdaten oft ungeordnet und voller Fehler – mal sind Namen falsch geschrieben, mal ist eine Null zu viel, mal ist ein Eintrag veraltet oder kommt zweimal vor. Außerdem liegen Daten in einer Vielzahl von Formen vor. Sie können strukturiert (Diagramme, Tabellenkalkulationen, Anrufprotokolle) oder unstrukturiert (Textnachrichten, Fotos, Instagram-Posts) sein. Die Daten können in verschiedenen Programmiersprachen wie Python, SQL oder Java vorliegen. Als weitere Komplikation kommt hinzu, dass Organisationen ihre Daten grundsätzlich in mehreren Datenbanken speichern, die nicht miteinander vernetzt sind – und je größer die Organisation, desto mehr solcher Datensilos gibt es in der Regel. Hinzu kommt die schiere Menge an Daten, die heute über Telefone, Uhren, Züge, Flugzeuge, Satelliten, Autos, Ampeln, Toaster und sogar Toiletten erzeugt werden. Schätzungen zufolge werden 2025 weltweit 180 Zettabyte an Daten erzeugt werden, was einer Verzehnfachung gegenüber dem Vorjahr entspricht. Ein Zettabyte entspricht einer Trilliarde (10^{21}) Bytes, das sind … eine Menge.

Palantirs Software hilft, Ordnung in dieses Chaos zu bringen. Sie ist ein Tool zum Zusammenführen, Verwalten und Analysieren großer Datenmengen. Weder sammelt Palantir Daten im Auftrag seiner Kunden noch speichert oder verkauft das Unternehmen welche; seine Technologie ermöglicht Organisationen vielmehr die bessere Nutzung ihrer eigenen Daten. Einige Jahre lang hatte Palantir zwei Softwareplattformen. Die eine, Gotham, war für Geheimdienste und Militär konzipiert; das andere, Metropolis, war hauptsächlich für Finanzinstitute gedacht. Mitte der 2010er-Jahre stellte Palantir Metropolis ein und ersetzte es durch ein System namens Foundry, das auf ein breiteres Spektrum kommerzieller Nutzer ausgerichtet war. Foundry erwies sich als so effektiv, dass man es bald auch an Behörden und das Militär zu verkaufen begann. Später kam man darauf, dass Foundry auch als übergreifende Plattform für nachrichtendienstliche und militärische Aufgaben geeignet war. Heute ist Foundry Palantirs Flaggschiffprodukt und Gotham eine darauf aufgebaute Applikationssuite. Foundry wurde bei der afghanischen Evakuierungsaktion eingesetzt und bildet heute die Basis für Palantirs gesamte Tätigkeit. Es sind Konkurrenzprodukte auf dem Markt, aber die meisten von Palantirs Kunden scheinen der Ansicht zu sein, dass die Software des Unternehmens unübertroffen ist (und den Preis wert ist, den es dafür verlangt).

Wie Palantirianer jederzeit eingestehen werden, ist die Datenintegration eine wichtige, aber banale Aufgabe. »Im Grunde ist das Klempnerarbeit«, sagt Louis Mosley, Chef von Palantirs Londoner Dependance. Und die Analogie ist durchaus treffend. Die Daten werden über virtuelle Pipelines in Palantirs Software eingespeist (die Kunden können diese Pipelines mithilfe von Palantirs Software selbst bauen, oder Palantirs Ingenieure erledigen das für sie, wie im Fall der Evakuierung Kabuls). Die Software bereinigt und standardisiert dann die Daten und macht daraus ein sogenanntes Composite-Dataset (das sich aus all den unterschiedlichen Quellen zusammensetzt). Der Kunde führt darüber Abfragen durch, um Antworten zu erhalten. Er kann beispielsweise einen Namen eingeben, einen Ort oder ein Ereignis und dazu angeben, wie das Ergebnis dargestellt werden soll. Das wiederum können Tabellen sein, Zeitleisten, Diagramme, Heatmaps, Histogramme, Spinnendiagramme, Geodatenanalysen oder KI-Modelle. Die Software geht jedoch noch einen Schritt weiter und hilft (im Unterschied zur Konkurrenz) bei der eigentlichen Entscheidungsfindung: Palantir ermöglicht es dem Kunden, Simulationen durchzuführen, neue Arbeitsabläufe zu erstellen und auf andere Weise auf die aus den Daten gewonnenen Erkenntnisse zu reagieren.

Darüber hinaus zeichnet sich Palantirs Software durch ihre Anpassungsfähigkeit aus. Sie lässt sich passgenau auf die speziellen Bedürfnisse oder Denkmuster eines Unternehmens oder einer Behörde zuschneiden, kann problemlos neue Datenquellen absorbieren und bei der Lösung eines ganz erstaunlichen Spektrums von Problemen behilflich sein. So nutzen die U.S. Centers for Disease Control and Prevention (CDC) Foundry zur Nachverfolgung durch Lebensmittel übertragener Krankheiten; das deutsche Pharmaunternehmen Merck nutzt es zur Beschleunigung der Entwicklung von Medikamenten; Airbus behebt damit Produktionsengpässe und sortiert und analysiert damit die Daten, die Sensoren in so gut wie allen in Betrieb befindlichen kommerziellen Airbus-Maschinen generieren; die amerikanische Börsenaufsicht (SEC) bekämpft damit den Insiderhandel; das Tampa General Hospital optimiert damit Personalbestand und Zeitpläne; das Welternährungsprogramm (WFP) verwaltet damit Hilfslieferungen und Logistik; und der italienische Automobilhersteller Ferrari optimiert damit die Leistung seiner Formel-1-Rennwagen.

Dennoch bleiben Terrorismusbekämpfung und Landesverteidigung der Eckpfeiler von Palantirs Geschäft. Ein Großteil dieser Arbeit findet zwangsläufig unter dem Radar der Öffentlichkeit statt (so wurde zum Beispiel nie darüber berichtet, dass Palantirs Software 2024 bei der Sicherung der Olympischen Spiele von Paris eine Hand mit im Spiel hatte). Immer wieder hat Karp im Laufe der Jahre durchblicken lassen, wie bedeutend – und gelegentlich entscheidend – Palantirs Mitwirkung im Kampf gegen den Terrorismus war. Bei einem unserer ersten Gespräche 2019 sagte er mir, dass Palantirs Technologie in Europa mehrmals zur Verhinderung von Terroranschlägen beigetragen habe, die, wären sie erfolgreich gewesen, zu hohen Opferzahlen geführt und damit unweigerlich in einer Reihe von Ländern die extreme Rechte an die Macht gebracht hätten. Und wo er nun mal zu dramatischen Statements neigt, trug Karp auch die folgende Perle mit der für ihn typischen Verve vor: »Ich glaube, die westliche Zivilisation ruhte in den letzten 15 Jahren mehrmals auf unseren eher schmalen Schultern«, sagte er und schob nach, dass Palantirs Technologie der Grund dafür sei, dass die Menschen nicht im »Stechschritt« durch europäische Hauptstädte marschierten. Aber so ganz ohne Beweise vorgebracht, begegnet man solchen Behauptungen eher skeptisch.

Immerhin muss man anerkennen, dass Palantir meist im Hintergrund operiert und das nicht selten in heiklen Situationen, in denen ein eindeutig positives Ergebnis nicht erreichbar oder ein größerer Misserfolg damit schlecht zu kaschieren ist. So zum Beispiel in Falle des afghanischen Airlifts. Dieser entwickelte sich zur größten Evakuierung von Nichtkombattanten in der Geschichte der USA. Innerhalb von 17 Tagen flog man damals mit rund 800 Flugzeugen fast 125 000 Menschen aus – im Durchschnitt also etwa 7500 Menschen am Tag. Fast jede halbe Stunde startete eine Maschine. So gesehen war dies eine imposante Leistung, die umso beeindruckender war angesichts des Tempos, mit dem man die Mission aus dem Boden stampfte, ganz zu schweigen von den Hürden, die das Militär bei der Durchführung zu überwinden hatte. Es lässt sich unmöglich sagen, wie viele Menschenleben gerettet wurden, aber gering war die Zahl mit Sicherheit nicht. Mindestens drei Babys erblickten an Bord der Flüge aus Afghanistan das Licht der Welt; amerikanisches Militärpersonal half bei den Entbindungen.

Unterm Strich jedoch wurde der Erfolg der Evakuierung durch zwei Tragödien getrübt. Am 26. August tötete ein Selbstmordbomber am Abbey Gate, einem der Tore des Kabuler Flughafens, mindestens 180 Menschen, darunter 13 amerikanische Soldaten. Drei Tage darauf tötete das US-Militär bei einem Drohnenangriff versehentlich zehn unschuldige Afghanen, darunter sieben Kinder. Diese Vorfälle und die chaotischen Szenen verzweifelter Menschen auf dem Flughafen führten zu der weitverbreiteten Auffassung, dass die Operation ein Fiasko gewesen sei. Außerdem überschattete den Erfolg des Airlifts der Umstand, dass viele der Afghanen, die auf eine Ausreise gehofft hatten, diese nicht antreten konnten, und mehr noch die harsche Tatsache, dass die zwei Jahrzehnte währenden Bemühungen um Stabilität und Demokratie in Afghanistan gescheitert waren. Palantir war ein Kind des Kriegs gegen den Terrorismus. Es schien daher irgendwie passend, dass Palantir eine entscheidende Rolle dabei spielen sollte, einen Abschnitt dieses Krieges zu beenden, so schmachvoll dieses Ende auch war. Aber wie Karp es einmal ausdrückte: »Palantir ist die Schnittmenge von Software und schwierigen Positionen.«

»Willkommen in der Schmattes-Fabrik.«

In seiner üblichen Arbeitskleidung – T-Shirt, Skihose und Espadrilles – trottete Karp einen Flur der Washingtoner Zweigstelle von Palantir entlang. Auf dem Kopf trug er ein Basecap mit dem Emblem von Veidekke Vest, einem der besten norwegischen Skilanglauf-Teams. Karp scheint einen ganzen Schrank voll von deren Ausrüstung zu haben und lässt sich gern damit fotografieren. Die Skikleidung ist sein modischer Tusch – seine Antwort auf Steve Jobs' schwarzen Rollkragenpullover und Mark Zuckerbergs Kapuzenpulli. Sein Zugang zu Team-Veidekke-Vest-Sachen sorgte jedoch in Norwegen neben Neugier auch für einigen Unmut. Karp war weder Mitglied des Teams, noch war Palantir in irgendeiner Weise mit ihm involviert. Der norwegische Rundfunk (NRK) nahm sich der Angelegenheit an und fand heraus, dass ein namentlich nicht genanntes Mitglied des Teams Karp mit den Sachen versorgt hatte (NRK unterschlug in seinem Bericht, dass diese Person Karp gegen Entgelt privat trainierte). Ein Sprecher von Veidekke, dem skandinavischen Baukonzern, der das Team sponsert, machte seinem Unmut über Karp Luft. »Es ist einfach nicht in Ordnung«, meinte er, »dass man ihn für einen Angestellten, Partner oder für von Veidekke gesponsert halten könnte.«

Karps Schmattes-Scherz war seine Art, mich zu begrüßen, obwohl er meine Anwesenheit gewöhnlich mit den Worten quittierte: »Oh, mein Biograf ist hier. Seid vorsichtig!« – eine Bemerkung für jeden, der jeweils in Hörweite war. Karps Gang ist der eines Menschen, der viel Zeit auf Skiern verbringt: eine Art Gleiten, bei dem er mit den Schultern rollt, als wäre er im Schnee unterwegs. Hier und da blieb er stehen, um mit Angestellten zu plaudern. Die meisten waren jung, und eine ganze Reihe von ihnen sahen aus, als wären sie frisch von der High School gekommen. Obwohl Karp der Chef war, nahm niemand Haltung an, wenn er in der Nähe war. Seine Mitarbeitenden sprachen ihn mit »Dr. Karp« an, und einige hatten bei der Unterhaltung mit ihm ein Leuchten in den Augen. Aber keiner wirkte nervös in seiner Gegenwart. Karp fragte sie, woran sie arbeiteten und ob sie vom Management die nötige Unterstützung bekamen, sprach aber manchmal auch andere Themen an. Einmal beschloss er, mir zu beweisen, dass Haverford als Einrichtung im Niedergang begriffen sei. Er sprach zwei junge Mitarbeiterinnen an und fragte sie, ob sie jemals von unserer Alma Mater gehört hätten. Beide gestanden, dass ihnen der Name nichts sagte. Karp nickte verdrießlich. »In ein paar Jahren gehört die Schule nicht mal mehr zu den Top 50«, sagte er.

Karp unterhält seine Angestellten gern mal und kann dabei durchaus witzig sein; ab und an gehen seine Witze und Sticheleien freilich etwas zu weit. Als er mich einem seiner norwegischen Bodyguards vorstellte, erklärte er lauthals: »Wissen Sie, dass wir die ersten Juden sind, die er je gesehen hat?« Er verglich sich mit Larry David und meinte einmal, man könnte seine Art Humor – in Anspielung auf Davids TV-Serie *Curb Your Enthusiasm* – als »Karp Your Enthusiasm« bezeichnen. Sein Wunsch, die Leute um ihn zu erheitern, kommt von Herzen, aber wie er mir sagte, diene das auch einem Zweck: Humor sei eine Möglichkeit, das Unterbewusstsein zu erreichen, und er sehe seine Aufgabe unter anderem auch darin, sicherzustellen, dass das Unterbewusstsein jedes einzelnen Mitarbeitenden sich mit den Zielen von Palantir decke. »Laut Freud diktiert der Primärprozess, also das Unterbewusste, dem Sekundärprozess, dem Bewussten, wie man die Welt sieht«, erklärte Karp. »Wenn man viel mit Menschen zu tun hat, die etwas gelernt haben, das nicht stimmt, zum Beispiel wie eine Organisation angeblich funktioniert, muss man das ändern, damit die Organisation tatsächlich funktioniert. Das bedeutet, dass man zum Primärprozess durchdringen muss, und das funktioniert ziemlich gut über Humor.«

Im Gespräch neigt Karp zu gewundenen Gedankengängen und Weitschweifigkeit. Eines Tages, er hatte gerade einige

Minuten an einer Klimmzugstange vor seinem Büro gehangen, hielt er einer Gruppe von Palantirianern einen improvisierten Vortrag über Features und Bugs. Worauf er hinauswollte, war, soweit sich das erkennen ließ, dass Features nicht immer Features, aber Bugs auch nicht immer Features sind, und dass wider die Intuition zu denken nützlich sein kann oder auch nicht. Seinem Gedankengang war freilich schwer zu folgen, da er im nächsten Augenblick mitten in einem Diskurs über unglücklich verheiratete Freunde, Scheidungsanwälte und Eheverträge war. Es war geradezu eine Orgie freier Assoziationen, aber irgendwie auch unterhaltsam, was vermutlich der Zweck der Übung war. Karp ist im Büro grundsätzlich voller Energie und guter Laune. Ihm geht es um eine gewisse Stimmung. Lange Arbeitszeiten sind bei Palantir obligatorisch, und auch wenn die Annehmlichkeiten (Frühstück, Mittag- und Abendessen von Montag bis Freitag, Bier im Kühlschrank, Snacks in Hülle und Fülle, Hunde willkommen) sich sehen lassen können, sollte die Arbeit auch Spaß machen. Hier und da gibt er seinen Leuten Unterricht in Tai-Chi.

Wie andere Tech-Tycoons scheint auch Karp nicht ganz von dieser Welt zu sein – er hat etwas Ungelenkes, etwas, das ihn ein klein wenig schräg wirken lässt. Seine Exzentrizitäten hat er definitiv. Einmal besuchte ich ihn in seinem New Yorker Büro, als er beim Lunch saß. Er hatte damals einen Muffin-Fetisch und eine besondere Art, sie zu verzehren: Er köpfte die kleinen Napfkuchen und aß nur die Oberseite – im Grunde war ihm nur nach der Glasur – und ließ den Rest des Gebäcks unberührt. An diesem Nachmittag hatte er zwei von den Dingern zum Lunch. Einer war offenbar für mich gedacht, was Karp wohl nicht mitbekommen hatte, sodass er beide verschlang. Nicht vollauf gesättigt, stand er auf und klopfte lautstark gegen die Glaswand, die sein Büro von den anderen trennte. »Kann ich noch ein paar Muffins haben?«, rief er, an niemand Bestimmten gewandt. Umgehend tauchte jemand mit mehreren Muffins auf, die Karp dann halbierte und aß.

In einigen wesentlichen Punkten jedoch unterscheidet Karp sich von anderen Tech-Mogulen, und das nicht nur wegen seines geisteswissenschaftlichen Hintergrunds. Er scheint über ein hohes Maß an emotionaler Intelligenz zu verfügen und hat ein feines Gespür für die Bedürfnisse, Interessen und Wünsche der Menschen um ihn herum. »Einen Raum zu lesen – das ist Alex' Superpower«, sagte mir Ward Breeze aus unserem Jahrgang in Haverford, der mit Karp befreundet war und später einer seiner persönlichen Anwälte wurde. Das trifft zu, wenn es potenzielle Kunden zu überzeugen gilt; vor allem aber trifft es hinsichtlich seines Umgangs mit seinen Mitarbeitenden bei Palantir zu. Er hat Adjutanten, die ihn über Personalfragen und Dramen im Büro auf dem Laufenden halten, aber er hat auch ein feines Ohr für das, was außerhalb der vier Wände seines Büros passiert. Er scheint sich wirklich für die Menschen zu interessieren, die für ihn tätig sind.

Und es ist ihm ausgesprochen wichtig, was sie von ihm halten. Auf dem Davoser Weltwirtschaftsforum 2022 gab er Andrew Ross Sorkin von CNBC ein Interview. CNBC hat Karp immer gern zu Gast, denn im Gegensatz zu den meisten anderen CEOs kann man sich darauf verlassen, dass er kein Blatt vor den Mund nimmt – nicht zuletzt aufgrund seiner Gepflogenheit, sich vorher mit Mexican Coke (der mit weißem Zucker gesüßten mexikanischen Variante von Coca-Cola) zu dopen. Karp zu buchen, garantiert so gut wie immer Schlagzeilen. Ich war damals mit Karp in Davos. Auf dem Weg zum CNBC-Set vertraute er mir an, dass er vor Fernsehauftritten zwar nie nervös sei, aber eine ganz eigene Art von Druck verspüre: »Ich möchte einfach nichts sagen, was Palantirianer in Verlegenheit bringen würde.« Das Interview mit Sorkin war typisch für Karp – er war abwechselnd witzig, sarkastisch (er zog wie gewohnt über Wall-Street-Analysten vom Leder) und apokalyptisch hinsichtlich des Zustands der Welt (drei Monate zuvor war Russland in der Ukraine eingefallen und Karp meinte, die Chancen, dass Moskau in dem Konflikt eine Atomwaffe einsetze, lägen bei 20 bis 30 Prozent). Irgendwann bat Sorkin Karp, ihm einige Tai-Chi-Bewegungen beizubringen, was Karp denn auch tatsächlich tat. CNBC zeigte im Lauf des Tages Ausschnitte aus dem Interview. Einer dieser Ausschnitte lief, als Karp und eine Reihe von Palantirianern sich in dem Pavillon aufhielten, den das Unternehmen gemietet hatte. Alle drehten sich nach dem Bildschirm um, nur Karp nicht – er beobachtete, wie seine Kollegen ihn im Fernsehen sahen. Als sie über seine Kommentare lachten, blieb er ausdruckslos, beobachtete nur. Es war deutlich zu sehen, dass ihm ihr Urteil eine ganze Menge bedeutete.

Karp rühmt sich gern der leistungsorientierten Kultur seines Unternehmens – Palantir stelle, darauf besteht er, Mitarbeitende ausschließlich auf der Grundlage ihrer Qualifikationen ein. Was nicht ganz stimmt: Palantir hat sehr wohl seinen Anteil an Mitarbeitenden, die ihren Job auf Vitamin-B-Basis bekommen haben. Alles in allem scheinen Palantirianer jedoch durch die Bank ausgesprochen intelligent und fähig zu sein. Wie zu erwarten, sind die Ivy-League-Universitäten und Hochschulen mit vergleichbarem Renommee überrepräsentiert (mit Ausnahme von Haverford: Karp betont, unsere Alma Mater keineswegs ausschließen zu wollen, aber er war nun mal der einzige Haverford-Absolvent bei Palantir). Auf der Gehaltsliste des Unternehmens stehen darüber hinaus auch Leute mit beeindruckenden außerschulischen Leistungen. So beschäftigt man eine Reihe ehemaliger Soldaten, außerdem gehörte zum Team zeitweise ein Ex-Olympionike, und mit Kellie Gerardi ist auch eine gegenwärtige Astronautin an Bord.

Karp ist gut zu seinen Mitarbeitenden. Er schreit nicht, droht nicht, noch tadelt oder demütigt er jemanden, jedenfalls nicht vor anderen. Was nicht nur an seinem Temperament liegt, sondern auch an dem Umstand, dass die die Palantirianer de facto seine Familie sind. Und er behandelt sie auch so (wenn nicht gar zu sehr: Manchmal kann man sich des Gefühls nicht erwehren, dass er seine Mitarbeitenden wie Kinder behandelt, und einige von ihnen wirkten ihrerseits wie liebesbedürftige Kinder, die ständig um seine Anerkennung und Aufmerksamkeit buhlten). Womöglich ist er hier und da sogar zu loyal, zeigt ein Maß an Loyalität, das durchaus zu Starrköpfigkeit werden kann. So ist Palantir, um nur ein Beispiel zu nennen, im Großen und Ganzen ein angenehmer Arbeitsplatz, aber es gibt einige wenige Mitarbeitende, die bei den anderen nicht sonderlich beliebt sind oder denen man nicht vertraut. Dennoch mag Karp sich ihrer nicht entledigen. Er kann in dieser Hinsicht sehr stur sein, obwohl er schon aus Prinzip nicht gern Leute entlässt.

Karp sagt immer wieder mal augenzwinkernd, sein Job bestehe im »Handling von Leuten, die nicht zu handeln sind«. Damit meint er vor allem die fast 2000 Softwareingenieure, die das Unternehmen beschäftigt, und er ist überzeugt von seiner fast einzigartigen Fähigkeit, sie zu führen. »Ich kam zufällig drauf, aber wie sich herausstellte, bin ich wie geschaffen für bestimmte Dinge, die wirklich wertvoll sind, wie das Handling ausgesprochen komplexer, manchmal – in vielen Fällen extrem – schwieriger Softwareentwickler. Es gibt nur sehr wenige auf der Welt, die für so was gebaut sind.« Auch wenn Bescheidenheit nicht eben Karps Zier ist, hat er sich tatsächlich als recht geschickter Lenker der bei Palantir arbeitenden Softwareingenieure bewährt. Ein durchaus paradoxer Grund dafür ist, dass er selbst keine Ausbildung zum Informatiker hat. So versucht er seine Leute schon deshalb nicht im Detail zu managen, weil er dazu nicht in der Lage ist, und sein Respekt für Grenzen brachte ihm das Wohlwollen und Vertrauen seiner ITler ein.

Das heißt nicht, dass Karp auf technischen Input völlig verzichtet. So war es seine Idee, die Software mit strengen Datenschutzkontrollen auszustatten – eine innovative Funktion, die zu einem der wichtigsten Verkaufsargumente von Palantir wurde. Aber wann immer er sich zur Arbeit seiner Leute äußert, lässt er sie wissen, dass Einwände willkommen seien.

Auch auf diese Weise hat er das Vertrauen und die Loyalität von Palantirs Ingenieuren gewonnen. Der wohl wichtigste Faktor ist jedoch, dass er seine Ingenieure wirklich schätzt, und das nicht nur, weil sie Palantirs Herzblut sind. Karp sieht sie so, wie sie sich selbst sehen: als Kreative. Er erkannte, dass in ihrer Arbeit viel Einfallsreichtum steckt und dass das fertige Produkt eine gewisse Schönheit besitzt. So ließ er ihnen ihren Freiraum und zollte ihnen Respekt. Karp bezeichnet Palantir gerne als »Künstlerkolonie«, und das meint er auch so.

Im Gegenzug sind die Palantirianer ihm treu ergeben. Was zum Teil ihr Vertrauen in sein Urteilsvermögen reflektiert, einen aus der Erfahrung geborenen Glauben, dass Karps Instinkt bei Themen von der Geopolitik über die Produktentwicklung bis hin zu Personalentscheidungen nahezu unfehlbar ist. Das interne Motto von Palantir könnte durchaus lauten: *In Karp We Trust*. Aber seine Kollegen halten Karp auch schon deshalb die Treue, weil es einfach Freude macht, für ihn zu arbeiten. Jemand aus der Chefetage des Unternehmens, der mehr als genug Geld hätte, um sich zur Ruhe zu setzen, sagte mir, er könne unmöglich aufhören, dazu mache die Arbeit mit Karp schlicht zu viel Spaß. »Es ist eben einfach ein wilder Ritt«, meinte er lächelnd. Wenn Palantirianer sich auf einen

Drink oder zum Abendessen treffen, ist Karp nicht selten das Gesprächsthema. Dabei ist immer wieder zu hören, dass das Unternehmen etwas vom »Vibe« einer Sekte habe. Und da ist in der Tat etwas dran. So könnte man definitiv von einem Personenkult um Karp sprechen. Mitte der 2010er-Jahre beauftragten einige französische Mitarbeitende des Unternehmens einen Comiczeichner mit einer Graphic Novel über Karp (die nie veröffentlicht wurde, aber der Karikaturist bekam später einen Job bei Palantir).

Sein Privatleben hält Karp selbst von seinen engsten Mitarbeitenden im Unternehmen streng abgeschottet, was deren Faszination für ihn noch erhöht. (Erst 2017 sagte er seinen Kollegen, dass seine Mutter schwarz sei, und das auch nur, weil ein Reporter erfahren hatte, dass er zwei verschiedene ethnische Hintergründe hat.) Er hat seine Freude an dem geheimnisvollen Nimbus, der ihn im Unternehmen umgibt, und ist überzeugt davon, dass er wichtig für das reibungslose Funktionieren der Firma ist. In einem Arbeitsumfeld voller eigenwilliger Persönlichkeiten sorge er für den Zusammenhalt des Teams. »Es braucht das gewisse Etwas zum Zusammenhalt einer Gruppe, und mein exzentrischer, atypischer Charakter ist dieses Bindemittel.«

Karps Ansicht nach gibt es jedoch auch eine Verbindung zwischen seiner Führungskompetenz und seiner Legasthenie. Aus seiner Sicht ist die Schlüsselvariable in seinem Leben weder seine kulturelle, noch seine ethnische Identität, sondern die Lese- und Rechtschreibstörung, die sich als Last und Segen zugleich erwies, auch wenn er selbst es derber formuliert: Die Legasthenie, so sagte er, »hat mich fertiggemacht, mir aber auch Flügel verliehen«. Auch wenn Karp in der Schule gut abschnitt, waren seine Entwicklungsjahre doch von seinem Ringen mit der Legasthenie geprägt. Er entwickelte dabei aber bestimmte Eigenschaften, die sich im Geschäftsleben als nützlich erweisen sollten. Er könne, so meint er, in einem gegebenen Augenblick nicht dieselbe Menge an Details verarbeiten wie andere, also habe er gelernt, mit weniger Informationen auszukommen, was ihm seiner Ansicht nach dann zum Vorteil gereichte, wenn schnelle, entschlossene Urteile nötig waren. Außerdem habe die Legasthenie ihn die Bedeutung des Teamworks gelehrt: Es ist nun mal eine Behinderung, und wer sie hat, benötigt die Hilfe anderer. In einem Umfeld, das Teambildung und das Delegieren von Verantwortung erfordere, sei sie ein Vorteil. Legastheniker, so sagt Karp, seien nicht mit dem Ethos der Selbstständigkeit aufgewachsen und neigten dazu, sich in Situationen hervorzutun, in denen es wichtig ist, andere davon zu überzeugen, dass »wir gemeinsam vielleicht mehr erreichen als jeder für sich«.

Wie Karp später herausfand, sind eine Reihe bekannter CEOs und Unternehmer Legastheniker. *Fortune* brachte 2002 mit »The Dyslexic CEO« eine Titelstory, die auf eben dieses Phänomen aufmerksam machte. Richard Branson, so hieß es in dem Artikel, Charles Schwab, John Chambers von Cisco, der renommierte Prozessanwalt David Boies (dessen Kanzlei Palantir in einem bahnbrechenden Prozess gegen die US Army vertrat) und Paul Orfalea, der Gründer der Kinko's-Kette, sie alle litten an Legasthenie. Einige Jahre später veröffentlichte Julie Logan, Professorin an der Cass Business School der City University of London, eine Studie, die zu dem Ergebnis gekommen war, dass 35 Prozent der von ihr befragten Unternehmer Legastheniker waren. »Wir haben festgestellt, dass erfolgreiche Legastheniker in ihrem Leben sehr viel dadurch überwanden, dass sie kompensatorische Fähigkeiten entwickelten«, sagte Logan der *New York Times*. »Wenn man seinen Freunden und Bekannten sagt, man habe vor, ein Unternehmen zu gründen, wird man immer und immer wieder hören: ›Das klappt nicht. Das ist nicht machbar.‹ Aber Legastheniker sind außerordentlich kreativ, wenn es ums Umschiffen von Problemen geht.« Darüber hinaus wies sie auf ihre Teamfähigkeiten hin. »Ihre Bereitschaft, Verantwortung und Befugnisse zu delegieren«, sagte sie, »verschafft ihnen einen erheblichen Vorteil gegenüber nicht von Legasthenie betroffenen Unternehmern, die ihren Betrieb gern als ihr Baby betrachten und ihn vollständig kontrollieren wollen.«

So ganz unkompliziert ist der Chef freilich nicht. Hinter Karps scherzhafter Art verbirgt sich eine Persönlichkeit, die höchste Ansprüche an andere stellt. Zwar versteht er, dass seine Mitarbeitenden auch ein Leben jenseits von Palantir haben, reagiert aber durchaus frustriert, wenn er das Gefühl hat, dass bei einem von ihnen das Unternehmen nicht ganz obenan steht. Im Gefolge der Pandemie äußerte er sich immer wieder irritiert darüber, wie sehr sie Arbeitsmoral und gesellschaftliche Konventionen verändert habe – das Aufkommen des Homeoffice, der Wunsch nach einer ausgeglicheneren Work-Life-Balance. Es entbehrt dies nicht einer gewissen Ironie (wenn nicht gar Heuchelei), denkt man allein an die Bürde, die seine spezielle Arbeits- und Lebensweise für seine Untergebenen ist. Nicht selten müssen Mitarbeitende sich zu einem von Karps Domizilen bemühen, wenn es etwas zu besprechen gibt. Im Sommer pilgert ein steter Strom von Palantirianern zu ihm nach New Hampshire. Es kommt aber auch schon mal vor, dass sie nach Alaska fliegen müssen, zu einem Meeting in seinem Haus in der Nähe von Anchorage. Einmal reiste eine Gruppe Palantirianer mit Karp nach Nordschweden, weil die ersten Langlaufloipen der Saison aufmachten und er Arbeit und Erholung verbinden wollte. (Sie nächtigten dort in beheizten Hütten.) »Man könnte sagen, dass das Unternehmen um den Lifestyle seines CEOs herum arbeitet«, meinte jemand aus Palantirs Führungsriege im Scherz.

Auf den Skilanglauf kam Karp bei seinem ersten Besuch des Weltwirtschaftsforums 2016. Er hatte eigentlich keine Lust auf Davos gehabt, da er Konferenzen und Menschenansammlungen am liebsten aus dem Weg geht. Als Anreiz erwähnte ein Kollege, dass Davos für seine Langlaufloipen bekannt sei. Karp hielt es für einen Versuch wert, und die Loipe wurde zur Sucht. Als er besser wurde, so Karp, gerieten einige seiner Bodyguards an ihre Grenzen. Außerdem bereitete ihm Kopfschmerzen, dass sie ihm womöglich nicht helfen könnten, falls er mal in einen Schneesturm geriet. Zum besonderen Risiko wurde dies, wenn man abseits der Piste fuhr, wie er das gern manchmal tat. Ein Freund schlug Karp schließlich vor, als Begleiter ehemalige Offiziere des norwegischen Heeres einzustellen – die könnten mit ihm mithalten und seien für den Einsatz bei schwierigem Winterwetter ausgebildet. Man machte ihn schließlich mit einem ehemaligen Angehörigen der norwegischen Spezialkräfte FSK bekannt. Der erklärte sich bereit, bei Karps Sicherheitsteam einzusteigen, und wurde sein regelmäßiger Begleiter auf der Loipe. Im Laufe der Zeit stellte Karp mehrere andere FSK-Veteranen ein. Er bezeichnete sie kollektiv als »die Norweger« und nannte sie auch einzeln so. »Du solltest mit dem Norweger reden«, sagte er zu mir und wies auf den gut aussehenden Nordländer, der gerade bei ihm war. Die Norweger waren abwechselnd mit Karp unterwegs; sie wechselten sich alle zwei, drei Wochen ab, auch wenn sich ihr Dienst manchmal überlappte.

An Wettkämpfen, so behauptet Karp, habe er kein Interesse. Sein Ziel, so sagte er, sei es einfach, sich weiter zu verbessern, um die Grundlage dafür zu schaffen, bis ins hohe Alter auf die Loipe zu gehen. Trotzdem brüstet er sich gern mit seinen Leistungen auf der Loipe. Ich habe ihn womöglich nie so strahlen sehen wie damals, als eine norwegische Zeitung einen Artikel über ihn brachte, der die beeindruckende Zeit erwähnte, die er auf einer der anspruchsvollsten Loipen des Landes gelaufen war. (Allerdings ärgerte ihn, dass der Artikel ein nicht genehmigtes Foto des Hauses enthielt, das er einige Stunden von Oslo entfernt besitzt.) Die einzige Verbeugung, die Karp von seinen Kollegen zu erwarten scheint, betrifft seine Fähigkeiten im nordischen Skisport. In meinem Beisein bat er seine Assistenten von Zeit zu Zeit, ihm seine Tüchtigkeit zu bestätigen, was sie denn auch pflichtbewusst taten. Seine Videobotschaften an Palantir-Aktionäre beginnen des Öfteren mit Sequenzen, die ihn auf der Loipe zeigen.

Während der Pandemie machten ihn die Norweger mit der sogenannten norwegischen Methode bekannt, die Ausdauer-, Intervall- und Krafttraining kombiniert. Er sei zwar bereits gut in Form gewesen, sagt er, aber das Konditionsprogramm habe ihm ein noch größeres Stehvermögen beschert. Besonderen Stolz zog er aus seiner VO2max-Zahl, einem Maß für die Sauerstoffaufnahme bei körperlicher Anstrengung, das weithin als Goldstandard der kardiovaskulären Fitness gilt. Er war mittlerweile auf 65, einem sagenhaften Wert, zumal für jemanden in seinem Alter. Mehrere Dutzend Vitamine und Antioxidantien ergänzen sein Training. Er mag Wein, trinkt aber eher selten. Während der Covid-Lockdowns gab er seine Muffins auf und ernährte sich zuckerlos.

Als ich Karp 2019 kennenlernte, verbrachte er den größten Teil seiner Zeit in Europa. Das Leben auf dem alten Kontinent gefiel ihm (vor allem, wenn Schnee lag), und Palantirs Geschäft florierte dort: London war mit über 500 Mitarbeitenden mittlerweile die größte Dependance des Unternehmens. Im Gegensatz zu den Vereinigten Staaten lasteten in Europa keine Kontroversen auf Palantir. Zwar sorgte die Verbindung des Unternehmens zum Cambridge-Analytica-Skandal in Großbritannien für Schlagzeilen, aber die Komplikationen mit der amerikanischen Einwanderungs- und Zollbehörde ICE schienen dort keine Rolle zu spielen. Die CIA-Connection machte einige Leute kopfscheu, aber selbst das hielt normalerweise niemanden von einem Abschluss mit Palantir ab. Palantirs Geschäft in Europa lief blendend; die Aufträge kamen von Unternehmen wie von staatlicher Seite – nicht zuletzt dank der europäischen Medien, die von Karp ausgesprochen angetan waren.

Während der Pandemie jedoch verlagerte sich Palantirs Schwerpunkt dann zurück in die USA. Nach einem Sieg in einem erbitterten Rechtsstreit mit der Army um deren Beschaffungsverfahren konnte das Unternehmen eine Reihe von Verträgen mit dem US-Militär abschließen und war damit auf dem besten Weg, ein wichtiger Militärdienstleister zu werden. Die kritische Rolle, die das Unternehmen bei der Unterstützung der Bundesregierung beim Tracking von Covid-19 und der Verteilung von Impfstoffen spielte, hatte seinen Ruf in Washington gefestigt, und als der Krieg in Osteuropa tobte und ein Konflikt in Asien drohte, war Karp plötzlich nicht nur am Capitol Hill ein gefragter Mann. Er verbrachte inzwischen so viel Zeit in Washington, dass er ein Anwesen in einem der in Maryland gelegenen Vorstädte kaufte. Er zahlte 8,45 Millionen Dollar für das Haus, zu dem auch ein Tennisplatz gehörte, den er nie benutzen sollte (und den er bald abtragen ließ). Mit dem Kauf des Hauses hatte Karp mit seinem Grundsatz gebrochen, niemals mehr als eine Million Dollar für eine Immobilie zu bezahlen. Seiner Ansicht nach entsprach eine Million Dollar in etwa dem, was ein mittlerer Angestellter von Palantir für ein Haus ausgeben kann, und so hatte er diese Summe zu seinem Limit gemacht – um der Bekräftigung von Palantirs demokratischem Ethos willen. Doch während für eine Million Dollar in Alaska ein stattliches Domizil zu haben ist, kommt man im Großraum Washington damit nicht sehr weit.

Palantirs Washingtoner Dependance befindet sich in Georgetown, unweit des Potomac. Das Büro belegt zwei Etagen, und an dem Vormittag, an dem er mich mit dem »Schmattes-Gag« empfing, war Karp in beiden. In der unteren Etage führte ihm ein mit militärischen Projekten beschäftigtes Team die jüngste Version der »Augmented Reality«-Brille vor, die man gerade entwickelte: Der »Bildschirm« zeigte eine bis ins Kleinste detailtreue Karte einer taiwanesischen Insel mit Live-Datenströmen und Echtzeit-Drohnenvideos. Die Brille bedeckte den Kopf nicht vollständig – man konnte auch seine »echte« Umgebung sehen. Aber sie würde einem Soldaten im Einsatz eine Rundumansicht des Gefechtsfelds buchstäblich auf die Nase geben. Gleich nebenan befand sich der »Classified room«, in dem als Geheimsachen eingestufte Dokumente aus dem Verteidigungsministerium und anderes sensibles Material aufbewahrt wurden und der nur für Palantirianer mit Sicherheitsfreigabe zugänglich war. Karp gehörte nicht zu diesen Berechtigten. Er hatte nie eine Sicherheitsfreigabe beantragt, weil er befürchtete, sie könnte seine Möglichkeiten beeinträchtigen, sich offen zu äußern, öffentlich wie privat.

Noch am selben Vormittag war Karp mit dem ehemaligen Außenminister Mike Pompeo verabredet, der bei ihm im Büro vorbeikam (Karp schlüpfte dafür eigens in Geschäftskleidung). Zwei Jahrzehnte nachdem er Palantir mitgegründet hatte, war Karp zu einem Washingtoner Weisen geworden, zu einem gefragten Gesprächspartner in außen- und verteidigungspolitischen Kreisen. Es war eine weitere unwahrscheinliche Wendung in einer Karriere, die voll von solchen Wendungen war; eine Karriere, die sich niemand je hätte vorstellen können. Gewiss hätte nichts in seiner Kindheit erahnen lassen, dass er für die Geschäftswelt bestimmt war, geschweige denn, dass er irgendwann an der Spitze eines Unternehmens stehen würde, das sich als Instrument der amerikanischen Macht verstand. Zumindest, so sagte Karp, hätte die Vorstellung seine Eltern entsetzt, die sich selbst nach all seinem Erfolg immer noch wünschten, er hätte mit seinem Leben etwas anderes angefangen.

Kapitel 2
IRGENDWIE AUS EINER ANDEREN WELT

Aufgewachsen ist Alexander Karp in Philadelphia, und schon als Kind besuchten seine Eltern mit ihm und seinem Bruder Ben regelmäßig das Philadelphia Museum of Art. Wie Ben erzählt, lenkte ihr Vater Bob Karp dort ihre Aufmerksamkeit immer wieder auf ein bestimmtes Werk: eine Statue des Ikarus. Der Ikarus-Mythos ist die womöglich älteste moralische Erzählung der Menschheit und warnt vor den Gefahren der Hybris. Jahre später mutmaßten die Brüder, dass Bob womöglich deshalb immer wieder auf die Statue zurückkam, weil er in Alex einen maßlosen Ehrgeiz spürte, der ihm unheimlich war und den er daher in Zaum halten wollte. Ben zufolge befand Bob sich in einem merkwürdigen Wettbewerb mit seinem Ältesten, und selbst nachdem Alex mit Palantir an die Börse gegangen und steinreich geworden war, zeigte sein Vater wenig Neigung, seinen Erfolg anzuerkennen, geschweige denn zu feiern.

Vor diesem Hintergrund nimmt Karps Weg in die Führungsriege der Geschäftswelt sich aus wie eine Form von Rebellion gegen die Bemühungen seines Vaters, seinen Horizont zu beschneiden. Er selbst jedoch findet das nicht, und wenn man bedenkt, wie sehr er in seinem eigenen Kopf lebt, bin ich geneigt, ihn beim Wort zu nehmen. Eigener Ansicht nach wurzeln seine Leistungen bis zu einem gewissen Grad in einem –

von ihm unterstellten – Versagen seiner Eltern, aus ihren eigenen Fähigkeiten Kapital zu schlagen. Seine Mutter, Leah Jaynes Karp, ist eine talentierte Künstlerin, die Karps Ansicht nach nie die Anerkennung fand, die sie verdient hätte. Desgleichen war Bob eine Koryphäe auf dem Gebiet der Pädiatrie, der in seinem Fachgebiet nie den Stellenwert erlangt hatte, der ihm Karps Ansicht nach zugestanden hätte. Karps Einschätzung nach mangelte es seinen Eltern an dem, was er als die nötigen »Navigationsfähigkeiten« bezeichnet: dem Instinkt dafür, wie man im Leben vorankommt. Aus welchem Grund auch immer ist er mit diesen Fähigkeiten gesegnet, und Überdurchschnittliches zu leisten, war seine Antwort auf ihr mangelhaftes Abschneiden. Wie er einmal Ben gegenüber sagte: »Wäre unser Vater ein Alphatier gewesen, ich hätte Palantir nie gegründet.«

Nichts von alledem führte bei Karp zu Ressentiments. Seine Eltern sorgten dafür, dass es ihm und seinem Bruder an nichts fehlte. Als sie sich scheiden ließen und Bob nicht für seine Studiengebühren aufkommen wollte, war das eine immense Belastung für Karp, sodass er zunächst furchtbar aufgebracht war. Aber sein Zorn hielt nicht an. In späteren Jahren, als er reich wurde, war er finanziell ausgesprochen großzügig sowohl gegenüber seinen Eltern als auch seinem Bruder. Lange war er so frustriert wie verwirrt von den vermeintlichen Unzulänglichkeiten seiner Eltern – eine Frustration, die sich (ungerechterweise, wie ich fand) auch auf Ben erstreckte, einen zwei Jahre jüngeren Mann von erfrischender Intelligenz, der als Schriftsteller und College-Professor in Tokio lebt. Es ging Karp nicht um eine Wertung; er wollte nur verstehen, warum sein Leben so anders verlaufen war. Ein Gespräch mit einer vertrauten Person half ihm beim Verarbeiten des Leistungsgefälles in seiner Familie. Diese Person wies ihn darauf hin, dass Qualitäten wie Begabung, Ehrgeiz und Disziplin eben nicht gleich verteilt waren und Karp derjenige war, der allen *sechel* des Haushalts abbekommen hatte – ein Begriff aus dem Jiddischen, der so viel wie »Verstand« bedeutet. So konnte er sich der Sonne nähern. Sie konnten das nicht.

Bob Karp kam in einer deutsch-jüdischen Familie in Philadelphia zur Welt. Sein Vater Manny war erst Tischler, später Orientierungsberater an einer Schule und leitete außerdem ein jüdisches Sommerlager in den Poconos. Ben, der sich mit dem Stammbaum der Familie beschäftigt hat, meint, eine entfernte Verwandtschaft zu Karl Marx entdeckt zu haben. Bob besuchte das Muhlenberg College in Allentown, Pennsylvania, und anschließend das Jefferson Medical College in Philadelphia. Noch während des Medizinstudiums lernte er Leah Jaynes kennen, als diese 1963 in seinen Apartmentblock einzog; er erbot sich, ihr beim Hochtragen ihrer Sachen zu helfen. Zu der Zeit war Leah Sekretärin an der University of Pennsylvania. Sie stammte ursprünglich aus Pontiac, Illinois, und war die Urenkelin eines ehemaligen Sklaven. Ihr Vater, Milo Jaynes, war Baptistengeistlicher und arbeitete bei der Post. Er war außerdem ein gewalttätiger Alkoholiker, und Leah zog mit 16 Jahren zu einer Tante in Chicago, um dem Chaos daheim zu entfliehen.

Während ihrer High-School-Zeit gewann Leah ein Stipendium für einen Aufenthalt in Israel, von wo sie drei Monate später, begeistert von der Erfahrung und angetan vom Judaismus, wieder zurückkehrte. Dass Bob Karp Jude war, machte ihn für sie interessant. Ähnlich ging es Bob, der sich von Leah nicht zuletzt deshalb angezogen fühlte, weil sie schwarz war. Für einen politisch Liberalen wie ihn war die Liaison mit Leah eine wirksame Möglichkeit, seine progressive Einstellung zu demonstrieren. »Mein Vater wollte eine Schwarze zur Frau«, sagt Ben dazu. Wie auch immer, Bob und Leah verliebten sich ineinander und ließen sich 1964 standesamtlich in Philadelphia trauen. (Leah konvertierte schließlich zum Judentum, wenn auch erst nach ihrer Scheidung von Bob.) Als Alex Jahre später die fundamentale Bedeutung der Hautfarbe und der ethnischen Identität für die Beziehung seiner Eltern erkannte, war dies einer der Gründe für seine künftige Abneigung gegen die Identitätspolitik. Er kam sich vor wie das Produkt zweier Menschen, die zeigen wollten, um wie viel besser sie sind als andere, und das stieß ihm auf.

Alex kam 1967 in New York City zur Welt. Bob machte damals seine Ausbildung zum Facharzt am New York Hospital-Cornell Medical Center in Manhattan. Drei Jahre später fand er eine Stelle als Arzt am St. Christopher's Hospital for Children in Philadelphia. Es waren bewegte Zeiten in Amerika, politisch wie gesellschaftlich, und die Rassenfrage stand dabei ganz obenan. Unter Präsident Lyndon B. Johnson hatte man einige Meilensteine der Bürgerrechtsgesetzgebung auf den Weg gebracht. Relevanter noch, jedenfalls für Bob und Leah, war womöglich, dass der Oberste Gerichtshof der Vereinigten Staaten mit dem Urteil in der Sache *Loving v. Virginia* jüngst bundesweit die restlichen Gesetze gegen Ehen zwischen Paaren unterschiedlicher Hautfarben aufgehoben hatte. Der Kampf gegen die Rassendiskriminierung hatte jedoch auch eine heftige Gegenreaktion ausgelöst. Richard Nixon wurde 1968 nicht zuletzt deshalb zum Präsidenten gewählt, weil er die Ressentiments und Ängste der weißen Bevölkerung schürte und ausnutzte – die sogenannte »Southern Strategy«.

Die Gegenbewegung blieb jedoch nicht auf den Süden beschränkt. Auch Philadelphia war eine Hochburg des Widerstands gegen die Gleichstellung ethnischer Gruppen. Die Polizei von Philadelphia hatte es in den späten 1960er-Jahren durch ihr brutales Vorgehen gegen die schwarze Bevölkerung und andere Minderheiten unter Commissioner Frank Rizzo zu trauriger Berühmtheit gebracht. Rizzo, der sich sogar seiner Rohheit brüstete, fühlte sich weder an neue Gesetze gebunden noch an sich ändernde Sitten. Er war eine Nordstaatenversion der Law-and-Order-Sheriffs, die im Süden Schwarze terrorisierten. (Er und seine Polizeibehörde sahen sich schließlich vom Bundesjustizministerium wegen eines Musters von Missbrauch vor Gericht gestellt, das – mit den Worten der Staatsanwaltschaft – »das Gewissen schockiert«.) Rizzo wurde 1971 als Streiter für Philadelphias weiße Arbeiterklasse, als der er sich gebärdete, zum Bürgermeister der Stadt gewählt. Im Rahmen einer Kampagne für eine Änderung der Stadtsatzung, die ihm eine dritte Amtszeit als Bürgermeister ermöglichen sollte, appellierte er 1978 auf schockierend rassistische Weise deutlich an die Bewohner der Stadt, »weiß zu wählen«. (Der Vorschlag wurde abgelehnt.)

In einer von reaktionärer Politik gebeutelten Stadt wie Philadelphia war der Bezirk Mount Airy eine Insel aufgeklärter Toleranz. Bereits in den 1950er-Jahren setzte sich die dortige Bevölkerung in Zusammenarbeit mit Religionsgemeinschaften und Gruppen der Zivilgesellschaft für Vielfalt und Inklusion in ihrem Viertel zu tun. Sie ermutigten schwarze Familien zum Zuzug und übten erfolgreich Druck auf Banken aus, von ihren oftmals diskriminierenden Praktiken bei der Kreditvergabe abzusehen, damit diese Familien Hypotheken bekämen. »Mount Airys Hauseigentümer«, so schrieb die Historikerin Abigail Perkiss in ihrem Buch *Making Good Neighbors: Civil Rights, Liberalism, and Integration in Postwar Philadelphia*, führten »einen gemeinschaftsübergreifenden Kampf für eine bewusste Integration ... Indem sie statt auf rassengetrenntes Wohnen auf integriertes Wohnen setzten, versuchten sie die systemische Trennung zu durchbrechen und ihren Alltag mit der Erfahrung des Zusammenlebens zwischen den Rassen zu bereichern.«

Für eine Familie gemischter ethnischer Herkunft, die Wurzeln schlagen wollte, war Mount Airy mit anderen Worten der ideale Ort. Bob und Leah wohnten dort zunächst zur Miete, kauften dann eine Doppelhaushälfte in der Wellesley Road und zogen schließlich in ein Haus am Lincoln Drive, einem etwas gehobeneren Straßenzug im selben Bezirk. Sie lebten schlicht und sparsam: Jahrelang erstand Leah die Kleidung ihrer beiden Söhne in Secondhandshops. Eine Zeit lang hatten die Karps einen Fernseher, aber als die Jungs sich wegen einer Sendung stritten, setzte Leah ihn absichtlich außer Gefecht, und es kam erst wieder einer ins Haus, als Alex und Ben in der High School waren. In den Sommerferien fuhr die Familie an den Lake Ninevah in Vermont, wo sie eine Hütte besaß, in der es weder Strom noch fließendes Wasser gab; das zog man aus einem Brunnen. Gekocht wurde mit Gas, Gaslampen sorgten für Licht und gebadet wurde im See.

Wie andere in Mount Airy waren auch Bob und Leah politisch links eingestellt. Sie waren frustriert über Amerikas gefühltes Unvermögen, seinen Idealen gerecht zu werden, und stießen sich am ungezügelten Konsum ihrer Landsleute. Gemeinsam mit ihren Söhnen nahmen sie an politischen Demonstrationen teil. So fuhr die Familie 1979 zu einer Anti-Atomkraft-Demo mit Konzert nach New York. Bruce Springsteen war unter den Künstlern, und Leah machte Alex und Ben mit Noam Chomsky bekannt, der ebenfalls anwesend war.

Bens Ansicht nach war die Entscheidung seiner Eltern, die Jungs auf die Henry H. Houston School, die örtliche Schule mit den Klassenstufen 1–8, zu schicken, von falschem Idealismus beseelt – sie wollten damit ihre Unterstützung für das staatliche Bildungswesen und die Aufhebung der Rassentrennung an den Schulen signalisieren. Dabei übersahen sie jedoch geflissentlich die massiven Probleme an der Schule. Wie Ben sich erinnert, gab es dort »einige wirklich üble Bullys«, die »alle anderen schikanierten«. Sein Bruder und er, so erzählt er, fürchteten des Öfteren um ihre Sicherheit. Eine Zeit lang habe

Alex Geld mit in die Schule genommen, um einen Schüler zu bezahlen, der ihn bedrohte. Doch selbst als andere Eltern ihre Kinder aus der Schule nahmen, um sie auf Privatschulen zu schicken, bestanden Bob und Leah darauf, die Jungs dort zu behalten, was Alex ihnen zeitlebens nicht verziehen hat. »Er spricht heute noch darüber«, sagt Ben, »der Groll ist immer noch da.«

Was den Unterricht selbst anbelangt, war Alex so neugierig wie motiviert, was einige der Kids dazu veranlasste, ihn »Professor« zu nennen. Ben besteht darauf, dass sie sich damit keineswegs über ihn lustig machten: Auf dem Spielplatz galt das vielmehr als Kompliment; man erkannte damit an, dass er wirklich clever war. Doch hinter dem Spitznamen verbarg sich eine schmerzliche Realität: Alex tat sich schwer mit dem Lesen. Als er mit acht Jahren immer noch Schwierigkeiten mit dem Erkennen geschriebener Wörter hatte, entschloss Bob sich, ihn untersuchen zu lassen – die Diagnose lautete auf Legasthenie. Da die Henry Houston School nicht über die nötigen Möglichkeiten verfügte, um ihm zu helfen, schickten seine Eltern ihn auf die Oliver P. Cornman School, die auf Kinder mit Lernschwierigkeiten spezialisiert war. An der Cornman School kümmerte man sich um ein breites Spektrum spezieller Bedürfnisse bis hin zur schweren Behinderung. Alex besuchte die Cornman-Schule von der dritten bis zur fünften Klasse, und in Zusammenarbeit mit den dortigen Spezialisten schaffte er es tatsächlich, fließend lesen zu lernen. Später sagte er, Legasthenie sei das schlimmste Schicksal, das ihm je widerfahren sei (eine Aussage, die er oft im Dienst einer anderen machte, nämlich dass er nie, weder als Schwarzer noch als Jude, diskriminiert worden sei). Was seine Hausaufgaben anbelangt, so erfuhr ich von Leah Karp, sei ihr Sohn äußerst fleißig und penibel gewesen, was sie seiner Legasthenie zuschrieb – ihn verlangte nach Struktur.

Jahre später sollte Karp sagen, die Legasthenie habe das Gefühl der Verwundbarkeit, unter dem er als Kind litt, noch verstärkt. Er habe von klein auf geahnt, dass er als Jude gemischter ethnischer Herkunft mit einer Behinderung von vornherein schlechte Karten hatte. Oder wie er es ausdrückte: »Als ethnisch amorphes, linksradikales jüdisches Kerlchen und obendrein noch Legastheniker – wer würde sich da nicht in den Arsch gekniffen vorkommen?« Wie er sagt, sei ihm auch klar geworden, dass seine Eltern, durch ihre eigene Beschränktheit gehemmt, nicht in der Lage gewesen seien, ihn zu beschützen. Sie liebten ihn zweifellos, konnten ihn aber nicht vor einer Welt beschützen, die jemandem mit seiner speziellen Identität besonders bedrohlich erschien. Schon lange bevor er von zu Hause weg und aufs College ging, hatte Karp das Gefühl, dass er sich so richtig nur auf sich selbst verlassen konnte, wenn es ums Überleben ging.

Nach der Cornman School kehrte Alex an die Henry Houston zurück, in die er dann bis zur achten Klasse ging. Von Houston aus ging er auf die Walter B. Saul High School, eine staatliche Fachoberschule mit Schwerpunkt Landwirtschaft, wo er den Future Farmers of America beitrat. Wie Ben sich erinnert, hatte sein Bruder besondere Freude an der Arbeit mit den Kühen im Milchviehstall der Schule, auf die Alex zwei Jahre ging, bevor er an die Central High School wechselte. Central High galt als Philadelphias beste staatliche Schule und hatte zahlreiche berühmte Absolventen, darunter auch Noam Chomsky. Auch Bob Karp hatte sie besucht. An der Central High blühte Alex, was seine schulischen Leistungen anbelangte, so richtig auf, was nicht zuletzt dem Einfluss einer Orientierungsberaterin zu verdanken war, der die Kluft zwischen seinen ausgezeichneten Testergebnissen und seinen soliden, aber unauffälligen Noten auffiel. Sie wollte ihm helfen, diese Kluft zu schließen.

Karps Cousin, der Romanautor Mat Johnson, war ebenfalls in Mount Airy aufgewachsen und stand Alex und Ben sehr nahe; er war für die beiden quasi der dritte Bruder. (Da Alex und Ben zu Hause nicht fernsehen durften, gingen sie oft zu Johnson, der bei seiner Mutter wohnte, um *Mork & Mindy* zu sehen.) Eine Zeit lang, so Johnson, sei Alex ein launischer Teenager gewesen. »Im Grunde«, so erinnert sich Johnson, »knurrte er einen immer nur an und verkroch sich mit seinen Comics in seinem Zimmer.« Zu dem Zeitpunkt war der Familie längst klar, dass Alex wahrscheinlich auch an einer Spektrum-Störung litt – dass er »in seiner eigenen Welt lebte«, wie Johnson sagt. Nichtsdestotrotz hatte er viele Freunde, von denen fast alle schwarz waren. Überhaupt schien er sich in hohem Maß mit der schwarzen Kultur zu identifizieren. »Alex war in der High School ein junger Schwarzer«, sagt Ben. Im letzten High-School-Jahr begann er sich für Mädchen zu interessieren und stellte fest, dass dieses Interesse auf Gegenseitigkeit beruhte. Er ließ sich die Haare schneiden und einen Schnurrbart stehen und zog sich stilvoller an. Und auch mit seinen Moves beim Tanzen zog er die Blicke auf sich. Sein Bruder und sein Cousin nannten ihn fortan »Al Smooth«.

Johnsons Mutter arbeitete bis in den frühen Abend hinein, sodass er für gewöhnlich nach der Schule zu den Karps ging und zum Abendessen blieb. Er sagt, dass es im Haus immer eiskalt gewesen sei; Bob habe den Thermostat immer ganz runtergedreht, um Heizkosten zu sparen. Bei den Mahlzeiten legte man Wert auf gesunde Kost und angeregte Gespräche. »Es war ein Haus, in dem viel gestritten wurde – aber nicht bösartig, sondern auf die typisch eigensinnig jüdische Art«, sagt Johnson. »In dem Haus musste man sich wirklich behaupten.« Bei den Diskussionen ging es in der Regel um Themen, die an dem Tag in den Nachrichten waren. Wenn Johnson nach dem Abendessen rausging, um nach Hause zu gehen, konnte er die Karps noch von draußen debattieren hören. Bob und Leah wollten intellektuell neugierige und engagierte Söhne haben und hofften, sie würden sich beide später mal geistigen Herausforderungen stellen. »Mein Vater meinte mal, er sei Arzt geworden, damit seine Söhne Dichter werden könnten«, sagt Ben.

Im Herbst seines Abschlussjahres an der Central School war klar geworden, dass er sich das College wahrscheinlich würde aussuchen können. Er neigte noch in Richtung Ivy League, als besagte Orientierungsberaterin andeutete, dass er im nahe gelegenen Haverford College womöglich besser aufgehoben wäre. Es war kleiner, hatte eine ausgesprochen intellektuelle Studentenschaft und schien irgendwie passender für ihn. Leah Karps Ansicht nach entschied ihr Sohn sich nicht zuletzt deshalb für Haverford, weil ihn mit dem College eine innige Erinnerung verband. Alex war noch klein, da besuchte die Familie in Haverford eine Tanzaufführung, nach der man zum Abendessen in die Cafeteria ging. Als Hauptgericht gab es Steak, was für Alex und Ben etwas Besonderes war (»Bei uns gab es meistens Gemüse mit etwas Huhn«, sagte mir Leah Karp). In Alex' Erinnerung waren die Steaks nicht nur köstlich, sondern tellergroße Scheiben Fleisch, was ihm einen positiven Eindruck von Haverford vermittelte. Seiner Mutter zufolge war er enttäuscht, als er nach seiner Immatrikulation feststellte, dass Steak in Haverford recht selten auf der Speisekarte stand und wenn, dann waren die Portionen klein.

Für jemanden, der in einem politisierten Umfeld aufgewachsen war wie Karp, war Haverford die logische Wahl. Das 1833 von Quäkern gegründete College war geprägt von einem Bekenntnis zu sozialer Gerechtigkeit und blickte auf eine lange Geschichte politischen Dissenses zurück. In den späten 1960er- und frühen 1970er-Jahren war das College eine Brutstätte der Opposition gegen den Krieg in Vietnam. So brach zum Beispiel 1971 eine Gruppe von Aktivisten unter Führung des Haverforder Physikprofessors William Davidon in ein FBI-Büro in der Gegend ein und stahl Tausende von Dokumenten über die Überwachung von Antikriegsdemonstranten und schwarzen Bürgerrechtlern durch das FBI. Davidon und seine Mitverschwörer übergaben die entwendeten Dokumente der *New York Times* und der *Washington Post*, und die Berichterstattung der Medien trug schließlich dazu bei, den Kongress zu einer Untersuchung zu veranlassen Davidon und die anderen wurden nie geschnappt. Er starb 2013. Kurz darauf bekannten sich drei weitere Personen zu ihrer Beteiligung an dem Einbruch. Da die Geschichte zu diesem Zeitpunkt bereits verjährt war, hatten sie nichts mehr zu befürchten.

Mitte der 1980er-Jahre ging es in Haverford eher ruhig zu. Die Studierenden kamen größtenteils aus gut situierten Verhältnissen und waren liberal im konventionellen Sinn. Viele demonstrierten gegen die Apartheid, aber das war wohl kaum radikal. In der Fakultät dagegen gab es immer noch ein paar Hitzköpfe. So sagte einer der Professoren 1984 über den Präsidentschaftswahlkampf zwischen Präsident Reagan und dem ehemaligen Vizepräsidenten Walter Mondale, das Land habe die Wahl zwischen »einem Kapitalistenschwein, das stolz darauf ist« und einem »Kapitalistenschwein, das sich ein klein wenig schuldig fühlt«. Der größte Teil des Lehrkörpers war jedoch wie die Studierenden: progressiver Mainstream. Aber auch wenn die Kultur der Schule milder geworden war, hatte sie nichts von ihrer akademischen Strenge verloren. Haverford war anspruchsvoll: Man musste sich auf den Hintern setzen, und die Professoren wehrten sich gegen die Noteninflation, die sie bei anderen renommierten Colleges und Universitäten ins Kraut schießen sahen. Einige von uns versuchten wacker, Haverford so etwas wie Studentenleben einzuhauchen, aber es war ein einziger Kampf.

Im Sommer 1985, kurz bevor Karp nach Haverford ging, reichte seine Mutter die Scheidung ein. Sie war schon seit geraumer Zeit nicht mehr glücklich mit Bob. Er war zunehmend kühl geworden, abweisend, in seinen eigenen Gedanken und Frustrationen verloren. Leah hatte gehofft, die Familie beisammenhalten zu können, bis auch Ben aufs College ging, war aber zu dem Schluss gekommen, dass es so nicht weitergehen konnte. Bob, so erzählt Ben, fiel zunächst aus allen Wolken, als sie ihn wissen ließ, dass sie Schluss machen wollte, dann wurde er wütend. Er stellte die Zahlungen für die Hypothek auf das Haus ein und bot es bald darauf zum Verkauf an. Er zwang Leah auszuziehen, weigerte sich aber, für eine Wohnung für sie und Ben aufzukommen; Freunde der Familie, die Weisbords, nahmen die beiden auf.

Für Alex war das Scheitern der elterlichen Ehe ein vernichtender Schlag; für ihn brach damit eine Welt zusammen. Außerdem wusste er nicht, wie er in Haverford bleiben sollte, wo Bob nicht mehr für sein Studium aufkommen wollte. War das erste Semester in Haverford für die meisten von uns ein aufregender Lebensabschnitt, so war es für Alex eine Zeit emotionalen Aufruhrs und qualvoller Unsicherheit. Die Scheidung an sich war schlimm genug; dass Bob nun seine Wut an Alex auslassen und dessen Zukunft aufs Spiel setzen wollte, war schlicht rücksichtslos. Für Alex war es überdies ein Verrat an jenen jüdischen Werten, die sein Vater immer als unantastbar ganz obenan gestellt hatte: die zentrale Rolle von Familie und Bildung.

Leah kam schließlich für Haverford auf, indem sie Darlehen aufnahm und ihre Rente anzapfte, um die Studiengebühren und andere Kosten zu decken. Aber letztlich war ihre finanzielle Situation so prekär, dass Karp sich der Aussicht auf einen Abschluss nie sicher sein konnte. »Jedes Semester«, so erinnert sich Ben, »war für Alex eine Qual – immer darauf zu warten, ob seine Studiengebühren bezahlt waren, nie zu wissen, ob er bleiben konnte.« Zum ersten Mal in seinem Leben erfuhr Karp wirtschaftliche Unsicherheit, und eine Folge dieser Erfahrung war der feste Entschluss, dass sich das nicht wiederholen würde.

Doch so sehr die Angst seine Zeit dort prägte, wurde ihm Haverford zu einer Art Freistatt, die es ihm erlaubte, dem familiären Aufruhr zu entfliehen. Ungeachtet seiner prekären Situation stürzte er sich ins Studentenleben. Er kandidierte, wenn auch erfolglos, für die Studentenvertretung und war Mitglied des Langlauf- und Leichtathletikteams. Tom Donnelly, Coach beider Teams und eine Legende des College-Sports, sagte mir, dass Karp zwar nie zu den Spitzenläufern gehörte, aber »eine wirklich positive Ausstrahlung« hatte, dass er »immer locker und am Rumalbern« war. Rückblickend war Donnelly der Meinung, dass Karp mit seiner unbekümmerten Haltung »ein sehr intensives Innenleben versteckte, das er wahrscheinlich durch die körperliche Anstrengung des Laufens und des Wettkampfs ausglich«. Wie er glaubt, verband ihn und Karp vor allem, dass sie beide aus »Philly« waren. Er gab aber zu, dass er »keine Ahnung hatte, wie clever der Kerl wirklich war«.

Donnelly war nicht die einzige Person in Haverford, für die Karp etwas schwer zu deuten war. Nicht dass er reserviert gewesen wäre, aber irgendetwas in ihm schien sich der Welt zu entziehen. Dennoch war er recht beliebt und hatte viele Freunde, und bei Frauen schien ihm seine Unergründlichkeit nicht zu schaden. Zwei Jahre lang war er mit einer Jamaikanerin aus seinem Jahrgang liiert; später ging er mit einer anderen aus seinem Jahrgang, einer Latina. Und wie schon an der High School stand Karp zu seinem schwarzen Erbe. Er engagierte sich in der schwarzen Studentenbewegung, und sein Leben außerhalb des Unterrichts spielte sich hauptsächlich in Haverfords schwarzer Community ab. »Damals war er weit mehr der Schwarze als heute«, sagt Ward Breeze, einer seiner engsten Freunde in Haverford.

Im Herbst seines Abschlussjahres half Karp bei der Ausrichtung einer von der Gruppe »Campuses Against Racial Violence« an der Yale University gesponserten Tagung. Einige Monate später sah Karp sich in einem Artikel der *Detroit Free Press* über Rassismus an amerikanischen Colleges und Universitäten zitiert. »Das Bedrückendste war«, so sagte er der Zeitung, »dass es nicht schwieriger war, jemanden zu finden, der etwas über rassistisch motivierte Gewalt zu sagen hatte, als jemanden zu bitten, überhaupt etwas zu sagen. Sie ist so allgegenwärtig.« Karp rügte die College-Verwaltungen dafür, nicht mehr zur Bekämpfung der Bigotterie an ihren Lehranstalten zu tun. »Wenn Dekane nicht bereit sind, etwas zu unternehmen«, sagte er, »geben sie damit grünes Licht.« Ronald Reagan, so Karp, trage eine Mitschuld an der weit verbreiteten Rassendiskriminierung auf dem Campus. Der Präsident habe, so sagte er, »eine Stimmung geschaffen«, die Fanatikern signalisierte, dass Rassismus akzeptabel sei. Für sein Jahrbuchfoto trug Karp eine Kufija, was von einem weiter gefassten Interesse am Kampf gegen Ungerechtigkeit zeugt.

Karp beteuert, sich in Haverford nicht wirklich angestrengt zu haben, was jedoch im Widerspruch zu seinen Noten steht: In einer Schule, in der kein Mangel an Strebern herrschte, stach er als besonders guter Schüler hervor. Als Hauptfach wählte er Philosophie, die in Haverford stark vertreten war. Der Fachbereich dort war mit einigen herausragenden Namen auf dem Gebiet besetzt, darunter Richard Bernstein, der berühmte Vertreter des amerikanischen Pragmatismus. Der Professor, dem Karp am nächsten stand, war jedoch Mark Gould, der Soziologie lehrte. Gould spricht im Fall von Karp von »Substanz«: Er habe einen scharfen Verstand und analysiere tiefschürfend und aufschlussreich komplexe Ideen. Seiner Ansicht nach hätte

Karp als Professor einen bedeutenden Beitrag leisten können. »Er hatte es in sich«, so sagt Gould, »ausgesprochen interessante akademische Arbeit zu leisten, hätte er sich dafür entschieden.«

Doch Karp entschied sich stattdessen für ein Jurastudium. Er bewarb sich in Stanford, Harvard, Columbia und UPenn – und sah sich überall angenommen, was bei seinen Mitschülern in Haverford so viel Neid wie Ehrerbietung hervorrief. Karp entschied sich für Stanford und schrieb sich gegen Ende des Sommers 1989 dort ein. Er wohnte in Crothers Hall, einem Wohnheim für Jurastudenten. Schon früh schloss er sich einer Gruppe von Studienanfängern an, die im Italian House aßen, einer Einrichtung für Studierende im Grundstudium, die für ihr gutes Essen bekannt war und auch Leute aus dem Aufbaustudium und Doktoranden zuließ. Eine Frau aus der Gruppe, die nicht namentlich genannt werden möchte, erinnert sich an Karp als »wahnsinnig witzig« und darüber hinaus als auffallend intelligent. »Es gibt Menschen«, sagte sie, »bei denen man sofort sieht, dass sie nicht nur schlauer sind, sondern die Dinge außerdem anders sehen und anders über sie denken – so einer war Alex.« Auch schien Karp nicht an den Selbstzweifeln zu leiden, die viele aus seinem Jahrgang plagten. Andere Erstsemester machten sich endlos Gedanken darüber, ob sie Stanford Law würdig und der Herausforderung gewachsen seien. Anzusehen war Karp eine derartige Unsicherheit jedenfalls nicht. Dabei wirkte er weder großspurig noch überheblich, er strahlte nur einfach Selbstsicherheit aus.

Dennoch bereute er die Entscheidung für das Jurastudium fast umgehend. Eigener Aussage nach wusste er bereits eine Woche nach der Immatrikulation in Stanford, dass er einen Fehler gemacht hatte, und spricht von den »drei schlimmsten Jahren meines Erwachsenenlebens«. So empfand er schon den Lehrstoff an sich als unbefriedigend. Seiner Ansicht nach war Stanford Law nur eine bessere Berufsschule. Die anderen Studierenden schienen hauptsächlich von dem Wunsch nach einem prestigeträchtigen (und lukrativen) Job beseelt, und den intellektuellen Diskurs beschrieb er als »hochgradig performativ«. Was Stanford erträglich machte, war die unwahrscheinliche Freundschaft mit einem Kommilitonen, der zusammen mit ihm dort angefangen hatte: Peter Thiel, der bereits eine bekannte Persönlichkeit war – mit einem gewissen Ruf. Noch im Grundstudium hatte der selbsterklärte Libertäre mit der rechtslastigen *Stanford Review* eine Zeitung mitbegründet, die infrage stellte, was die Redaktion als erdrückende liberale Orthodoxie auf dem Campus empfand.

Thiel wohnte ebenfalls in Crothers Hall, und wie Karp war er von Stanfords juristischer Fakultät enttäuscht. Die beiden schlossen sich im Geiste ihrer gemeinsamen Unzufriedenheit zusammen und verbrachten viel Zeit mit Schachspielen und Gesprächen über Politik. »Wir diskutierten wie die Tiere«, erinnert sich Karp. Laut Thiel fanden diese Diskussionen in der Regel nächtens im Wohnheim statt. »Das mag sich jetzt arg selbstherrlich anhören, aber ich glaube, wir interessierten uns beide aufrichtig für Ideen«, sagte Thiel. »Er war dabei mehr der Sozialist, ich mehr der Kapitalist. Er redete immer von marxistischen Theorien wie Entfremdung und darüber, wie sehr das auf alle um uns herum zutraf.« Karp zufolge half ihm die Freundschaft mit Thiel und die intellektuelle Nahrung, die sie ihm bot, die Zeit in Stanford zu überstehen.

In den Sommerferien zwischen dem zweiten und dritten Studienjahr in Stanford unternahm Karp eine Europareise. In einem Café in Paris traf er ganz zufällig einen Freund aus Haverford. Ward Breeze lebte damals in Deutschland; er wollte an der Frankfurter Goethe-Universität promovieren. Karp besuchte ihn einige Wochen später in Frankfurt. Kurz darauf beschloss er, selbst in Deutschland zu promovieren. Der Impuls kam alles andere als aus dem Nichts: Die Denker, die ihn während des Studiums besonders beschäftigt hatten – Kant, Hegel, Weber – waren alle Deutsche. Ein Studium in Deutschland schien Karp auch aus einem anderen Grund interessant: Das Gefühl der Verwundbarkeit, das er als Jude empfand, war eine Folge des Holocausts, und er wollte ein tieferes Verständnis dafür gewinnen, warum sich Deutschland, eine Säule der europäischen Zivilisation, in die Barbarei verfallen war.

Karp erwog, sein Studium in Stanford sofort abzubrechen und nach Deutschland zu gehen. Da er jedoch wusste, dass ein Studienabbruch seine Mutter aufbringen und seinen Großvater väterlicherseits enttäuschen würde, beschloss er, für sein drittes Jahr nach Palo Alto zurückzukehren. Während seine Jahrgangskameraden, auch Thiel, ein Referendariat bei einem Bundesrichter anstrebten, um dann zu einer großen Anwaltskanzlei zu gehen, bereitete Karp sich auf seinen Umzug nach Frankfurt vor, und binnen weniger Wochen nach Erhalt seines Diploms brach er nach Deutschland auf. (Er und Breeze tauschten die Plätze, und Breeze machte schließlich in Stanford seinen Abschluss in Jura.)

In Deutschland zu promovieren, war schon deshalb ein ehrgeiziges Unterfangen, weil Karp kein Wort Deutsch sprach. Nach seiner Ankunft in Frankfurt belegte er einen Intensivkurs. Innerhalb von drei Monaten wusste er sich kompetent auf Deutsch auszudrücken. Isabelle Azoulay, eine deutsch-französische Doktorandin, die eine enge Freundin von Karp werden sollte, konnte es nicht fassen, dass er die Sprache gerade erst gelernt hatte, als sie ihn zum ersten Mal sprechen hörte; sie hielt ihn für den typischen großspurigen Amerikaner. Sie staunte nicht schlecht, als sie herausfand, dass er sie nicht auf den Arm nahm. Mit der Zeit kam sie zu der Überzeugung, dass er »eine Art fotografischen Verstand« hatte.

Außerdem verfügte er offenbar über ein bemerkenswert intuitives Verständnis für soziale Dynamiken – selbst in einem Land, in dem er ein Neuling war. Breeze sprach zwar ausgezeichnet Deutsch, hatte aber feststellen müssen, dass ihm trotz seiner Sprachfertigkeiten die gewünschte Akzeptanz versagt blieb. »Ich versuchte verbissen, mich anzupassen, als Deutscher durchzugehen«, erinnert sich Breeze. Sein Problem, so erklärte ihm Karp, bestehe darin, dass sein Deutsch zwar so gut wie fehlerfrei sei, dass es aber Feinheiten und »kulturspezifische Signale« gebe, von denen er als Nicht-Muttersprachler nichts wissen konnte, und da er diese nicht erkannte, hielten die Leute ihn eben für einen, wie Karp es ausdrückte, »unterdurchschnittlichen Deutschen«. Falls Breeze jedoch absichtlich einige Wörter falsch ausspreche, so meinte er, und hier und da einen Grammatikfehler einstreue, würden die Deutschen in ihm stattdessen eher einen superklugen Amerikaner sehen und seine nahezu perfekte Beherrschung ihrer Sprache als Beweis für seinen Respekt und seine Affinität für ihre Kultur betrachten. Wie Breeze erzählt, funktionierte Karps Strategie einwandfrei: Kaum begann er, sein Deutsch ein klein wenig zu entstellen, nahmen ihn die Deutschen genau so auf, wie Karp es vorausgesagt hatte.

Nach Abschluss des Sprachkurses immatrikulierte sich Karp an der Goethe-Universität. Zu diesem Zeitpunkt wusste er noch nicht, wovon seine Dissertation handeln sollte, nur bei wem er sie schreiben wollte, das war ihm klar. Der Philosoph Jürgen Habermas war wohl Europas renommiertester öffentlicher Intellektueller der Nachkriegszeit, ein bemerkenswert produktiver Universalwissenschaftler, dessen Arbeit sich auf die Entwicklung und Aufrechterhaltung demokratischer Staatsführung konzentrierte. Habermas selbst war ein Protegé von Theodor Adorno, einem der führenden Köpfe der Frankfurter Schule. Diese intellektuelle Bewegung wurzelte in der

Nachkriegszeit und war sowohl für ihr Bemühen, der Anziehungskraft des Faschismus auf die Spur zu kommen, als auch für ihre scharfe Kritik am modernen Kapitalismus bekannt – eine Forschungsrichtung, die später die Bezeichnung Kritische Theorie erhielt. Hervorgegangen ist sie aus dem Institut für Sozialforschung, einem der Goethe-Universität angegliederten Thinktank. Adorno war, wie die meisten wichtigen Vertreter der Frankfurter Schule, Jude und politisch links. Wie die anderen auch war er vor dem Nationalsozialismus geflohen und widmete – wie sie – den Rest seines Lebens der Abrechnung mit dem Holocaust. Habermas kam aus einem ganz anderen Milieu: Er war der Sohn eines überzeugten Nationalsozialisten und selbst Mitglied des Jungvolks gewesen. Später dann vollzog er, entsetzt über die Verbrechen des Dritten Reichs, eine scharfe Kehre nach links und wurde ein glühender Verfechter der liberalen Demokratie. Er verbrachte den größten Teil seiner Laufbahn am Institut für Sozialforschung und gilt als der Bannerträger der zweiten Generation der Frankfurter Schule. »Wenn du es schaffst«, scherzte Karp einmal, »Habermas dazu zu bringen, auch nur zwei Minuten mit dir zu arbeiten, reicht das für einen Lehrstuhl an der Columbia University.«

Habermas hielt ein wöchentliches Kolloquium für Doktoranden. Die Teilnehmer diskutierten dort ihre Forschungsarbeiten, und die Gruppe, einschließlich Habermas, sagte ihre Meinung dazu. Die Teilnahme am Kolloquium erfolgte ausschließlich auf Einladung. Karp fand hauptsächlich aufgrund seiner akademischen Leistungen Aufnahme, obwohl die Haverford-Connection nicht schadete: Richard Bernstein und Mark Gould, zwei seiner ehemaligen Professoren, kannten Habermas sehr gut. Karp hat des Öfteren behauptet, Habermas sei eine Zeit lang sein Doktorvater gewesen. Aber auch wenn die beiden über seine Dissertation gesprochen haben, eine formale Beziehung war das Habermas zufolge nicht. Als

Karp nach Deutschland kam, stand Habermas kurz vor der Pensionierung und betreute keine Doktoranden mehr. Später lehnte er Karps Bitte ab, als Zweitgutachter für seine Dissertation zu fungieren. Karp hatte Habermas einen Entwurf seiner Arbeit geschickt, und der berühmte Philosoph hatte in einer dreiseitigen Begründung seiner Entscheidung einige Aspekte von Karps Arbeit gelobt, andere dagegen in Zweifel gezogen.

Habermas äußerte überdies Zweifel daran, dass Karps Verständnis der deutschen Sprache für die Auseinandersetzung mit einigen der Texte, auf die er sich bezog, ausreichte. »Ihr Thema würde einen literarischen Zugang zu einem Text verlangen, der oft schon die sprachliche Sensibilität von uns Muttersprachlern überfordert – und Ihre, Sie werden mir das nicht verübeln, erst recht«, schrieb Habermas. »Für Sie muss das literarische Deutsch ebenso eine Fremdsprache sein wie für mich das literarische Englisch. Es bedeutet im Übrigen keinen Vorwurf, wenn man (sich selbst) an die Grenzen der Kompetenzen erinnert, die wir von einem gebildeten Soziologen erwarten.« Abschließend schien Habermas sich fast zu entschuldigen. »Seien Sie mir nicht böse, lieber Herr Karp, dass ich Ihnen meine Einschätzung so umstandslos mitteile«, schrieb er und fügte hinzu: »Ich würde mich (…) freuen, Sie bei Gelegenheit wiederzusehen.« So dauerte es denn nicht lange, und Habermas schrieb Karp, in einer offenbar versöhnlichen Geste, ein an niemand Bestimmten gerichtetes Empfehlungsschreiben. »Ich schätze Alexander Karp nicht nur als Intellektuellen«, schrieb er, »sondern auch als einfühlsamen Menschen, der sich hingebungsvoll der Aufgabe widmet, die er sich gestellt hat. Er beeindruckt mich immer wieder durch sein moralisches Gespür, seine Aufgeschlossenheit und seine Vitalität.« (Karp steht nach wie vor zu seiner Behauptung, Habermas sei eine Zeit lang sein Doktorvater gewesen. Habermas, so sagt er, spiele ihre Beziehung herunter, und er könne sich beim besten Willen nicht erklären, warum.)

Schließlich sah Karp seine Dissertation von Karola Brede betreut, einer auf Sozialpsychologie spezialisierten Professorin an der Goethe-Universität, die selbst bei Habermas studiert hatte. Sie war die ideale Mentorin für die Frage, der Karp auf den Grund gehen wollte: Was macht ganz gewöhnliche Bürger zu Völkermördern und Helfershelfern beim Massenmord? Karps Timing hätte überdies günstiger nicht sein können, da diese Frage die Deutschen Mitte der 1990er-Jahre sehr stark beschäftigte. Im Jahr 1996, Karp lebte damals in Frankfurt, veröffentlichte Daniel Jonah Goldhagen, Dozent für Regierungs- und Sozialwissenschaften in Harvard, ein provokantes Buch mit dem Titel *Hitlers willige Vollstrecker. Ganz gewöhnliche Deutsche und der Holocaust.* Darin behauptete er, dass Zehntausende von ganz gewöhnlichen Deutschen aus uralten »eliminatorischen« antisemitischen Impulsen heraus eifrig zu den Bemühungen der Nationalsozialisten um die Ausrottung des europäischen Judentums beigetragen hätten. Das Buch war in Deutschland ein Bestseller und sorgte für eine heftige Debatte über Schuld in Kriegszeiten und die Frage, ob dem deutschen Wesen etwas grundsätzlich Bösartiges innewohne.

Die vielleicht zornigste Reaktion auf Goldhagen folgte zwei Jahre später, im Oktober 1998, als der renommierte deutsche Schriftsteller Martin Walser im Rahmen einer Rede in Frankfurt die Vorstellung von der Unvermeidlichkeit des Holocausts infrage stellte und anprangerte, was er als unerbittliches Bemühen sah, seine Generation von Deutschen mit den Sünden ihrer Väter und Großväter zu brandmarken. Er äußerte seinen Unmut über »diese Dauerpräsentation unserer Schande«, wie er es ausdrückte, und meinte, der Holocaust sei zu einer »Moralkeule« geworden, mit der man die Deutschen in einem ständigen Zustand der Schande halte. Walsers Rede provozierte wütende Reaktionen seitens jüdischer Organisationen, aber auch andere warfen ihm vor, die Rollen von Täter und Opfer zu vertauschen und bewusst deutsche Ressentiments zu schüren.

Walsers Rede wurde zu einem Kernpunkt von Karps auf Deutsch verfasster, 2002 eingereichter Dissertation. Sie trug den Titel »Aggression in der Lebenswelt: Die Erweiterung des Parsonsschen Konzepts der Aggression durch die Beschreibung des Zusammenhangs von Jargon, Aggression und Kultur«. (»*Lebenswelt*« ist ein philosophischer Begriff und bezieht sich auf das Alltagsleben.) Karola Brede zufolge handelt es sich bei Karps Dissertation um eine Studie über den sogenannten »sekundären Antisemitismus«, ein Begriff, der – von der Frankfurter Schule geprägt – auf die Verbitterung der Deutschen darüber Bezug nimmt, für den Holocaust verantwortlich gemacht zu werden (ein Gedanke, der seinen bissigen Ausdruck in dem berühmten Bonmot »Die Deutschen werden den Juden Auschwitz nie verzeihen« fand). Auf der Basis der Arbeiten des amerikanischen Soziologen Talcott Parsons und Adornos bahnbrechender Studie *Jargon der Eigentlichkeit* – sowie unter Rückgriff auf Freud – konstruierte Karp einen theoretischen Rahmen zur Einschätzung von Walsers Rede. Seiner Argumentation zufolge ging es Walser mit der Wahl seiner Sprache darum, eine Verbindung zu seinem Publikum herzustellen – ein Band mit Ursprung in dem kollektiven Groll über die Unausweichlichkeit der deutschen Schuld, das außerdem einen unbewussten Wunsch nach Gewalt gegen den vermeintlichen Unterdrücker ansprach (in diesem Fall jüdische Gruppen und andere, die nach Walsers Ansicht das deutsche Volk zu Gefangenen seiner Vergangenheit machen). Im Wesentlichen handelt es sich bei der Dissertation um eine Studie über In-Groups, Out-Groups und die Rhetorik des Faschismus. Walser, so Karp, habe sich auf eine »parochiale Form des

Faschismus eingelassen, wie sie aus absichtlich falschen Aussagen entsteht«.

Jahre später, nachdem Karp es zur Prominenz gebracht hatte, sollte seine Dissertation Journalisten und Wissenschaftler mit einiger Neugier erfüllen. So veröffentlichte 2020 Moira Weigel, eine Assistenzprofessorin für vergleichende Literaturwissenschaft an der Harvard University, eine viel diskutierte Kritik von Karps Dissertation mit dem Titel »Palantir Goes to the Frankfurt School«, in der sie behauptete, darin einen Entwurf dafür zu sehen, Big Data zu einem Instrument der Unterdrückung zu machen. Aber das scheint eine ebenso gezwungene wie unglaubwürdige Lesart zu sein (und Formulierungen wie »diese verdrängte Einsicht seiner Dissertation« legen den Schluss nahe, dass sie sich damit überhob). Als Karp seine Dissertation schrieb, hatte er keinerlei Ambitionen, in die Tech-Branche zu gehen, und konnte nicht ahnen, welche Wendung sein Leben bald nehmen würde. In Anbetracht seines unwahrscheinlichen Wegs ins Silicon Valley wäre der Wunsch, einen roten Faden zwischen seiner Doktorarbeit und Palantir zu sehen, durchaus verständlich, aber Weigels These wirkt eher wie eine Überinterpretation als eine fundierte Schlussfolgerung aus den Daten. Karola Brede jedenfalls sah keine Verbindung zwischen Karps wissenschaftlicher Arbeit und der Laufbahn, die er schließlich einschlug.

Interessanterweise entwickelte Karp, noch während er sich mit dem finstersten Kapitel der deutschen Geschichte beschäftigte, eine von ihm selbst nicht erwartete Affinität für das Land und für die deutschsprachige Welt im Allgemeinen. »Ich ging da aus intellektuellen Gründen hin«, sagt er. »Dass ich geblieben bin, war reine Gefühlssache.« Kulturell und gesellschaftlich sagte Deutschland ihm zu wie nie ein Ort zuvor; er fühlte sich dort zu Hause. Er nahm an, dass dieses Gefühl der Zugehörigkeit seinen Ursprung in seinem deutschen

Erbe hatte – dass er also in gewisser Weise heimgekehrt war. Er verstand sich offenbar gut mit den Deutschen und umgekehrt, was auf eine Art Seelenverwandtschaft schließen lässt. »Ich fand, dass man mich in Deutschland unbefangener akzeptierte als irgendwo sonst«, sagte er. Und deutsche Frauen fanden ihn offenbar unwiderstehlich. Wie Karp erzählte – nach 30 Jahren war er immer noch stolz darauf –, konnte er nicht vor die Tür gehen, ohne von lüsternen deutschen Frauen überfallen zu werden. Und Sex gab es nicht nur im Überfluss, er war eine Offenbarung. Aufgrund seiner persönlichen Erfahrungen war er nicht eben erbaut vom Gedanken an Ehe und Elternschaft und damit implizit auch von der Monogamie. Deutschland, ja eigentlich Europa, bot nicht nur schwelgerische Vergnügungen, sondern auch ein Gefühl der Befreiung. In Europa schämte man sich nicht, aus reiner Lust mit jemandem ins Bett zu gehen, und ein komplexes Privatleben war nicht mit einem Stigma verbunden. Wenn man sich dafür entschied, Single zu bleiben und seine Erfüllung in mehreren Sexpartnern fand, war das völlig in Ordnung. Karp verabscheut die Heuchelei der Amerikaner gegenüber dem Sex. Die Amerikaner, so meint er, vögelten genauso herum wie die Europäer, wenn nicht sogar mehr, wahrten aber nach außen hin den puritanischen Schein. Die Europäer hätten eine reifere und ehrlichere Auffassung vom menschlichen Begehren.

Wenn er sich in Frankfurt nicht gerade in ein Schlafzimmer gezerrt sah, verbrachte er seine Zeit mit einem großen Kreis von Bekannten, einige von der Universität, andere aus der dortigen jüdischen Gemeinde. Eine dieser Bekannten war die Filmemacherin Hanna Laura Klar, die ihn bat, die Rolle des Erzählers in ihrem Dokumentarfilm über Richard Plant zu übernehmen, einen Schriftsteller und Wissenschaftler, der einer breiteren Öffentlichkeit vor allem durch sein 1986 erschienenes Buch *Rosa Winkel. Der Krieg der Nazis gegen die*

Homosexuellen bekannt war. Plant war selbst schwul und als deutscher Jude in den späten 1930er-Jahren nach New York emigriert. Er war der Frankfurter Schule peripher verbunden, da er als Student Adorno und den Soziologen und Kritiker Siegfried Kracauer gekannt hatte.

Die Prämisse des Films war, dass Karp, von Plant fasziniert, für ein Interview mit ihm nach New York reisen sollte. Aber Plant war damals bereits Ende 70 und bei schlechter Gesundheit, und obwohl er dem Treffen zunächst zugestimmt hatte, überlegte er es sich dann anders und sagte ab. So drehte Klar stattdessen mit Karp an Orten, die für Plant von Bedeutung waren, wie etwa an der City University of New York, an der er viele Jahre lang unterrichtet hatte. Der 43-minütige Dokumentarfilm mit dem Titel *Ich habe zwei Gesichter – Richard Plant* (eine Anspielung darauf, dass Plant sowohl Jude als auch schwul war und diese Identität sein Leben bestimmte) findet seinen Höhepunkt darin, dass Karp an Plants Wohnhaus in Greenwich Village vorbeischaut, um ein Geschenk für ihn zu hinterlassen. Ein sonderbarer Film, aber auch auf merkwürdige Weise interessant. Mit seinen stimmungsvollen Aufnahmen von Manhattan und der dazu passenden Musik erinnert er an Woody Allen, und auch die Handlung – junger amerikanischer Doktorand auf den Spuren eines obskuren intellektuellen deutschen Einsiedlers – könnte geradewegs aus einem Allen-Film sein. Und Karp selbst hätte durchaus eine von dem berühmten Filmemacher ersonnene Figur sein können: ein verkopfter jüdischer Typ mit dunklen Locken und fingerdicker Brille, der im Trenchcoat mit einer Aktentasche unter dem Arm durch Manhattan läuft und hauptsächlich Deutsch parliert. Der einzige Allen-Touch, der dem Film abgeht, ist das komische Element: *Ich habe zwei Gesichter* ist geradezu von trotziger Humorlosigkeit.

Deutschlands Anziehungskraft auf Karp rührte zum Teil aus dem Abstand zu seiner Familie, den ihm das Leben dort bot. Nicht lange nach der Scheidung von Leah ging Bob eine Beziehung zu einer Frau namens Linda Oppenheim ein, und bald waren die beiden verlobt. Bei Karp kam das gar nicht gut an; er weigerte sich sogar, zur Hochzeit der beiden zu gehen. Kurz nach dieser adoptierten Bob und Linda einen Jungen aus der Dominikanischen Republik und schließlich ein Mädchen aus Ohio, das wie Alex und Ben gemischter ethnischer Herkunft war. Bens Aussage zufolge spürten er und Alex, dass Bob die neue Familie als Neuanfang sah, was seine Jungs zu Relikten einer ersten Ehe machte, die er am liebsten vergessen hätte. »Wir kamen uns vor wie Schiffbrüchige«, sagte Ben. Alex sprach mehrere Jahre lang nicht mit seinem Vater.

Deutschland war für Karp Balsam und Flucht zugleich. Jahre später sollte er sagen, er habe »als Erwachsener nur zwei gute Entscheidungen getroffen: nach Deutschland zu gehen und die Gründung von Palantir. Alles andere war, ich möchte nicht sagen ein Fehler, aber entweder Vorbereitung für diese beiden Entscheidungen *oder* ein Fehler.« So wohl er sich in Deutschland fühlte, wurde ihm dennoch klar, dass seine ethnische Herkunft ihn immer ausgrenzen würde – egal wie lange er dort lebte, er würde immer ein Außenseiter sein. Und selbst während er sich den Freuden hingab, die Deutschland zu bieten hatte, dem Schatten des Holocausts entkam er nicht. An einem Wochenende im Sommer besuchte er Isabelle Azoulay und deren Freund in Berlin. Um der Hitze zu entfliehen, beschlossen die drei, an den nahe gelegenen Wannsee zu fahren. Dort trafen sich 1942 hochrangige Nazis in einer Villa am See, um die sogenannte Endlösung zu beschließen. Auf der Fahrt zum See sagte Karp zu Azoulay und ihrem Freund: »Sollte ich heute Nachmittag ertrinken, sagt meinen Eltern bitte nicht, dass es im Wannsee war.« Laut Azoulay hatte er das im Scherz gesagt, als mache ihm die Nähe zu diesem Ort nichts aus, aber es war ein Scherz mit einem ernsten Unterton – es war ihm nicht wohl bei der Vorstellung, ausgerechnet dort schwimmen zu gehen.

Noch während Karp promovierte, kam er zu dem Schluss, dass die akademische Welt nichts für ihn war. Auch wenn Habermas bei seinem Promotionsstudium nur am Rande eine Rolle gespielt hatte, erklärte Karp seine Entscheidung später mit einem Verweis auf den deutschen Philosophen. »Die Arbeit mit Habermas hat mir gezeigt«, sagte er, »dass ich weder wie er sein konnte noch wie er sein wollte.« Aber was wollte er dann? Er war mittlerweile Mitte 30 und hatte keinerlei praktische Erfahrung, jedenfalls keine nennenswerte, schließlich hatte er bis dahin sein ganzes Erwachsenenalter über nur studiert. Er hatte weder Frau noch Kinder, stand also nicht unter dem Druck, für jemanden sorgen zu müssen. Was freilich nichts daran änderte, dass er nach zwei Hochschulabschlüssen immer noch völlig orientierungslos war. Dann meldete sich Peter Thiel.

Kapitel 3
STIEFKIND IM SILICON VALLEY

Neun Tage nach Karps Geburt in New York City brachte Susanne Thiel in Frankfurt am Main, wo sie und ihr Mann Klaus Friedrich damals lebten, ihr erstes Kind, einen Sohn namens Peter, zur Welt. Ein Jahr später nahm Klaus Friedrich, ein Chemieingenieur, eine Stelle bei einer Firma in Cleveland an, und schließlich ließen sich die Thiels in Foster City am Rande des Silicon Valley nieder. Zu diesem Zeitpunkt hatte Peter bereits einen jüngeren Bruder, Patrick. Wie bei Bob und Leah Karp gab es auch bei Klaus Friedrich und Susanne kein Fernsehen für die Kinder, obwohl sie einlenkten, als Peter in die Teenagerjahre kam. Peter war ein frühreifer Schüler und ein Schachphänomen, und wie viele pubertierende Jungs mit einem Mangel an Sozialkompetenz faszinierte ihn *Der Herr der Ringe*. Schließlich fand er zu Ayn Rand, deren Bücher *Der ewige Quell* und *Atlas wirft die Welt ab* maßgeblich zur Ausbildung der libertären Ansichten beitrugen, die ihn berühmt machen sollten.

Thiel immatrikulierte sich im Herbst 1985 an der Stanford University, zur gleichen Zeit, als Karp in Haverford anfing, und wie Karp belegte er im Hauptfach Philosophie. Ihre Erfahrungen am College jedoch hätten unterschiedlicher nicht sein können. Während Karp Haverford nicht zuletzt deshalb zugetan war, weil es ihm Zuflucht vom Krieg zwischen Vater und Mutter bot, wurmten Thiel die ideologische Konformität und politische Korrektheit, unter deren Fuchtel Stanford seiner Meinung nach stand. Die *Stanford Review*, die von ihm mitbegründete Studentenzeitung, lehnte sich gegen diese dominierenden Strömungen auf, und das nicht selten in einer Weise, die bewusst Anstoß erregen sollte. So mokierte das Blatt sich über sexuelle Übergriffe, verhöhnte Initiativen zur Förderung der Vielfalt und schien eine besondere Freude daran zu haben, über Schwule herzuziehen. (Eine Überschrift lautete: »Homosexualität auf dem Campus: des Schlechten zu viel«.) In den ersten Jahren bestand die Redaktion der *Review* fast ausschließlich aus jungen weißen Männern, deren Ansicht nach Stanford sich von der freien Forschung abgewandt hatte und Konservativen feindselig gegenüberstand. Alle waren sie Thiel-Groupies, die wie gebannt waren von seiner Intelligenz und seiner Fähigkeit, ihre gemeinsamen Ansichten über Missstände zu artikulieren. Einige von ihn folgten ihm denn auch in die Wirtschaftswelt. Obwohl die *Review* ein journalistisches Unterfangen war, wurde sie zu einem wichtigen Brutkasten für Tech-Talente, und einige ihrer Redakteure beteiligten sich später an der Gründung einer Reihe von Startups, darunter auch Palantir.

Bei aller Enttäuschung über Stanford war Thiel ein hervorragender Student. Er fand einen Mentor in René Girard, einem französischen Literaturkritiker, Historiker und Philosophen, der seit den frühen 1980er-Jahren Professor in Stanford war. Girard wurde vor allem für seine Theorie des mimetischen Begehrens bekannt, der zufolge menschliches Begehren vom Wesen her »mimetisch« ist. Anders gesagt, wir wollen Dinge, weil andere Menschen sie wollen, was unweigerlich zu Wettbewerb und Konflikten führt. Girards Arbeit sollte Thiels Herangehensweise an Unternehmungen und Investitionen stark beeinflussen – vor allem durch seine Skepsis gegenüber dem Wert des Wettbewerbs und seine Maxime, dass unter Startups in der Regel die überzeugen, die bewusst auf eine Monopolstellung in ihrer Marktnische abzielen. Thiel legte diese Grundsätze 2014 in einem Bestseller mit dem Titel *Zero to One: Wie Innovation unsere Gesellschaft rettet* dar, einem Leitfaden für Unternehmer, der sich durchaus als Ex-post-facto-Entwurf für Palantir lesen lässt.

Nach seinem Bachelor ging Thiel an die Stanford Law School, wo er nicht weniger frustriert war, wenn auch aus einem anderen Grund: Er war enttäuscht von der – seiner Ansicht nach – seichten intellektuellen Kultur auf dem Campus. In diesem Punkt fand er in Karp eine verwandte Seele. Nur dass Thiel, im Gegensatz zu diesem, den Gedanken an eine juristische Karriere nicht so schnell verwarf. Nach seinem Abschluss 1992 bewarb er sich um ein Referendariat bei zwei Richtern des Obersten Gerichtshofs, Antonin Scalia und Anthony Kennedy. Beide wiesen ihn ab, und er landete schließlich bei James Larry Edmondson, einem Richter am Bundesberufungsgericht für den elften Bezirk. Anschließend fand Thiel eine Stelle bei Sullivan & Cromwell, einer führenden New Yorker Anwaltskanzlei. Er kündigte dort jedoch nach nur sieben Monaten, weil ihn die Arbeit nicht ausfüllte. Ihm war klar geworden, dass ein Leben als praktizierender Anwalt nichts für ihn war.

Als kaum erfüllender erwies sich eine Stelle als Derivatehändler bei der Investmentbank Credit Suisse, und so zog er 1996 von New York zurück nach Kalifornien, um als Investor vom damaligen Dotcom-Boom im Silicon Valley zu profitieren. Zu diesem Zweck gründete er seinen eigenen Risikokapitalfonds. Zwei Jahre später lernte Thiel Max Levchin kennen, einen 23-jährigen Programmierer aus der Ukraine, der ein Online-Zahlungssystem zur Erleichterung des Internethandels entwickeln wollte. Über mehrere Monate hinweg arbeiteten er und Thiel die Idee gemeinsam aus – eine Zusammenarbeit, die schließlich PayPal gebar, ein Unternehmen, das sie 1998 zusammen mit einem dritten Investor unter dem Namen Confinity gründeten. Zwei Jahre später, nachdem das Unternehmen mit X.com, einem von Elon Musk gegründeten Start-up für Online-Zahlungen, fusioniert hatte, benannte man die Firma in PayPal um. Als man Musk dann aus dem Unternehmen drängte, wurde Thiel bei PayPal der CEO.

Im Laufe der Zeit wuchs PayPal zu einem 80-Milliarden-Dollar-Unternehmen heran und erlangte aufgrund der mit ihm verbundenen Unternehmer – unter anderem der sogenannten PayPal-Mafia, bestehend aus Thiel, Musk und Reid Hoffman – einen geradezu mythischen Status, nicht zuletzt wegen seines Beitrags zur Gründung von Unternehmen wie LinkedIn, YouTube, Yelp und Palantir. In den ersten Jahren hatte PayPal freilich mit Problemen zu kämpfen, insbesondere mit Betrug. Betrüger verkauften gefälschte Waren auf eBay und steckten das Geld über Konten bei PayPal ein. Kriminelle, die im Besitz gestohlener Kreditkartennummern waren, benutzten gefälschte PayPal-Konten zur Durchführung ihrer Transaktionen. Wenn die Opfer die betrügerischen Abbuchungen meldeten, hatte PayPal für die Rückbuchungen aufzukommen. Noch 2001 verlor das Unternehmen aufgrund dieser illegalen Aktivitäten monatlich Millionen von Dollar und stand kurz vor dem Konkurs.

Levchin ersann schließlich zwei innovative Lösungen zur Bekämpfung dieser Art von Betrug und damit zur Rettung des Unternehmens. Angehörige von PayPals Sicherheitsteam, das mittlerweile Dutzende von Analysten umfasste, hatten festgestellt, dass viele der falschen Konten von Computerprogrammen eingerichtet wurden. Als Antwort darauf entwickelte Levchin mit seinem Kollegen David Gausebeck eine Software, die neue PayPal-Nutzer aufforderte, eine Reihe von

Bildern (Ampeln, seltsam geformte Buchstaben etc.) zu identifizieren, bevor sie ein Konto einrichten konnten. Computer waren meist nicht in der Lage, diese – hausintern als Gausebeck-Levchin-Test bezeichnete – Aufgabe zu bewältigen, und dies war denn auch eine der ersten kommerziellen Anwendungen eines Konzepts, das als CAPTCHA bekannt wurde – ein barmherzig kurzes Akronym für »completely automated public Turing test for telling computers and humans apart«. Die Software erwies sich als so effektiv zur Aussperrung von Bots, dass andere Tech-Unternehmen sie übernahmen, sodass sie zu einem Standardfeature für die Sicherheit im Internethandel wurde.

Allerdings diente der Gausebeck-Levchin-Test nur als Sperre für neue Betrüger. Um PayPal zu säubern, musste das Unternehmen bereits eingedrungene Kriminelle identifizieren und ausmerzen. Durch ebenso sorgfältige wie mühsame Detektivarbeit spürte der Sicherheitschef von PayPal John Kothanek, ein ehemaliger Marineinfanterist, ein Netz von Verbindungen auf. Dieses konnte er bis zu einem Ukrainer zurückverfolgen, der mit seinen PayPal-Transaktionen unter dem Namen »Igor« angeblich 15 bis 20 Millionen Dollar erbeutet hatte. Was die Sache komplizierte, war der Umstand, dass Igor, gerissen wie er war, zur Verschleierung seiner Diebstähle auch zahlreiche legitime Transaktionen tätigte. Hätte PayPal Igor den Hahn völlig abgedreht, hätte man möglicherweise damit vielen Händlern geschadet, die legale Geschäfte mit ihm getätigt hatten. Wochenlang ging Kothanek Tausende von Transaktionen und Konten durch, um die betrügerischen herauszufiltern und Igors Zugang zu PayPal schließlich ohne ungerechte Kollateralschäden zu unterbinden.

So beeindruckend Kothaneks Detektivarbeit war, wussten Thiel und seine Leute nur allzu gut, dass sich PayPal zur Unterbindung von Betrügereien nicht allein auf menschliche Analysten verlassen konnte. Es war ein Maulwurfspiel: Hatte man einen erschlagen, tauchte ein neuer auf. PayPal hatte über acht Millionen Nutzer und das Sicherheitsteam nicht genügend Augen oder Stunden am Tag, um Kothaneks Anstrengungen auf Dauer zu wiederholen. Nur ein »hybrides Mensch-Computer-Modell«, so Thiel, könnte hier Abhilfe schaffen. Menschen allein konnten das Problem nicht lösen, und die Computertechnik war zu dem Zeitpunkt noch nicht weit genug. »Man könnte sich eine Art KI-Menschen vorstellen, der ein Super-Duper-Computerprogramm entwickelt, das sämtliche Betrügereien aufspürt, aber 20 Jahre Entwicklungszeit brauchen würde«, sagte Thiel, »und selbst das würde nicht funktionieren, weil wir dann nicht mehr im Geschäft wären.« Aber ein Programm zu entwickeln, das riesige Datenmengen durchforstet und verdächtige Verhaltensmuster erkennt? Das klang machbar.

Genau diese Software entwickelten Levchin und einige seiner Kollegen. Sie tauften das Programm zu Ehren ihres größten Unruhestifters IGOR, und es erwies sich als ausgesprochen effektiv. Im Verein mit anderen, gar noch ausgeklügelteren Anti-Betrugs-Tools bewahrte es PayPal vor dem Untergang. Nachdem IGOR online ging, sank die Betrugsquote bei PayPal um 50 Prozent, und mehrere der von IGOR ertappten Betrüger standen später vor einem US-Bundesgericht. Die Software war so gut, dass das FBI auf Einladung Thiels und seiner Kollegen regelmäßig Leute zu PayPal in Palo Alto zu schicken begann, um das Programm zu testen und mehr über die Maßnahmen des Unternehmens zur Betrugsbekämpfung zu erfahren. Es war eine für beide Seiten vorteilhafte Beziehung: Das FBI knöpfte sich einige der Kriminellen vor, die PayPal geschäftlich geschadet hatten, und erhielt dafür einen besseren Einblick in die Welt der Cyber-Diebe.

Im August 2002 erwarb eBay PayPal für 1,5 Milliarden Dollar. Thiel erhielt davon 55 Millionen, mit denen er einen Hedgefonds namens Clarium Capital Management gründete. Außerdem nutzte er sein PayPal-Vermögen, um eine Reihe anderer Projekte zu finanzieren. So investierte er in ein extravagantes Restaurant/Nachtlokal in San Francisco namens Frisson (das sich nicht sehr lange hielt) und brachte ein NASCAR-Magazin namens *American Thunder* heraus (das ebenfalls nur kurzlebig war). Darüber hinaus nutzte Thiel einen Teil seines neu erworbenen Reichtums, um in junge Tech-Unternehmen zu investieren. Er steckte 450 000 Dollar in Facebook und wurde damit der erste externe Investor des Social-Media-Unternehmens (wofür er einen Sitz im Board erhielt). Nach einigen Dürrejahren im Silicon Valley im Gefolge der geplatzten Dotcom-Blase erlebte der Tech-Sektor einen erneuten Boom. Facebook zählte neben Amazon und Google zu den Pionieren des sogenannten Web 2.0.

Doch der Aufschwung der Tech-Branche spielte sich vor einer unheilvollen Kulisse ab. Die Vereinigten Staaten standen noch immer unter dem Schock von 9/11, und man ging davon aus, dass weitere, möglicherweise noch verheerendere Anschläge – mit Chemie- oder Biowaffen, vielleicht auch schmutzigen Bomben – unvermeidlich waren. Irgendwann, so genau weiß er das nicht mehr, kam Thiel auf die Idee, dass man PayPals Algorithmen zur Betrugsbekämpfung womöglich auch dazu verwenden könnte, den Behörden bei der Vereitelung geplanter Terroranschläge behilflich zu sein. Es war eine interessante Idee, nicht zuletzt, weil Thiel in dem Versagen der Geheimdienste, das zum 11. September 2001 geführt hatte, ein Versagen bei der Datenintegration erkannt zu haben meinte: Sowohl die CIA als auch das FBI verfügten über zahlreiche Hinweise, die auf einen bevorstehenden Anschlag deuteten, und hätte man diese Informationen zusammengeführt, hätten die Analysten das Puzzle des Plans möglicherweise rechtzeitig zusammensetzen und die 19 Flugzeugentführer an seiner Ausführung hindern können. Die 9/11-Kommission erklärte in ihrem 2004 veröffentlichten Abschlussbericht, den Behörden seien »die Zusammenhänge entgangen, nicht zuletzt wegen ihrer begrenzten Möglichkeiten zum Austausch von Informationen, und das sowohl intern als auch extern«.

Doch die Geheimdienste brauchten weder eine Expertenkommission noch einen Peter Thiel für die Erkenntnis, dass 9/11 sich nicht zuletzt deshalb ereignete, weil Informationen, die den Anschlag womöglich hätten verhindern können, nicht ausreichend gestreut verfügbar waren. Die Forschungs- und Entwicklungsabteilung des Pentagons (DARPA) brachte ein Programm auf den Weg, dessen Ziel es war, die fortschrittlichsten Technologien auf dem Markt zur Erstellung eines riesigen Fahndungsrasters zu nutzen, das zum Schutz vor dem Terror beitragen könnte. Das Programm erhielt den Namen Total Information Awareness (TIA), eine nachgerade Orwell'sche Bezeichnung, die nach Ansicht so einiger Kritiker seine Big-Brother-Ambitionen unterstrich. Die Ernennung des 1990 wegen Meineids und Behinderung der Justiz im Rahmen der Iran-Contra-Affäre verurteilten Konteradmirals a. D. John Poindexter zum Projektleiter heizte den Verdacht an, dass hier ein Fahndungsinstrument ohne Rücksicht auf Privatsphäre und bürgerliche Freiheiten entstehen sollte. Eben diese Befürchtungen im Verein mit Poindexters durchwachsenem Ruf wurden TIA schließlich zum Verhängnis: Ende 2003 stellte der Kongress die Finanzierung des Programms wieder ein. Der Staat jedoch war jetzt auf der Suche nach Software zur Integration und Analyse riesiger Datenströme, und Thiel sah seine nächste große Chance.

Thiel diskutierte seine Idee für eine Technologie zur Terrorbekämpfung mit Joe Lonsdale und Stephen Cohen, zwei ehemaligen Redakteuren der *Stanford Review*, die mittlerweile bei Clarium Capital arbeiteten. Lonsdale war damals 21 Jahre alt und hatte gleich nach seinem Abschluss in Informatik in Stanford bei der Firma angeheuert. Cohen studierte noch Informatik, stand aber kurz vor seinem Abschluss und war als Praktikant bei Clarium. Lonsdale und Cohen kamen beide aus Fremont, einem Ort auf der anderen Seite der San Francisco Bay, genau gegenüber dem Silicon Valley. Sie kannten sich nicht von Kindesbeinen an, sondern hatten sich erst in Stanford kennengelernt. Beide hatten jedoch einen ähnlichen Weg hinter sich: Sie waren beide Computerenthusiasten hatten sich das Programmieren selbst beigebracht und träumten schon vor der Immatrikulation in Stanford von einer Laufbahn im Tech-Sektor. Als Teenager saß Cohen oft in seiner Barnes-&-Noble-Filiale, wo er EDV-Bücher las. Er kannte das Inventar bald so gut, dass er andere Kunden in der Computerabteilung kostenlos beim Kauf beriet; eines dieser Gespräche brachte ihm einen Job als Programmierer ein. Eine Zeit lang war er auch ein großer Fan von Noam Chomsky.

Thiel beauftragte Cohen und Nathan Gettings, einen anderen PayPal-Ingenieur, mit der Entwicklung einer Software, die sich den US-Geheimdiensten anbieten ließ. Auch wenn IGOR die Inspiration dazu war, zur Terrorbekämpfung taugte die Software nicht: Es war ein rein internes Produkt zum Sammeln und Analysieren von PayPal-Daten zur Lösung PayPal-spezifischer Probleme. Cohen und Gettings hingegen hatten ein kommerzielles Produkt zu entwickeln, das Analysten der US-Nachrichtendienste bei der Nutzung ihrer eigenen Daten helfen sollte. Es war ein spekulatives Unterfangen, da weder Thiel noch seine Partner jemals mit Behörden zusammengearbeitet hatten. Zudem hatten sie keine Verbindungen zu Geheimdiensten und wussten auch nicht, wie die Terrorbekämpfungsspezialisten die Informationen präsentiert haben wollten. Das Projekt, das den Namen Palantir bekam, war entweder idealistisch bis zur Unvernunft oder ein Akt von Hybris – möglicherweise beides. Der Staat besaß riesige Datenmengen – ein Vielfaches mehr, als PayPal sammelte –, und auch wenn Thiel über ein beträchtliches Reservoir an begabten ITlern verfügte, konnte er nicht ernsthaft glauben, dass er und seine Leute den größten nachrichtendienstlichen Schnitzer der US-Geschichte wettmachen könnten. So überdimensional dieser Vorsatz war, Cohens und Gettings Nahziel nahm sich eher bescheiden aus: der Bau eines einfachen Prototyps, mit dem potenziellen Nutzern und Investoren vermittelt werden konnte, dass Palantirs Anspruch glaubwürdig war.

Palantir war noch in der Inkubationsphase, als Karp zurück in die Bay Area zog, um einen Job als Fundraiser bei einer Organisation namens Jewish Philanthropy Partnership anzutreten. Er war bereits einige Jahre zuvor in die Staaten zurückgekehrt und hatte sich mit seinem Bruder in New Haven, Connecticut, eine Wohnung geteilt; Ben promovierte damals an der Yale University in Geschichte und African-American Studies. Karp hatte in New Haven seine eigene Dissertation abgeschlossen. Mit einem Erbe von 12 000 Dollar von seinem Großvater väterlicherseits hatte er nebenbei ein Unternehmen namens Caedmon Group gegründet (Caedmon ist sein zweiter Vorname und der Name des ersten bekannten englischsprachigen Dichters). Unter Einsatz der 12 000 Dollar, die er von seinem Großvater väterlicherseits geerbt hatte, erwies er sich als gewiefter Aktienspekulant, und als sich sein Händchen für die Märkte herumsprach, gaben ihm einige wohlhabende Europäer Geld, um es für sie zu vermehren. (Sein Doktortitel, so meint Karp, sei für sie ein zusätzliches Argument gewesen – wie auch später für die europäischen Wirtschaftsführer, die an einer Zusammenarbeit mit Palantir interessiert waren.)

Karp lag jedoch nichts an einer Karriere in der Finanzwelt, ebenso wenig wie er einen Posten als Superstar-Hedgefonds-Manager anstrebte. Er habe, wie er später behauptete, nur ein Polster von 250 000 Dollar ansparen wollen, um dann als intellektueller Dilettant nach Berlin zu ziehen, wo er, wie er es ausdrückte, lesen, schreiben und sich diversen »Spielarten der Liederlichkeit« hinzugeben gedachte. Angesichts seiner Entschlossenheit, das zu kompensieren, was er als die beruflichen Unzulänglichkeiten seiner Eltern ansah, und nie wieder wirtschaftliche Not zu erleben, ist es schwer vorstellbar, dass er in einer solchen Bohème-Existenz zufrieden gewesen wäre. Es ist gut möglich, dass es sich bei der Berlin-Story lediglich um eine Form der Selbstmythologisierung handelt, ein Versuch, zu unterstreichen, wie unwahrscheinlich sein Erfolg mit Palantir war.

Karp und Thiel hatten sich nach dem Jurastudium aus den Augen verloren, aber kurz nach Karps Rückkehr in die Bay Area fanden sie wieder zueinander. Irgendwann lud Karp Thiel zu einem Treffen von Großspendern der Jewish Philanthropy Partnership ein. »Er hielt es für eine gute Idee«, erinnert sich Thiel, »wenigstens eine nichtjüdische Person dabeizuhaben. Alex hatte da so eine verrückte Theorie, dass diese Maßnahme es allen erleichtern würde, netter zueinander zu sein und dadurch so viel mehr zu erreichen.« Thiel erkannte Karps »großartiges Gespür für Menschen« und dass er »unglaublich hartnäckig« war.

Neben seiner eigentlichen Arbeit begann Karp, Geld für Thiels Clarium Capital zu sammeln. Einige Monate später bat Thiel Karp, bei Palantir einzusteigen. Seiner Ansicht nach könnte sein Freund dabei helfen, das Unternehmen potenziellen Kunden anzudienen, und obendrein die Aufsicht übernehmen, bis man einen CEO fand. Thiel ging zunächst davon aus, dass Palantir an der Spitze entweder einen politischen Insider aus Washington bräuchte oder einen profilierten Ex-Militär. Er vermutete aus guten Gründen, dass Palantir schwer zu verkaufen sein würde und dass das Unternehmen davon profitieren könnte, einen CEO mit guten Verbindungen zu den nationalen Sicherheitsbehörden zu haben – und natürlich zum Capitol Hill. Mehrere Personen bewarben sich für den Posten, aber irgendwie schien keiner so recht zu passen. Cohen, Lonsdale und Gettings kamen zu dem Schluss, dass Karp womöglich der Richtige war. Wie Thiel waren sie von seiner Energie beeindruckt, doch sie sahen auch noch etwas anderes in Karp. Obwohl Palantir nicht seine Idee war, sprach er mit der Überzeugung eines wahren Gläubigen über das Unternehmen – er verströmte den Geist wahren Unternehmertums. »Alex war ein Gründer, das konnte man spüren«, sagt Cohen. »Die anderen waren das nicht.« Er, Lonsdale und Gettings sagten Thiel, dass Karp ihrer Ansicht nach die richtige Besetzung für den Posten des CEO wäre. Thiel war rasch überzeugt und schickte Cohen und Lonsdale nach London, wo Karp gerade mit Investoren sprach, um ihm die Stelle anzubieten. Er nahm an.

Zumindest auf dem Papier schien Karp keine so gute Wahl. Zum einen war er 34 – in der Welt der Silicon-Valley-Startups also praktisch ein Greis. Startups waren, wie in der Seilrutschen-Szene in David Finchers *The Social Network* 2010 so anschaulich dargestellt, etwas für Kids. Hoffnung und Ziel vieler junger Unternehmer war es, früh den Durchbruch zu schaffen, um sich dann den Rest ihrer Laufbahn der Förderung der nächsten Generation findiger Kids zu widmen. Marc Andreessen hat Netscape kurz nach dem College mitbegründet. Er war 28, als Netscape für 4,3 Milliarden Dollar an AOL ging, und mit Mitte 30 hatte es Andreessen zu einem der wichtigsten Risikokapitalgeber im Valley gebracht. Thiel schlug den gleichen Weg ein. Über sein relativ fortgeschrittenes Alter hinaus fehlte es Karp an den grundlegenden Qualifikationen für den Job: Er besaß weder Führungserfahrung noch einen Background im Tech-Bereich. (Als Thiel und ich uns darüber unterhielten, merkte er an, sein Lebenslauf habe dieselben Lücken aufgewiesen, als er CEO von PayPal wurde.)

Doch obwohl Karp selbst auch nicht eine Zeile Code schreiben konnte, als er zu Palantir kam, war ihm die Denkweise hinter der Arbeit der Softwareingenieure nicht völlig fremd. So ist zum Beispiel ein Schlüsselkonzept der Datenwissenschaft die Ontologie oder, vereinfacht ausgedrückt, die Art und Weise, wie Informationen organisiert und strukturiert sind. Diese Abbildungsfunktion ist von kritischer Bedeutung für die sinnvolle Verknüpfung verschiedener Einzelinformationen. Ontologie ist ein Begriff, den die Tech-Welt aus der Philosophie stibitzt hat. In der philosophischen Welt ist die Ontologie ein Zweig der Metaphysik, der sich mit dem Wesen des Seins befasst und die Realität zu ihrer Beschreibung in Kategorien von Dingen (Menschen, Orte, Objekte) einteilt. Für Karp war es ein Leichtes, die Ontologie in ihrer Anwendung auf die Datenwissenschaft zu verstehen – später sollte er sogar sagen, es handle sich bei Palantirs Software um ein im Kern philosophisches System. Seiner und der Ansicht seiner Kollegen nach ist das entscheidende Element einer Software seine »dynamische Ontologie«, die Nutzern die Erstellung »digitaler Zwillinge« ihrer eigenen Arbeitsabläufe gestattet, die sich fortwährend aktualisieren und erweitern lassen, um die Entwicklung der Organisation zu spiegeln.

Karp mochte nicht in der Lage sein, die Feinheiten von Programmiersprachen wie Java und Python zu erörtern, erwies sich aber als ausgesprochen nützlicher Frontmann für ein Unternehmen, dessen Arbeit zwangsläufig auf Misstrauen stoßen musste. Der Schutz der Privatsphäre schien ihm wirklich am Herzen zu liegen, und über Themen im Kontext bürgerlicher Freiheiten sprach er mit einer in Tech-Kreisen seltenen Geläufigkeit. Auch der Umstand, dass er aus dem akademischen Milieu kam und nicht etwa vom Militär oder aus der Welt der Geheimdienste, half definitiv – einen studierten Philosophen am Ruder des Unternehmens zu haben, signalisierte, dass Palantir die ethischen und moralischen Bedenken, die seine Arbeit aufwarf, ernst nahm. Und natürlich half es auch, dass Karp sich selbst als Linken bezeichnete; seine politische Einstellung wurde zu einer Art Schutzschild für Palantir, insbesondere als Thiel sich immer weiter nach rechts zu bewegen begann.

Thiel, Cohen, Lonsdale und Gettings hatten mit Palantirs Arbeit in den Büroräumen von Clarium in San Francisco begonnen. Aber bald benötigte das Unternehmen mehr Platz, weshalb man nach Palo Alto umzog – die neue Adresse hieß 3000 Sandhill Road. Thiel hatte dort Confinity gegründet. Anfangs war Karp nicht jeden Tag im Büro; er wohnte zu dieser Zeit in San Francisco, schaute aber mehrmals pro Woche in Palo Alto vorbei. Da er selbst nicht Auto fuhr, mietete er eines und ließ sich chauffieren. Für seine Kollegen war Karp die erste Zeit über ein Buch mit sieben Siegeln. Nur halb im Scherz spekulierte man, sein deutscher Doktortitel sei eine Legende – in Wirklichkeit sei er ein Spion, möglicherweise für den Mossad. (Jahre später stellte Karp einen israelischen Ex-Geheimdienstler ein, der als eine Art Problemlöser für ihn tätig war.) »Wir wussten nicht, was wir von ihm halten sollten«, erinnert sich der Software-Ingenieur Bob McGrew, der 2005 zu Palantir stieß. McGrew spricht von »Impedanzfehlanpassung«, eine manirierte Umschreibung dafür, dass sie nicht auf gleicher Welle funkten. Um Karp beim Verständnis seiner künftigen Mitarbeitenden zu helfen, schenkten ihm McGrew und einige der anderen Ray Kurzweils *Menschheit 2.0*, ein 2005 erschienenes Buch, das im Silicon Valley zum Kanon gehört und von künstlicher Intelligenz handelt. Kurzweil, Computerwissenschaftler und Futurist, sagte die Singularität – den Augenblick, in dem Computer die menschliche Intelligenz übertreffen werden – für spätestens 2045 voraus. (Später erhielten Neueinsteiger bei Palantir mehrere Bücher als Pflichtlektüre, darunter Lawrence Wrights *Der Tod wird euch finden* über Osama bin Laden, Al-Qaida und das nachrichtendienstliche Versagen, das zum 11. September 2001 führte, sowie *Impro*, ein Buch, in dem es eigentlich um Improvisationstheater geht, das aber als Kreativanleitung Kultstatus erlangt hat.)

So zugänglich und unterhaltsam Karp war (damals wie heute erfreute er seine Kollegen mit Anekdoten über deutsche Frauen und deren Begeisterung für ihn), konnten Gespräche mit ihm durchaus schwierig werden. Seine Kollegen kratzten sich ob seiner zusammenhanglos hingeworfenen Gedanken und Beobachtungen mitunter ratlos am Kopf. »Ich weiß nicht, ob irgendjemand behaupten würde, dass mit ihm leicht zu reden sei«, sagt Brian Schimpf, der 2007 bei Palantir einstieg und schließlich zum leitenden Ingenieur des Unternehmens aufstieg. Joshua Goldenberg, Palantirs Head of Design, erinnert sich, dass die Diskussionen mit Karp »unstrukturiert« verliefen, wie er es ausdrückt, und dass es mitunter »so ein bisschen am Zusammenhang zu fehlen« schien. Nach Meetings im Plenum steckten die Mitarbeitenden die Köpfe zusammen, um Sinn in das eben Gehörte zu bringen. »Wir besprachen uns danach immer, um zu sehen, ob einer in dem Chaos von Karps Sprachmustern die Leitlinie entdeckt hatte«, sagt ein ehemaliger Mitarbeiter. Aber wie er sagt, hätten auch alle das irgendwie »verrückte Charisma« und seine außergewöhnliche Intelligenz erkannt.

Besonders beeindruckt und mehr als nur ein wenig verstört waren sie ob seiner Fähigkeit, andere dazu zu bringen, etwas auf seine Weise zu sehen und zu tun, was er wollte. Karp bestand auf einer Kultur des ungezwungenen Diskurses, in der jeder sich frei und absolut offen äußern konnte. »Alex' Standpunkt nach sollte man sogar dem CEO sagen können, dass er spinnt«, sagt Aki Jain, auch er ein Softwareingenieur der ersten Stunde. »Wir hatten offene Auseinandersetzungen und Debatten über alles und jedes«, erinnert sich Schimpf. Trotzdem konnten sich seine Kollegen des Eindrucks nicht erwehren, dass Karp in der Lage war, ihnen in den Kopf zu kriechen, um dort seine Ideen zu säen. Einige Palantirianer begannen Karp deshalb als »Charles Xavier« zu bezeichnen, nach der Figur des Professor X von den X-Men, der über telepathische Kräfte verfügt.

Vom ersten Augenblick an erklärte Karp, Palantirs Mission bestehe in der Verteidigung des Westens und der liberalen Demokratie. Das Unternehmen war ein Kind des 11. Septembers und Karps pessimistischen Weltbilds. Schon vor dem 11. September hatte Karp daran gezweifelt, dass das Ende des Kalten Krieges eine Ära irreversiblen Friedens und Wohlstands eingeleitet hatte. Der Terroranschlag auf die Vereinigten Staaten zeigte die gefährliche Illusion auf, in der man gelebt hatte, und dass es immer noch jede Menge Zeitgenossen gab, die Böses im Sinne hatten. Karp und seine Kollegen konnten nur den Kopf schütteln über den zur Zeit der Gründung von Palantir vorherrschenden Techno-Optimismus – die Vorstellung, die Online-Welt könnte die dingliche Welt irgendwie zu einem besseren, glücklicheren Ort machen. Palantir hatte nichts, aber auch rein gar nichts Utopisches. Wenn überhaupt, so entstand das Unternehmen aus der Überzeugung, dass wir einer düsteren Zukunft entgegengehen. Palantirs Elevator-Pitch warb mit der Fähigkeit seiner Technologie, apokalyptische Ereignisse ein klein wenig unwahrscheinlicher zu machen.

Palantir unterschied sich auch insofern von anderen Tech-Startups, als es den ersten Leitsatz des Silicon Valley »fail fast, fail often« ablehnte – den Gedanken, dass Scheitern nichts sei, wovor man sich fürchten müsse, sondern lediglich ein Rückschlag und als solcher das Fundament für künftigen Erfolg. Angesichts seines fortgeschrittenen Alters hatte Karp jedoch nicht das Gefühl, über den Luxus der Zeit zu verfügen. Als Mittdreißiger würde ihn ein Misserfolg weit mehr kosten als einen 22-Jährigen, der frisch von der Uni kam. Außerdem war Karp kein Techniker – wenn Palantir baden ging, konnte er nicht einfach nahtlos das nächste Startup aufziehen. Von seiner Warte aus war Scheitern keine Option und definitiv nichts Begrüßenswertes. Karp hatte mit anderen Worten schlicht keinen Sinn für die Beckett'sche Maxime, »beim nächsten Mal besser zu scheitern«, schließlich gab es keine Garantie für ein nächstes Mal, und diese Dringlichkeit verspürte bei Palantir nicht nur er, sie zog sich durch alle Ränge.

Das soll nicht heißen, dass Palantir ein düsterer Arbeitsplatz voller Survival-Freaks gewesen wäre (obwohl Karp Palantir Jahre später als »Prepper-Unternehmen« bezeichnen sollte). In der Anfangszeit nahm sich das Unternehmen aus wie jedes andere Tech-Startup auch: Die Firma war voller enthusiastischer, aber sozial eher unbeholfener junger Nerds (und es war nun mal eine Männerkultur, woran sich bis heute nichts geändert hat). Und auch wenn es keine Seilrutsche gab, ließen die Palantirianer es durchaus krachen. So verklagte 2016 ein ehemaliger Mitarbeiter Palantir, weil er sich bei einer wilden Partie Bier-Pong verletzt haben wollte (die Klage wurde außergerichtlich beigelegt). Bei alledem herrschte das Gefühl, einer höheren Bestimmung zu dienen als andere Startups – man leistete dort Arbeit, die bedeutsam war. Aki Jain erinnert sich daran, dass drei der brillantesten Informatikstudenten, die ihm in Stanford untergekommen waren, bei Google an einem sogenannten »Smart Ass«-Projekt arbeiteten, wie man das auf Maschinenlernen basierte Programm zur gezielten Werbeansprache intern nannte (ein Programm, das Google-Usern Anzeigen auf der Grundlage ihrer Suchanfragen einspielt). Jain wollte sich da weder ein Urteil erlauben noch jemanden schlechtreden. Er arbeitete nur einfach lieber an etwas, das ihm bedeutsamer erschien.

Palantir hatte zwar seinen Sitz im Silicon Valley, aber in den Augen Karps und der Seinen hat das Unternehmen nie wirklich zum Valley gehört. Ein ganz eigenes Problem hatte Karp mit Google und Facebook. Er hatte früh erkannt, dass das Sammeln und Verkaufen persönlicher Daten den Kern ihrer Tätigkeit ausmachte und dass ihre seiner Ansicht nach ethisch fragwürdigen Geschäftsmodelle Palantir potenziell schaden könnten. Sollte es je zu einer Gegenreaktion gegen Big Data kommen, würden die Menschen nicht unbedingt erkennen, dass Palantir auf eine grundlegend andere Art und Weise operierte als Google und Facebook (da Palantir Daten weder sammelt noch speichert oder verkauft). Mit der Zeit entwickelte Karp einen Widerwillen dagegen, ehemalige Mitarbeitende von Google und Facebook einzustellen. Es gab zwar einige Ausnahmen, aber im Großen und Ganzen war er der Meinung, dass die Mitarbeitenden der beiden Unternehmen, so talentiert sie auch sein mochten, den räuberischen Umgang mit Daten verinnerlicht hatten, der Palantir so verhasst war.

Eine besondere Abscheu hegte Karp gegenüber Facebook. Google bot als Suchmaschine immerhin einen legitimen Wert. An Facebook vermochte er nichts Positives zu sehen; für ihn war die Plattform unseriös und destruktiv – »ein Karzinogen«, wie er es ausdrückte. Palantir und Facebook erblickten etwa zur gleichen Zeit das Licht der Welt, und obwohl sie nie Konkurrenten waren, verstand Palantir sich in gewisser Weise als Gegenentwurf zu Facebook. Dass Thiel bei

Facebook Großinvestor war und dort im Board saß, weist womöglich auch auf eine Art geschwisterliche Rivalität. Außerdem schienen die beiden Unternehmen im Schatten des jeweils anderen zu stehen. Beide hatten eine Zeit lang ihren Hauptsitz im selben Büropark in Palo Alto, und als Palantir später dort expandierte, übernahm man ein Gebäude, das zuvor von Facebook genutzt worden war. (Das dortige Facebook-Büro hatte es zu einer gewissen Berühmtheit gebracht, weil die Wände von einem Graffiti-Künstler aus der Stadt bemalt waren, der mit Facebook-Aktien bezahlt worden war. Als das Unternehmen 2012 an die Börse ging, hatten seine Aktien einen Wert von etwa 200 Millionen Dollar. Nach Palantirs Einzug ließ man die Wände übermalen.) Jahre später sahen sich sowohl Facebook als auch Palantir in die Cambridge-Analytica-Affäre verwickelt.

Palantir rekrutierte anfangs in erster Linie durch Mundpropaganda. So wohnte 2005 eine Gruppe von Stanford-Absolventen, darunter auch Bob McGrew, in einem Haus in Los Altos Hills, das, nach einer bei ITlern beliebten Studentenverbindung benannt, unter Insidern als Phi Psi South bekannt war. Aki Jain besuchte dort eines Abends eine Party und unterhielt sich lange mit McGrew, der ihm nahelegte, sich bei Palantir zu bewerben. Kurz darauf fing Jain beim Unternehmen an. Aufgrund der Nähe Stanfords und der Unmenge technischen Talents dort drängte sich die Universität für Palantir als Quelle für neue Mitarbeitende geradezu auf. Lonsdale und Cohen hängten im IT-Bau Zettel aus: »Bist du teils Bill Gates, teils James Bond? Dann bist du bei Palantir genau richtig.« Ob nun der persönlichen Beziehungen oder dieser Flyer wegen – oder beidem –, jedenfalls landete eine ganze Reihe von Stanford-Absolventen bei Palantir.

Nachdem Palantir nach Palo Alto umgezogen war, schaute Thiel kaum noch im Büro vorbei (wenn er kam, stellte man ihm eine Schale seiner heißgeliebten Pistazien hin), aber er half bei der Rekrutierung. Als er 2004 einen jungen ITler namens Garry Tan zum Wechsel von Microsoft zu Palantir zu bewegen versuchte, bezahlte er Tan den Flug nach San Francisco, lud ihn zu einem Abendessen im Frisson ein und legte ihm sein neues Unternehmen ans Herz. Thiel versprach ihm einen ansehnlichen Anteil an der Firma, wenn er bei ihm einstieg. Irgendwann fragte er Tan, wie viel er bei Microsoft verdiene. Tan sagte 72 000 Dollar, woraufhin Thiel sein Scheckbuch zückte und ihm einen Scheck in dieser Höhe ausstellte, der als zusätzlicher Anreiz gedacht war. Doch Tan lehnte ab, das Geld ebenso wie das Angebot; er wollte bei Microsoft bleiben. Jahre später erzählte Tan diese Anekdote in einem kurzen Video mit dem Titel »My $200 Million Mistake«. Der Clou an der Geschichte ist, dass Tan, nicht lange nachdem er Thiels Angebot abgelehnt hatte, dann doch bei Palantir anheuerte – als zehnter Mann im Team. Er entwarf sogar das Logo von Palantir und machte später eine erfolgreiche Karriere als Risikokapitalgeber und CEO von Y Combinator, einem Inkubator für Startups. Was nichts daran ändert, dass er heute, hätte er Thiels Angebot nicht ausgeschlagen, um Hunderte Millionen Dollar reicher wäre.

Wer eine Stelle bei Palantir haben wollte, musste Begeisterung für die Mission des Unternehmens mitbringen – schien ein Bewerber nicht begeistert von der Vorstellung, Technologie zur Liquidierung von Terroristen einzusetzen, oder zu zartbesaitet für die Zusammenarbeit mit dem Staat, hatte er keine Chance. Ein anderes K.o.-Kriterium war schon der kleinste Hinweis darauf, dass man schnell reich werden wollte. Dank des Dotcom-Rauschs der späten 1990er-Jahre galt das Valley als ein Ort, an dem sich in relativ kurzer Zeit ein Vermögen machen ließ: Man klotzte ein paar Jahre in einem Startup ran, wurde teilweise, wenn nicht gar überwiegend mit Aktien bezahlt, und ging das Unternehmen dann an die Börse, saß man auf einer Goldmine. Zeigten potenzielle Mitarbeitende jedoch auch nur den leisesten Hauch von Interesse an Börsengängen und Ausstiegsstrategien, konnten sie den Job vergessen. Shyam Sankar zufolge, der als Dreizehnter zu Palantir stieß und heute dort Technischer Direktor ist, lief das auf die Frage hinaus: War man ein Söldner oder ein Missionar? Interessierte man sich für den potenziellen Reibach, oder fühlte man sich von der Arbeit angezogen, die das Unternehmen leistete? Palantir wollte Letztere und tat alles nur Erdenkliche, um die Ersteren gar nicht erst einzustellen.

Im Vergleich zu anderen Tech-Unternehmen zahlte Palantir nicht gerade üppige Gehälter, was ein Übriges zur Vermeidung von Söldnern tat. Hinsichtlich ihrer Vergütung hatten neue Mitarbeitende drei Optionen: wenig Cash / großes Anteilspaket, mittelviel Cash / mittelgroßes Anteilspaket, viel Cash / kleines Anteilspaket. Aber selbst »viel Cash« war relativ bescheiden. Die Gehälter waren gedeckelt auf den Betrag, den Karp selbst bezog, und der war bescheiden: Fast das gesamte erste Jahrzehnt von Palantirs Bestehen über erhielt er gerade mal um die 125 000 US-Dollar jährlich (ohne Anteilspaket). Das galt sogar Mitte der Nullerjahre, als das Unternehmen bereits mit 20 Milliarden Dollar bewertet wurde. »Ich verdiene nur, wenn ihr was verdient«, sagte Karp seinen Kollegen, und damit war es ihm ernst. Sein Ziel mit Palantir, so sagte er gern und oft, bestehe nicht darin, das wertvollste, sondern das wichtigste Unternehmen der Welt aufzubauen. Zwar genierte Karp sich keineswegs, seine American Express Black Card zu zücken, aber ansonsten missbilligte er die Zurschaustellung von Reichtum oder exzessivem Materialismus. Eine der seltenen Gelegenheiten, bei denen man ihn wütend erlebte, war der Anblick eines neuen Porsches auf dem Parkplatz von Palantir (er gehörte einer Führungskraft des Unternehmens).

Nathan Gettings zufolge erschwerte es die vergleichsweise schlechte Bezahlung im Verein mit der Tatsache, dass es sich um ein relativ unbekanntes Unternehmen mit einer obskuren Mission handelte, zunächst, vielversprechende Bewerber anzuziehen. »Es war schwierig, Leute einzustellen«, so Gettings, »denn warum sollte man nicht zu Facebook oder einem anderen Unternehmen gehen, das *jetzt* gut bezahlt und das man seinen Freunden erklären kann?« Karp und seine Kollegen sollten schließlich zu dem Schluss kommen, dass Leute, die direkt nach dem Studium zu Palantir kamen, die besten Chancen hatten, im Unternehmen erfolgreich zu sein. Für sie spielte Geld keine so große Rolle, und sie fügten sich im Allgemeinen leichter in Palantirs doch sehr eigene Kultur ein.

In den ersten Jahren führte jeder – Karp, Gettings, Cohen und Lonsdale – ein Vorstellungsgespräch mit allen potenziellen neuen Mitarbeitenden, und auch jedes Stellenangebot war von jedem abzusegnen. Vorstellungsgespräche mit Karp gestalteten sich schwierig – nicht weil er schwierige Fragen stellte, sondern weil er kaum welche stellte und weder Interesse an Small Talk noch die Fähigkeit dazu hatte. Kaum jemand verließ den Raum in dem Glauben, den Job in der Tasche zu haben. Ganz im Gegenteil: Die Bewerber gingen mit der Gewissheit, ihn vergessen zu können. Aber auf seine eigene merkwürdige Art erwies Karp sich in der Beurteilung von Softwareingenieuren als recht geschickt. Bob McGrew und Aki Jain waren von seinem Gespür für technisches Talent so fasziniert, dass sie ihm Bewerber zu schicken begannen, die sie bereits abgelehnt hatten, nur um zu sehen, ob auch Karp sie nicht einstellen würde. Nur hatte Karp auch ein untrügliches Gespür für Ausgemusterte.

Doch das vielleicht berüchtigtste Vorstellungsgespräch führte Karp mit jemandem, der die Stelle bekam. Louis Mosley war ein Oxford-Absolvent, der sich in Großbritannien eine politische Karriere erhofft hatte – nur dass seine Familiengeschichte dies unmöglich machte: Sein Großvater war Oswald Mosley, der britische Faschistenführer während des Zweiten Weltkriegs, und seine Großmutter war Diana Mitford, eine der berühmten Mitford-Schwestern, die vor allem durch ihre enge Freundschaft mit Hitler in Erinnerung geblieben war. Eine Gruppe von Historikern wählte Oswald Mosley 2005 zum schlimmsten Briten des 20. Jahrhunderts, und auch wenn Louis mit den Ansichten seiner Großeltern nichts am Hut hatte, erwies sich sein Nachname als unüberwindbarer Klotz am Bein – das Stigma dieser Verbindung, so hieß es schließlich aus Kreisen der Konservativen, schließe eine Kandidatur Mosleys für alle Zeit aus.

Ein Freund machte ihn auf Palantir aufmerksam, und nach mehreren Gesprächen im Vorfeld flog er schließlich nach Palo Alto zu einem Treffen mit Karp. Kaum hatte Mosley Platz genommen, begann Karp, eine leidenschaftliche Rede Oswald Mosleys von 1939 zu rezitieren, in der er Großbritannien aufforderte, Frieden mit Nazideutschland zu schließen. (»Unsere Generation und unsere Kinder werden nicht wie Ratten in polnischen Löchern sterben. Sie werden nicht sterben, sondern leben, um über ihren Köpfen den englischen Himmel zu sehen, unter ihren Füßen den englischen Boden zu spüren und sich über die liebliche englische Landschaft zu freuen …«) Karp zitierte nicht nur ein paar Sätze, sondern fuhr, die Rede aus dem Gedächtnis wiederholend, mehrere Minuten lang fort. In fassungslosem Schweigen saß Mosley da. Als Karp fertig war, absolvierte er einige Tai-Chi-Bewegungen und verließ grußlos den Raum. Hatte ihm, so dachte ein erschütterter Mosley, die dunkle Vergangenheit seiner Familie einmal mehr einen Knüppel zwischen die Beine geworfen? Aber dem war nicht so: Er bekam den Job und wurde schließlich Chef von Palantirs britischer Dependance. (Einige Jahre nach dem Interview traf Karp sich in London mit Mosley und einem pensionierten britischen Offizier, der als Berater für Palantir tätig war. Karp fragte den Mann, ob er sich über Mosleys Hintergrund im Klaren sei. Der bejahte dies, fügte aber hinzu: »Nun, wir alle haben Leichen im Keller.« Karp sah ihn empört an. »Eine Leiche?«, sagte er ungläubig. »Der hat Godzillas Leiche im Keller, Herrgott noch mal!«)

Worauf Palantir von Anfang an verzichtete, war Vertriebspersonal; das gehörte zur Unternehmenspolitik. Laut Lonsdale waren er und die anderen Gründer zu dem Schluss gekommen, dass ein Vertriebsteam eine zersetzende Wirkung auf die Innovationskraft des Unternehmens haben würde. »Stellt man wirklich starke Alpha-Verkäufer ein«, so Lonsdale, »übernehmen diese die Unternehmenskultur. Da heißt es dann: ›Wir sorgen für den Umsatz, wir bringen die Mahlzeiten auf den Tisch, und damit wir euch ernähren können, brauchen wir X, Y und Z.‹ Die ganze Kultur richtet sich danach aus, die Alpha-Verkäufer zu bedienen.« Bei Palantir glaubte man, eine wirklich transformative Technologie entwickeln zu können; man wollte auf keinen Fall unter dem Druck arbeiten, Produkte zu schnell auf den Markt werfen zu müssen. Außerdem schützte der Verzicht auf einen Vertreterstab vor unternehmerischer Kurzsichtigkeit. Und dann hatte Palantir mit Karp bereits einen Topverkäufer, der sich potenzieller Kundschaft gegenüber als nicht weniger überzeugend erweisen sollte als gegenüber den Kollegen. Es entbehrte nicht einer gewissen Ironie, dass niemand bei Palantir Verkäufer mehr verachtete als Karp. Um ein Vertriebsteam einzustellen, so sagte er bei einer Gelegenheit, müsste ihn schon »ein

Bus anfahren«. Erst 2019, ein Jahr vor Palantirs Börsengang, lenkte er schließlich ein, aber selbst da ließ er keinen Zweifel daran, dass er nicht viel von Vertriebsleuten hielt. Man hätte nicht sagen können, ob diese Antipathie eine Folge der (durchaus begründeten) Überzeugung war, dass niemand Palantir so gut verkaufen könnte wie er, oder Ausdruck einer gewissen Selbstverachtung. Womöglich war es ein bisschen von beidem.

Karps erster Versuch, Palantir an den Mann zu bringen, war jedoch ein Flop. Thiel hatte 100 000 Dollar in die Gründung des Unternehmens gesteckt und im Folgenden weitere 543 000 Dollar nachgeschoben. Dazu kamen in der Startphase 856 000 Dollar von The Founders Fund, einer von Thiel 2005 gegründeten Risikokapitalfirma. Um weiter zu wachsen, benötigte das Unternehmen jedoch zusätzliches Kapital, sodass Thiel auf der Suche nach weiteren Investoren war. So traf Karp sich 2005 mit mehreren führenden Risikokapitalfirmen – Meetings, die er vor allem Thiel verdankte, dessen Beteiligung an Palantir Türen öffnete, die ihm sonst vielleicht verschlossen geblieben wären. Karp stellte jedoch schnell fest, dass entlang der Sandhill Road, der Straße durch Palo Alto und Menlo Park, an der fast alle großen Risikokapitalfirmen angesiedelt sind, wenig Interesse an Palantirs Konzept bestand. Die Risikokapitalgeber dort waren ganz auf das fixiert, was Karp später als »kommerzielles Internet« abtun sollte – unterm Strich also auf Startups, deren Produkte auf den Verbrauchermarkt abzielten. Sie spekulierten auf das nächste Amazon.com. Auch um soziale Netzwerke wie Facebook und Myspace entstand ein enormer Hype.

Die Skepsis gegenüber Palantir war groß. Was schon mal daran lag, dass Datenanalyse so viel Sexappeal hat wie der Begriff selbst – mit anderen Worten: nicht die Spur. Die sogenannte Big-Data-Revolution befand sich gerade erst in den

Startlöchern (und wurde zu einem nicht geringen Teil durch das Aufkommen eben dieser sozialen Netzwerke vorangetrieben), und so kam bei den Investoren im Silicon Valley wenig Begeisterung für ein Unternehmen aus dem Datenintegrationsgeschäft auf. Ein weiterer Stolperstein war Palantirs Fokus auf die Arbeit für den Staat. Zwar bewunderten die angesprochenen Risikokapitalgeber den patriotischen Geist des Unternehmens und verstanden, dass im Valley entwickelte Technologie zur Bekämpfung des Terrorismus beitragen könnte. Gleichzeitig warfen sie jedoch ein, dass Aufträge der öffentlichen Hand nicht leicht zu bekommen und die Arbeit für den Staat von Haus aus nicht sonderlich lohnend sei. Unter dem Gesichtspunkt der nationalen Sicherheit mochte Palantir ein würdiges, wenn nicht gar hehres Unterfangen gewesen sein, als Investitionsangebot jedoch fehlte es dem Unternehmen an Anziehungskraft.

Der Tiefpunkt kam während eines Pitch-Meetings mit Sequoia Capital, dem damals wohl einflussreichsten Risikoinvestor im Silicon Valley. Sequoia hatte schon früh in PayPal investiert; sein bekanntester Partner, Michael Moritz, saß im Vorstand des Unternehmens und war ein Freund von Thiel. Doch Sequoia zeigte sich Palantir gegenüber nicht aufgeschlossener als die anderen Risikoinvestoren, bei denen Karp mit seinem Team vorsprach. Damit nicht genug, war Moritz laut Karp den größten Teil des Meetings über damit beschäftigt, geistesabwesend auf seinem Notizblock Männchen zu malen. Karp sagte damals nichts, wünschte sich aber später, er hätte es getan. »Ich hätte ihm sagen sollen, dass er mich mal kann«, sagte er. Aber nicht nur Moritz brachte Karp auf: Die mangelnde Begeisterung der Risikokapital-Community für Palantir führte bei ihm zu einer allgemeinen Verachtung für professionelle Investoren. Daraus entwickelte sich ein Groll, der sich noch jahrelang hielt.

Dennoch, so ganz umsonst waren die Meetings in der Sandhill Road für Karp nicht. Nachdem er sich Karps Pitch angehört und höflich abgelehnt hatte, machte ein Partner einer dieser Risikokapitalfirmen ihm einen Vorschlag: Wenn Palantir wirklich an Aufträgen der öffentlichen Hand interessiert sei, könne das Unternehmen sich doch an In-Q-Tel wenden, den Risikokapital-Arm der CIA. Man hatte In-Q-Tel 1999 ins Leben gerufen, also erst wenige Jahre zuvor (der Name war eine neckische Anspielung auf »Q«, den Tech-Guru des MI6 in James-Bond-Filmen). Nach Ansicht des CIA-Direktors George Tenet würde die Einrichtung eines quasi öffentlichen Risikokapitalfonds, über den die »Company« die Gründung von Tech-Startups unterstützen könnte, dazu beitragen, dass die US-Geheimdienste technologisch auch weiterhin die Nase vorn hattem. Die CIA war 1947 mit dem Ziel gegründet worden, ein zweites Pearl Harbor zu verhindern, und noch ein halbes Jahrhundert später bestand ihre Hauptaufgabe darin, Angriffe auf amerikanischen Boden zu unterbinden. Zwei Jahre nach der Gründung von In-Q-Tel erlebte das Land dann doch ein zweites Pearl Harbor in Gestalt der Terroranschläge vom 11. September 2001 – eine demütigende nachrichtendienstliche Niederlage für die CIA und Tenet selbst. Zu dieser Zeit operierte In-Q-Tel von einem Bürokomplex in Virginia aus, der ironischerweise den Namen Rosslyn Twin Towers trägt, und vom Büro im 29. Stockwerk aus hatten die Mitarbeitenden einen ungehinderten Blick auf das brennende Pentagon.

Der CEO von In-Q-Tel war Gilman Louie, der Videospiele entwickelt hatte, bevor Tenet ihn anwarb (Louies Spezialität waren Flugsimulatoren, und die seinen waren so realistisch, dass sie bei der Ausbildung von Piloten der Air National Guard Verwendung fanden). Normalerweise blieb Louie Pitch-Meetings fern, er überließ die Vorauswahl seinen Stellvertretern. Aber da Thiel involviert war, machte er für Palantir eine Ausnahme und nahm an dessen erster Sitzung mit In-Q-Tel teil. Was Karp und seine Palantirianer damals nicht wussten, war, dass die CIA sich bereits nach neuer Technologie zur Datenanalyse umsah. Zu dieser Zeit benutzte die Behörde hauptsächlich eine Software namens Analyst's Notebook der britischen Firma i2. Laut Louie verfügte Analyst's Notebook zwar über eine brauchbare Benutzeroberfläche, wies aber bei der Datenverarbeitung selbst gewisse Mängel auf, die seinen Nutzen einschränkten. Wie Louie erklärte: »Unserer Ansicht nach ließ ihre Architektur keine Entwicklung von Next-Generation-Fähigkeiten zu.«

Louie war von Karps Präsentation beeindruckt. »Alex hat gut präsentiert«, erinnert er sich. »Er war ausgesprochen eloquent und leidenschaftlich.« Als Karp und seine Kollegen im weiteren Verlauf des Gesprächs auf IGOR zu sprechen kamen und erwähnten, dass die Software PayPal den Kopf gerettet habe, dämmerte Louie, dass Palantir technisch womöglich in der Lage wäre, das zu liefern, wonach er suchte. Er betonte aber auch gleich die entscheidende Bedeutung der Benutzeroberfläche: Die Software müsse Informationen so strukturieren und darstellen, dass die Analysten damit auch tatsächlich etwas anfangen könnten. Er beschrieb dann einige der Funktionen, die man erwartete. Worauf die Palantir-Crew, so erzählt Louie, auf der Stelle »vom Sales-Modus nahtlos in den technischen, den Problemlösungsmodus wechselte« und sich vor dem In-Q-Tel-Team an ein Brainstorming machte. »Genau das war es, was ich sehen wollte«, sagt Louie.

Er gab ihnen eine Hausaufgabe mit auf den Weg: Sie sollten eine Benutzeroberfläche entwerfen, die nachrichtendienstliche Analysten ansprechen könnte. Wieder zu Hause in Palo Alto, gingen Cohen und Gettings in Klausur und bastelten eine Demoversion, die die von Louie hervorgehobenen Elemente enthielt. Einige Wochen später fanden die Palantirianer sich wieder bei In-Q-Tel ein, um Louie und seinen Kollegen zu zeigen, was sie sich ausgedacht hatten. Louie war beeindruckt von der intuitiven Logik und Eleganz des Systems. »Falls das mit Palantir nicht klappt«, scherzte er, »habt ihr eine glänzende Zukunft als Game-Designer vor euch.« In-Q-Tel investierte schließlich 1,25 Millionen Dollar im Tausch gegen Anteile; nach diesem Vertrauensvotum legte Thiel noch einmal 2,84 Millionen Dollar drauf. (In-Q-Tel bekam für seine Investition keinen Sitz im Board. Selbst nachdem Palantir erhebliche Fremdmittel anzuziehen begann, vergab das Unternehmen keine Sitze im Board, was ungewöhnlich war, sich aber unterm Strich als großer Vorteil erwies.)

Der eigentliche Vorteil von In-Q-Tels Investition jedoch, so sagt Karp, sei nicht das Geld selbst gewesen, sondern dass Palantir dadurch Zugang zur anvisierten Kundschaft, den Analysten der CIA, bekam. Die Louie zufolge einzige Möglichkeit, festzustellen, ob Palantir der Company wirklich helfen konnte, bestand darin, Palantir-Ingenieure in die Behörde einzubetten. Um Software zu entwickeln, die tatsächlich für den Einsatz taugte, mussten die Palantirianer den Analysten bei der Arbeit zusehen. »Eine Maschine wird Ihre Arbeitsabläufe nicht verstehen«, sagte Louie. »Das ist eine menschliche, keine Maschinenfunktion.« Der zweite Grund für die Einbettung der Ingenieure war, dass sich so schneller feststellen ließ, ob Palantir tatsächlich hilfreich sein könnte. Falls die Analysten der CIA zu dem Schluss kamen, dass Palantir nicht in der Lage war, ihnen zu liefern, was sie brauchten, würden sie ihre Vorgesetzten das umgehend wissen lassen. »Wir befanden uns im Krieg«, sagt Louie, »und es galt, keine Zeit zu verlieren.«

Louie ließ das Palantir-Team der Abteilung zuweisen, die bei der CIA der Finanzierung des Terrorismus nachging. Dort würden sie sich mit großen Datensätzen konfrontiert sehen und auch mit Daten, die sowohl von Finanzinstituten als auch von der CIA zusammengetragen waren. So ließe sich hervorragend testen, ob Karp und seine Kollegen tatsächlich das Gewünschte liefern konnten. Das Verfolgen von Geldbewegungen würde entscheidend sein für die Vereitelung künftiger Anschläge, und das war genau die Art von Aufgabe, die die Software zu erledigen hätte, um für die Nachrichtendienste von Nutzen zu sein. Doch Louie hatte noch ein weiteres Motiv: Auch wenn Karp und Thiel ihren Fokus auf die Arbeit mit dem Staat gerichtet hatten, ließen sich für Palantirs Technologie, sollte sie sich als brauchbar erweisen, Louies Ansicht nach auch Einsatzmöglichkeiten außerhalb des nationalen Sicherheitskomplexes denken. Und wenn das Unternehmen für künftige Investoren attraktiv werden wollte, müsste es auch sein kommerzielles Geschäft entwickeln. In-Q-Tels Mission bestand in der Finanzierung von Startups, deren Produkte zum Schutz der Vereinigten Staaten beitragen könnten, aber »nicht vom Staat beschlagnahmt werden könnten«, wie Louie es ausdrückte. Was Palantir anging, so konnte die Arbeit in der Abteilung Terrorfinanzierung zum Sprungbrett für Möglichkeiten im Finanzsektor werden.

Stephen Cohen und Aki Jain arbeiteten direkt mit den CIA-Analysten, was nicht ohne Sicherheitsfreigaben ging, die im Laufe der Zeit auch zahlreiche andere Palantirianer bekamen. Einige dagegen verweigerten die dazu nötige Überprüfung – entweder aus Angst vor Big Brother oder weil sie nicht wollten, dass das FBI ihre Konten durchging, oder vielleicht auch nur, weil sie gern mal einen Joint rauchten und darauf nicht verzichten wollten. Karp war einer dieser Verweigerer, desgleichen Joshua Goldenberg, der Leiter der Abteilung Design. Goldenberg zufolge sei es immer wieder mal vorgekommen, dass einer der Ingenieure, die mit geheimen Projekten befasst waren, seine Hilfe brauchte. Da man ihm aber bestimmte Informationen nicht geben durfte, behalf man sich mit Hypothesen. Goldenberg erinnert sich: »So sagte jemand beispielsweise: ›Stell dir vor, wir hätten da einen Juwelendieb, der einen Diamanten gestohlen hat und sich jetzt in einer Stadt aufhält, wo ihn unsere Leute beschatten – wie würde das aussehen? Welche Hilfsmittel bräuchte man dazu?‹« Goldenberg zufolge bewiesen einige seiner Kollegen ausgesprochenes Talent im Entwerfen imaginärer Szenarien, die ihm sagten, was er brauchte, ohne zu verraten, woran sie wirklich arbeiteten.

Von 2005 an reisten Cohen und Jain alle 14 Tage von Palo Alto nach Langley, Virginia, wo die CIA ihr Hauptquartier hat. Insgesamt machten sie diesen Trip etwa zweihundert Mal. Der CIA waren sie bald so vertraut, dass Cohen bei den Analysten dort den Spitznamen »Two Weeks« bekam. Das Duo von Palantir brachte die jeweils jüngste Version der vom Unternehmen entwickelten Software mit, die Analysten testeten sie und gaben ihr Feedback, und Cohen und Jain kehrten nach Kalifornien zurück, wo sie mit dem Rest des Teams die festgestellten Probleme behoben und weitere Tweaks vornahmen. Mit ihrer engen Zusammenarbeit mit den Analysten leisteten Cohen und Jain Pionierarbeit für eine Rolle, die zu einem Markenzeichen von Palantir werden sollte. Softwareingenieure an die Baustellen zu schicken, erwies sich als pfiffige Strategie – es ließ sich so nicht nur feststellen, welche Tech-Unterstützung die Kunden benötigten, sondern man konnte auf Grundlage dieser Besuche auch neue Funktionen entwickeln, die möglicherweise auch für andere Kunden von Nutzen waren. Und nicht zuletzt baute man so Beziehungen auf, die zu weiteren Geschäften innerhalb desselben Unternehmens führen könnten. Diese »Forward-Deployed Engineers« (FDEs), wie man sie später nennen sollte, erwiesen sich als fast ebenso wichtig für den späteren Erfolg von Palantir wie die Software selbst. Aber es war dieser erste Einsatz bei der CIA und der daraus resultierende iterative Prozess, der Palantir die erfolgreiche Entwicklung seiner ersten Softwareplattform ermöglichte, die zunächst Palantir Government hieß und später den Namen Gotham bekam.

So erzählt, hört es sich an, als wäre all das weit glatter verlaufen, als es in Wirklichkeit der Fall war. Laut Ari Gesher, einem Ingenieur, der 2005 ins Unternehmen kam, hatte man sich bei Palantir ein ausgesprochen ehrgeiziges Ziel gesetzt. Einige Softwareunternehmen sind auf Frontend-Produkte spezialisiert – mit anderen Worten auf das, was man auf dem Bildschirm sieht. Andere konzentrieren sich auf den Backend-Bereich, also die eigentlichen Verarbeitungsfunktionen. Palantir, so Gesher, »verstand, dass man in das eine wie das andere investieren muss, und zwar tiefgreifend, um Ergebnisse für die User zu generieren«. Gesher zufolge hob Palantir sich auch insofern von anderen ab, als das Unternehmen sowohl ein Entwicklungs- als auch ein Dienstleistungsunternehmen sein wollte. Die meisten Softwarehersteller trafen eine grundsätzliche Entscheidung: Entweder sie entwickelten Software nach Kundenwunsch oder sie verkauften Produkte von der Stange, die nicht auf die speziellen Bedürfnisse des einzelnen Kunden zuzuschneiden waren. Palantir dagegen baute ein Produkt von der Stange, das sich auch individuell anpassen ließ.

Letztendlich brauchte es etwa drei Jahre, zahlreiche Rückschläge und einige Nahtoderfahrungen, um eine marktfähige Software zu entwickeln, die diese Parameter erfüllte. Eine der ersten Herausforderungen ergab sich daraus, dass die Palantirianer irrigerweise davon ausgegangen waren, CIA-Analysten hätten hauptsächlich mit strukturierten Daten zu tun – formatierten Informationen in Form von Tabellen und Diagrammen. Stattdessen mussten sie feststellen, dass die Analysten der Nachrichtendienste massiv mit Memos, Berichten, diplomatischen Depeschen und anderem schriftlichem Material zugange waren. Dieses Problem ließ sich lösen, aber im Handumdrehen traten weitere auf, bis selbst dem harten Kern der Gläubigen Zweifel kamen. »Es gab Augenblicke«, so sagt Gesher, »in denen wir uns fragten: Ob das wohl jemals das Licht der Welt erblickt?« Es war ein hartes Stück Arbeit und von Zeit zu Zeit wurden die Mittel knapp. Einige maßgebliche Leute wollten schon frustriert woanders hingehen.

Darüber hinaus hatte Palantir seine liebe Mühe mit seiner Missionierungsarbeit bei der CIA. Nur weil man Geld von In-Q-Tel bekam, verpflichtete das die Analysten dort noch lange nicht, auf Palantir umzusteigen, und so einige von denen, die es versuchten, waren alles andere als begeistert. Rosa Smothers zufolge, die von 2006 bis 2017 bei der CIA als Analystin im Bereich Terrorbekämpfung und Cyberbedrohungen tätig war, habe weder sie noch einer ihrer Kollegen jemals Palantir eingesetzt. Einmal, so Smothers, erhielten sie und andere Analysten ein einwöchiges Palantir-Tutorial. Die Benutzeroberfläche war zwar beeindruckend, aber in der Bedienung war das Programm einfach zu kompliziert. »Die Software war viel zu klobig«, sagt sie. »Mag sein, dass sie super war, wenn man wirklich damit umzugehen verstand, aber wer hatte schon Zeit, in Palantir zu promovieren?«

Die CIA hat mindestens 20 000 Mitarbeitende – die genaue Zahl gibt man aus Sicherheitsgründen nicht heraus –, und während Palantir in einigen Abteilungen auf Widerstand stieß, fand man in anderen ein aufgeschlosseneres Publikum. Folgendes Beispiel sollte zu einem weiteren Muster in Palantirs Aufstieg werden: Eine Analystin war nicht nur von der Technologie überzeugt, sie wurde sogar zu einer Art hausinternen Missionarin für Palantir. Sarah Adams entdeckte Palantir nicht in Langley, sondern bei einem Besuch im Silicon Valley Ende 2006. Auch Adams war mit Terrorbekämpfung befasst, wenn auch in einer anderen Abteilung. Sie war mit einer Gruppe von CIA-Analysten auf einer Tagung in der Bay Area, bei der es um neue Technologien ging. Palantir war einer der Anbieter dort, und Stephen Cohen stellte seine Software vor. Fasziniert von der Präsentation, tauschte Adams mit Cohen Kontaktinformationen aus und fragte nach ihrer Rückkehr nach Langley ihren Chef nach der Möglichkeit, ein Pilotprogramm mit Palantir in ihrer Abteilung durchzuführen. Er stimmte zu, und einige Monate später probierten Adams und ihre Kollegen Palantirs Software aus.

Das Erste, was ihr aufgefallen sei, sagt Adams, war das Tempo, in dem Palantir Daten auswertete. »Bei uns musste immer alles schnell gehen; wir waren sozusagen die Speerspitze und brauchten eine schnellere Analytik«, sagt sie. Wie sie und ihre Kollegen feststellten, lieferte Palantir schnellere Ergebnisse als Analyst's Notebook. Das war jedoch noch nicht alles. Laut Adams verfügte die Software von Palantir über eine »Cleverness«, die Analyst's Notebook abging. Nicht nur spürte sie verborgene Verbindungen besser auf, auch die Suchfunktion an sich war besser. In Berichten waren oft Namen falsch geschrieben oder Telefonnummern in unterschiedlichen Formaten angegeben (Bindestriche zwischen Zahlen oder auch nicht). Als Adams »David Petraeus« eingab, zeigte Palantirs Suchmaschine alle verfügbaren Verweise auf ihn an, auch solche, in denen sein Name falsch geschrieben war. So war sichergestellt, dass ihr keine möglicherweise wichtigen Informationen fehlten, nur weil ein anderer Analyst oder eine Quelle vor Ort nicht wusste, wie man »Petraeus« schrieb. Darüber hinaus schien die Software von Palantir schlicht zu verstehen, wie Adams und ihre Kollegen ihre Arbeit machten – welche Fragen sie zu beantworten suchten und wie sie die Antworten präsentiert haben wollten. Wie sie sagt, habe Palantir ihr die »Arbeit tausendmal einfacher gemacht. Es war eine enorme Hilfe.«

Ihre Fürsprache trug dazu bei, dass Palantir einen Auftrag der CIA an Land zog. Ähnliche Geschichten spielten sich bei späteren Einsätzen ab – ein Mitarbeiter machte sich schließlich für Palantir stark und öffnete ihnen damit die Tür. Aber den Durchbruch brachte die CIA: Sie lieferte den Beweis dafür, dass Palantir eine Software entwickelt hatte, die tatsächlich funktionierte; außerdem bedeutete er die Verwirklichung des Ziels, das zur Gründung des Unternehmens geführt hatte. Palantir war gegründet worden, um den amerikanischen Staat bei der Terrorbekämpfung zu unterstützen, und jetzt hatte die CIA das Unternehmen offiziell für diesen Kampf rekrutiert.

Kapitel 4
SEHENDE STEINE UND NEUGIERIGE BLICKE

Mitte August 2013 brachte *Forbes* einen Artikel über Karp und Palantir. Zu Beginn des Artikels begegnen wir Karp bei einem Spaziergang in der Nähe der Stanford University, hinter ihm, mit einigen Schritten Abstand, ein Bodyguard. Der Personenschutz rund um die Uhr sei sehr lästig, sagt er dazu. »So was schränkt einen mächtig ein. Es gibt nichts Schlimmeres, als nicht einfach mit jemandem flirten zu können.« Wehmütig erinnert er sich an seine Studienzeit in Deutschland, während der er »nächtelang in Berlin rumlief und in gammeligen Kneipen abhing. Ich unterhielt mich mit jedem, der mit mir reden wollte, und ging mit Leuten nach Hause, so oft ich nur konnte. Ich fand mich an Orten, wo allerhand abging, wo die Leute was rauchten. Ich fand das toll.« Er streicht die Bedeutung seiner Privatsphäre für ihn heraus: »Ich habe mich mit meiner Arbeit schließlich nicht verpflichtet, den Staat wissen zu lassen, wenn ich mal einen Joint rauche oder eine Affäre habe.« Der Artikel zitiert einen seiner Vorträge vor Palantir-Mitarbeitenden, in dem er es als einen Teil von Palantirs Aufgabe und als Herausforderung bezeichnet, dafür Sorge zu tragen, dass der Schutz der bürgerlichen Freiheiten und der Privatsphäre des Einzelnen bei der Entwicklung der Überwachungstechnologie nicht auf der Strecke bleibt. »Wir müssen Räume finden, die dem staatlichen Auge entzogen sind, damit wir alle die einzigartigen und interessanten und – in meinem Fall – durchaus etwas normwidrigen Menschen sein können, die wir gern wären.«

Für Karp war der *Forbes*-Artikel eine Gelegenheit, Bedenken gegenüber Palantir zu zerstreuen. Indem er herausstellte, wie sehr ihm an seiner eigenen Privatsphäre gelegen sei, kommunizierte er, dass ihm auch die Privatsphäre anderer am Herzen liege und man ruhig darauf vertrauen könne, dass Palantir die bürgerlichen Freiheiten respektiere. Das war cleveres Marketing, aber es war nicht nur ein Lippenbekenntnis. Karp erkannte von Anfang an die Gefahr, die von der Art Technologie ausging, wie Palantir sie entwickelte. Viele Daten, die die Analysten der Nachrichtendienste durchforsteten, waren zwangsläufig personenbezogen – Verbindungsnachweise, Kreditkartenabrechnungen und so weiter –, und jede Software, die ihnen die Arbeit erleichterte, konnte zur Aushöhlung von Privatsphäre und bürgerlichen Freiheiten beitragen. Die Ingenieure aus Palantirs Anfangszeit waren in der Regel zu jung und viel zu vernarrt ins Programmieren, um sich Gedanken über die breiteren Implikationen ihrer Arbeit zu machen. Karp dagegen war sich der Risiken wohl bewusst.

Trotz seines Mangels an technischer Ausbildung – oder vielleicht gerade deswegen – kam er auf eine ganz neue Idee, wie sich den Bedenken hinsichtlich der bürgerlichen Freiheiten begegnen ließ: Er fragte bei den Ingenieuren an, ob es nicht möglich wäre, Datenschutzkontrollen in die Software einzubauen, und Gotham wurde diesbezüglich schließlich mit zwei grundlegenden Leitplanken ausgestattet: Die Benutzer konnten nur auf Informationen zugreifen, zu deren Einsicht sie tatsächlich berechtigt waren, und außerdem erstellte die Plattform einen Audit-Trail, der anzeigte, wenn jemand sich Zugang zu Material zu verschaffen versuchte, das tabu für ihn war. Karp bezeichnete dies als eine »Hegelsche« Lösung für die Herausforderung, für eine Balance zu sorgen zwischen der öffentlichen Sicherheit und den bürgerlichen Freiheiten, eine Synthese aus scheinbar unvereinbaren Zielen. In einem Interview mit Charlie Rose sagte er 2009: »Es ist die ultimative Silicon-Valley-Lösung: Man beseitigt den Widerspruch, und alles marschiert weiter.«

Max Chafkin schreibt in seiner nicht autorisierten Biografie *Peter Thiel: Wie der Pate des Silicon Valley die Welt beherrscht*, dass Thiel den Datenschutzkontrollen anfangs skeptisch gegenüberstand – und das als bekennender Libertärer. Als ich jedoch Thiel im Dezember 2019 in seinem Büro in Los Angeles interviewte, stellte er Palantirs Engagement für Datenschutz und bürgerliche Freiheiten lobend heraus. Wir trafen uns in einem luftigen Konferenzraum mit Panoramablick auf die Hollywood Hills, wo Thiel mir mithilfe eines Whiteboards die Datenschutzbedenken erläuterte, die mit zur Gründung von Palantir beigetragen hatten. Mit einem schwarzen Marker zeichnete er eine Achse, an deren eines Ende er »Dick Cheney« schrieb und an das andere »ACLU«. Cheney war zum Zeitpunkt des Anschlags vom 11. September Vizepräsident der Vereinigten Staaten und bekanntermaßen ein sicherheitspolitischer Hardliner. Er stehe, so erklärte Thiel, für »viel Sicherheit und null Privatsphäre«, die American Civil Liberties Union dagegen für »jede Menge Privatsphäre, aber wenig Sicherheit«. Nach dem 11. September, so Thiel, schien es unvermeidlich, dass Cheneys Haltung sich durchsetzen würde. Er zeichnete eine weitere Achse, diesmal mit »Low-Tech« an einem Ende und »High-Tech« am anderen. »Low-Tech« sei ein Sammelbegriff für grobgestrickte, hochinvasive Technologie, wie sie vom Staat im Kampf gegen den Terror eingesetzt werden könnte. »High-Tech«, so Thiel, sei eine Technologie, die weitaus effektiver sei, aber dennoch hinsichtlich der Privatsphäre weniger invasiv. Thiel befürchtete, dass wir mit einem Mix aus Low-Tech und Cheney enden würden, bei dem die bürgerlichen Freiheiten aller Wahrscheinlichkeit nach auf der Strecke blieben. Er und Karp wollten eine Software entwickeln, die der Regierung helfen könnte, sowohl die Landessicherheit als auch das Recht auf Privatsphäre zu gewährleisten. »Vielleicht gab es ja noch Kompromisse«, sagte er, »aber auf einem ganz anderen Niveau.«

Die vom Kongress sechs Wochen nach dem 11. September verabschiedeten Gesetze reflektierten die Haltung Cheneys. Das »Gesetz zur Einigung und Stärkung Amerikas durch die Bereitstellung geeigneter, zur Abwehr und Vereitelung des Terrorismus erforderlicher Mittel« von 2001, auch kurz als »Patriot Act« bekannt, erweiterte die staatlichen Befugnisse im Bereich der nationalen Sicherheit erheblich: Das Mandat bezog nun die elektronische Überwachung im In- und Ausland mit ein. Cheneys Sichtweise zeigte sich denn auch im Aufkommen der Totalen Informationsaufklärung (Total Information Awareness oder TIA) einige Monate später, John Poindexters umstrittenem (und rasch wieder ad acta gelegtem) Programm, das der Regierung mithilfe ausgefeilter Datenanalysetools und prädiktiver Verhaltensmodellierung helfen sollte, potenzielle Terroristen zu identifizieren.

Karp und Thiel flogen 2005 nach Washington, um dort die Werbetrommel für Palantir zu rühren, und trafen sich vor Ort mit John Poindexter. Arrangiert hatte das Treffen Richard Perle, ein prominenter Neokonservativer, der als Berater für Palantir tätig war. Poindexter bekundete sein Interesse an einer Zusammenarbeit mit Karp und Thiel, stieß bei beiden jedoch nicht auf Gegenliebe. Poindexter schien die negative Reaktion auf TIA nicht im Geringsten geläutert zu haben; laut Thiel verfolgte er nach wie vor seine »hirnrissigen Ideen«. Außerdem hatte er sich in Washington eine Menge Feinde gemacht und wäre für Palantir eher ein Klotz am Bein gewesen als ein Gewinn. (Thiel zufolge war Poindexter keineswegs verärgert über den Korb, war aber enttäuscht, als er erfuhr, dass Perle ein großzügiges Aktienpaket bekommen hatte, während er selbst leer ausgegangen war.)

Ari Gesher, der als einer der ersten Ingenieure bei Palantir mit Datenschutzvorkehrungen befasst war, sagt, dass er und andere Palantirianer in der Massenüberwachung – jenseits der berechtigten Bedenken hinsichtlich der bürgerlichen Freiheiten – schlicht kein wirksames Mittel zur Terrorismusbekämpfung sahen. Die Metapher von der Nadel im Heuhaufen, mit anderen Worten: die Vorstellung, dass man Berge von größtenteils irrelevanten Informationen durchforsten müsse, um einen potenziellen Terroristen zu finden, war ihrer Ansicht nach nicht korrekt. Es ist relativ einfach, die Suche nach potenziellen Übeltätern einzugrenzen. Die eigentliche Herausforderung besteht darin, diejenigen unter ihnen herauszufiltern, die wirklich eine Bedrohung darstellen – Personen mit besonders hoher Wahrscheinlichkeit, selbst einmal Terroranschläge zu verüben oder zu Drahtziehern künftiger Anschläge zu werden. »Es handelte sich um eine Nadel in einem Heuhaufen«, wie Gesher es ausdrückt, womit er sagen wollte, dass zur Sichtung der von der CIA und anderen Geheimdiensten gesammelten Daten eine besonders fein kalibrierte Technologie nötig war.

Die Datenschutztechnik landete bei Palantir schließlich in den Händen von Courtney Bowman, der 2010 von Google zum Unternehmen kam. Normalerweise stellte Karp nur ungern Mitarbeitende des Suchmaschinenriesen ein, Bowman jedoch teilte seine Verachtung für Googles Geschäftsmodell. Der Stanford-Absolvent mit Abschlüssen in Philosophie und Physik war bei Google in den Bereichen Daten- und quantitative Analyse tätig gewesen und dabei zu der Überzeugung gelangt, dass es sich um eine Werbefirma handelte, »die sich als knuddeliges Startup ausgibt«, wie er es ausdrückt. Googles

Technologie »existierte zu dem einen Zweck, Werbung zu verkaufen und Menschen zum Kaufen zu motivieren«.

Noch beunruhigender fand Bowman, dass Google die politische Spaltung schüre. Das Unternehmen sammelte ungeheure Mengen an persönlichen Daten, und wie Facebook sortierte es die Menschen nach ihren politischen Ansichten und dirigierte sie zu Inhalten, die ihre Vorurteile verstärkten – und die nicht selten hetzerisch und irreführend waren. Das war sechs Jahre vor der Präsidentschaftswahl von 2016, bei der Desinformation auf Social-Media-Sites eine so entscheidende Rolle spielte, aber Bowman sah bereits die potenzielle Gefahr. »Es kam zu allerhand externen Effekten«, so Bowman, »der Erosion des politischen und sozialen Gefüges, der Balkanisierung der Gesellschaft … Es war klar, dass wir da am Gefüge von etwas wirklich Wichtigem rüttelten, und mir war absolut nicht wohl dabei. Ich war auf einer philosophischen Ebene ausgesprochen frustriert – wozu trage ich da eigentlich bei?« Zu dieser Frustration kam das Gefühl, dass die meisten seiner Kollegen entweder blind oder gleichgültig gegenüber dem Schaden waren, den Googles Algorithmen anrichteten. »Ich war umgeben von wirklich cleveren Leuten, die sich all dessen größtenteils gar nicht bewusst und die mit ihren Smoothies auf dem Google-Campus in Mountain View happy waren.«

Bowman hatte einen Freund bei Palantir, der ihn schon seit einigen Jahren für das Unternehmen zu gewinnen versuchte. Es dauerte bis 2020, bis er einem Vorstellungsgespräch zustimmte, und nach Meetings mit Karp, Cohen, Lonsdale, Gettings und einigen anderen bot man ihm eine Stelle an. Man hatte ihn zunächst ohne bestimmten Aufgabenbereich eingestellt, aber bald schon entschied Karp, ihm die Leitung von Palantirs Privacy Engineering Group, mit anderen Worten der mit Datenschutz beauftragten Abteilung, zu übertragen. Bowman hatte keine offensichtlichen Qualifikationen – er war weder Jurist noch Softwareingenieur. Was Karp an ihm beeindruckt hatte, war sein sorgfältig abwägender Ansatz zum Thema Technologie und Bürgerrechte. Er sah in ihm jemanden, der hausintern lebhaft zu debattieren und draußen Überzeugungsarbeit für Palantir zu leisten verstand. Unter der Leitung des drahtigen Bowman, der ständig unter Hochspannung zu stehen schien, sollte die wachsende Privacy Engineering Group schließlich neben Softwareingenieuren auch Juristen, Sozialwissenschaftler und sogar Philosophen umfassen. Er war außerdem federführend bei der Einrichtung eines externen, hauptsächlich mit Akademikern besetzten Beirats für Datenschutz und Bürgerrechte. Überhaupt entwickelte er sich zu einer Art hauseigenem Ethiker und Ombudsmann, der dafür Sorge trug, dass sowohl Palantirs Technologie als auch seine Mitarbeitenden die Anforderungen einer ganzen Reihe von Rechtsordnungen sowie die unternehmenseigenen Datenschutzstandards einhielten.

Und in der Tat stand hinter vielen Entscheidungen bei Palantir eine moralische und ethische Sensibilität. So bat einmal ein Zigarettenhersteller Palantir um Hilfe bei Marketing und Vertrieb. Bei der Prüfung des Angebots wurde Karp und Bowman klar, dass das Unternehmen überwiegend arme Minderheiten ins Visier zu nehmen beabsichtigte, und so lehnte man dankend ab. Und 2012 übte das US-Außenministerium sanften Druck auf Palantir aus, seine Software an Saudi-Arabien zu verkaufen. Als der Arabische Frühling Regierungen in Nahost und Nordafrika bedrohte, sorgten sich amerikanische Politiker um die Stabilität des saudischen Regimes und hätten es gerne mit Technologien ausgestattet, die zur Vereitelung eines potenziellen Aufstands beitragen könnten. Das Geschäft wäre durchaus lukrativ gewesen: Die Saudis waren bereit, 100 Millionen Dollar zu zahlen. Doch Karp sträubte sich: Angesichts von Saudi-Arabiens katastrophaler Menschenrechtsbilanz wollte er nicht riskieren, dass Palantir zur Verfolgung von Demonstranten oder Dissidenten beitrug.

Dieser verschmähte Deal unterstrich Palantirs vielleicht größtes Risiko: dass die Käufer seiner Software die mutmaßlichen Werte hinter der Arbeit des Unternehmens nicht teilen. Vom ersten Tag an stand die Frage im Raum, ob die Kundschaft die gleiche Verpflichtung gegenüber Datenschutz und Bürgerrechten verspürte wie Palantir selbst. Dazu kam, dass Palantir die Verwendung seiner Software nicht überwachte, noch waren die Kontrollen narrensicher. Der Kunde entschied, wer innerhalb des Unternehmens Zugang zu den Daten hatte und wie streng er auf diese Zugangsrechte achtete. Das Missbrauchspotenzial schien enorm. Unmengen personenbezogener Daten würden durch Palantirs digitale Pipelines fließen, und man könnte mit diesen Informationen durchaus auch Schlimmes anstellen. Darauf angesprochen, stellte Karp diese Möglichkeit keineswegs in Abrede: »Jede Technologie ist gefährlich, auch die unsere«, sagte er.

Als ich Thiel nach dem Risiko einer missbräuchlichen Verwendung von Palantir fragte, verwies er auf dessen literarischen Hintergrund. »Die Palantíri in Tolkiens Büchern sind in mancher Hinsicht eine sehr zwiespältige Vorrichtung«, sagte er mir. »Es gibt da eine Menge Leute, die in ihnen mehr sehen, als sie sehen sollten, und wann immer sie es tun, geht etwas schrecklich schief.« Was aber nicht bedeute, dass so ein Palantír selbst mit Fehlern behaftet sei. »Der Punkt bei Tolkien, auf den ich gern verweise, ist der, dass es sich letzten Endes um eine gute Vorrichtung handelt, die für die Handlung der ganzen Geschichte entscheidend ist. Es ist ja so, dass Aragorn in den Palantír blickt und Sauron das Schwert zeigt, mit dem man ihm am Ende des Zweiten Zeitalters den Finger mit dem Einen Ring abgetrennt hat. Das überzeugt Sauron davon, dass Aragorn den Einen Ring besitzt, und veranlasst ihn zu einem übereilten Angriff, der Mordor menschenleer zurücklässt, was es den Hobbits ermöglicht, sich hineinzuschleichen und den Einen Ring zu zerstören. Was die Handlung vorantreibt, ist, dass der Palantír für das Gute und nicht für das Böse eingesetzt wurde. Darin spiegelt sich Tolkiens Kosmologie, laut der etwas, das von den guten Elben geschaffen wurde, letztendlich für Gutes verwendet werden sollte.«

Nur konnte Bowman sich nicht auf gute Elben verlassen, um sicherzustellen, dass Palantirs Software verantwortungsvoll eingesetzt würde. So versuchte er seine Kundschaft mit einem Mix aus moralischem Zureden und Appellen an das Eigeninteresse zu einer rigorosen Nutzung der Datenschutzfunktion zu bewegen. Er bezeichnete es als zwingend, diese Punkte bereits zu Beginn einer Geschäftsbeziehung herauszustellen. Man habe, so erklärte mir Bowman, »nur ein begrenztes Zeitfenster, um eine Organisation dazu zu bringen, eine Selbstregulierung in Erwägung zu ziehen«. Das Argument, das sich dazu vorbringen ließ »und das wir recht überzeugend fanden, ist folgendes: Reguliert man sich selbst und redet über die Art und Weise dieser Selbstregulierung, ist man weit besser in der Lage, die betreffenden Daten verantwortungsvoll zu nutzen und einen Backlash zu vermeiden, der eine weit umfassendere Regulierung nach sich ziehen kann.«

Palantirs Zusammenarbeit mit der Investmentbank JP Morgan Chase freilich unterstrich das Risiko, das seine Technologie barg. Die Bank ging Palantir 2009 um Hilfe bei der Cybersicherheit an. Schon bald jedoch begann man dort, mithilfe der Software die eigenen Mitarbeitenden zu überwachen, was 2018 zu einem Artikel mit dem irreführenden Titel »Palantir weiß alles über Sie« in *Bloomberg BusinessWeek* führte. Der Titel suggerierte, dass Palantir, also das Unternehmen, Zugriff auf alle Daten hatte, die durch den Filter seiner Software flossen – sogar auf sensible persönliche Informationen. Dem war mitnichten so. Das einzige Mal, dass Palantirs Ingenieure Kundendaten zu sehen bekommen, ist bei der Einrichtung der Software beim Kunden, aber dieser Zugang ist für gewöhnlich nur vorübergehend. Die Schlagzeile reflektiert ein grundlegendes Missverständnis hinsichtlich Palantirs Arbeit und überschattete letztlich den Artikel selbst, eine hervorragende Reportage, die die Gefahren der Software herausarbeitete, und die waren auch so alarmierend genug.

Laut *Bloomberg BusinessWeek* war der bei JP Morgan Chase für den Einsatz von Palantirs Software zuständige Mitarbeitende ein ehemaliger Secret-Service-Agent. Er ignorierte, mutmaßlich auf eigene Faust, die internen Beschränkungen für die Datennutzung und beschnüffelte zahlreiche Mitarbeitende, darunter sogar leitende Angestellte der Bank. Wie das Magazin schrieb, gebärdete er sich als »Ein-Mann-NSA«. Die Bank entdeckte sein Fehlverhalten im Rahmen einer Untersuchung, die eingeleitet wurde, nachdem jemand Informationen zur *New York Times* durchgestochen hatte. Offenbar hatte er Palantirs Technologie dazu benutzt, um die an die *Times* herangetragenen Informationen ausfindig zu machen. Palantirs Software, so sagte ein ehemaliger Cyber-Experte von JP Morgan Chase gegenüber *Bloomberg BusinessWeek*, habe eine dystopische Atmosphäre innerhalb der Bank geschaffen. »Die Welt änderte sich, als klar wurde, dass mit Palantir jeder ins Visier genommen werden konnte«, sagte diese Person. »Die schlimmsten Ideen waren mit einem Mal ganz leicht umzusetzen; jeder war verdächtig, also überwachten wir alle und jedes. Es war ein ziemlich übles Gefühl.«

Dieser Zwischenfall zeigte exemplarisch die potenziellen Fallstricke von Palantirs Software: Karp und seine Kollegen mochten es noch so gut meinen, letztlich entschied der Endnutzer darüber, ob und wie ethisch die Software eingesetzt würde. Und dann gab es einige Skandale, in die Palantir selbst verwickelt war und angesichts derer sich die Frage aufdrängte, wie ernst es dem Unternehmen mit all den guten Absichten wirklich war. Als Palantir mit der CIA zu arbeiten begann, benutzten die meisten Analysten dort das Analyst's Notebook von i2. Nun ließen sich aber in Palantirs Software gespeicherte Informationen nicht nach Analyst's Notebook exportieren und umgekehrt – ein Mangel an Interfunktionalität, der ein Handicap für Palantirs Bemühungen um neue Benutzer in Langley war. Analyst's Notebook war auch bei anderen Nachrichtendiensten im Einsatz, desgleichen beim US-Militär. Wenn Palantir in der nationalen Sicherheitslandschaft einen Fuß in die Tür bekommen wollte, musste man das Problem der Interfunktionalität lösen.

Im August 2010 verklagte i2 Palantir wegen Betrugs und Industriespionage. Dem britischen Unternehmen zufolge hatte Shyam Sankar, der Leiter der Geschäftsentwicklung bei Palantir, 2006 eine Scheinfirma namens SRS Enterprises gegründet, um an die Software von i2 zu kommen. Laut i2 nutzte Palantir seinen Zugang zur Technologie der Briten »zur Entwicklung neuer Palantir-Softwareprodukte und -fähigkeiten, die es Palantir ermöglichen sollten, in unlauterer Weise mit i2 zu konkurrieren«. Konkret warf man Palantir vor, die aus dem Blick unter die Haube von Analyst's Notebook gewonnenen Erkenntnisse zur Entwicklung von Tools genutzt zu haben, die es Nutzern ermöglichten, ihre Daten von dieser Plattform auf Palantirs Software zu migrieren. In der Klage waren noch andere Fälle von Diebstahl und Betrug aufgeführt. So habe Palantir beispielsweise eine Reihe von Icons der Benutzeroberfläche von i2 kopiert. Palantir wies die Vorwürfe zurück, erklärte sich aber ein Jahr nach i2s Klage zu einem Vergleich in Höhe von 10 Millionen Dollar bereit.

Andere Vorfälle ließen Zweifel an Palantirs Vertrauenswürdigkeit an sich aufkommen. In den späten 2000er-Jahren, als

Karp und seine Kollegen sich auf die Vertiefung ihrer Beziehungen zu den Nachrichtendiensten konzentrierten, leistete das Unternehmen Pro-Bono-Arbeit in der Hoffnung, damit seine Sichtbarkeit zu erhöhen.

So stellte Palantir seine Software dem Combating Terrorism Center in West Point zur Verfügung, um den dortigen Analysten bei der Sichtung des umfangreichen Materials zu helfen, das man bei Al-Qaida-Kämpfern im Irak erbeutet hatte. In ähnlicher Weise gewährte das Unternehmen dem Internationalen Netzwerk investigativer Journalisten die kostenlose Nutzung seiner Technologie zum Aufspüren der Verbindungen zwischen all den Personen, die für die Entführung und Ermordung des *Wall Street Journal*-Reporters Daniel Pearl 2002 in Pakistan verantwortlich waren.

Im Jahr 2008 stellte Palantir seine Software kostenlos dem Citizen Lab zur Verfügung, einer mit der Munk School of Global Affairs and Public Policy der Universität Toronto verbundenen Recherchegruppe. Citizen Lab war 2001 von dem Politikwissenschaftler Ron Deibert gegründet worden und seinen Worten zufolge auf »Spionageabwehr für die Zivilgesellschaft« spezialisiert – eine Art Watchdog zur Aufdeckung digitaler Bedrohungen für Nichtregierungs- und andere Organisationen. Die Gruppe erlangte erstmals Anerkennung für ihre Studie über Russlands Einsatz von Cyberangriffen als Wegbereiter seiner Invasion der Republik Georgien 2008. Kurz darauf bot Palantir Citizen Lab die Nutzung von Palantir Gotham an. Es handelte sich um eine unbefristete Vereinbarung; sie war weder mit einem zeitlichen Limit noch mit einer Verpflichtung verbunden, nach einer bestimmten Zeit für die Nutzung zu zahlen. Darüber hinaus versicherten die Palantirianer Deibert und seinem Team, sie könnten die Software einsetzen, wie sie wollten. Citizen Lab war eine kleine Truppe mit begrenztem Budget, und Deibert war gerne bereit, Palantirs Software auszuprobieren. Er und seine Kollegen beschlossen, sie bei ihrer nächsten großen Recherche einzusetzen. Vertreter des Dalai Lama hatten sich an sie gewandt in der Sorge, jemand könnte die Computersysteme diverser tibetischer Organisationen infiltriert haben – könnte man nicht bei der Ermittlung der Täter behilflich sein? Zwei der Rechercheure flogen nach Indien, um im Büro des Dalai Lama in Dharamsala Anhaltspunkte zusammenzutragen. Außerdem besuchten sie tibetische Konsulate in Europa und den USA.

Sie fanden heraus, dass die gegen tibetische Interessen gerichtete Cyberspionage Teil eines viel größeren Spionagenetzes mit Sitz in China war. Über 1200 Computer in mehr als 100 Ländern waren betroffen. Geknackt wurde der Fall, als Nart Villeneuve, ein Analyst von Citizen Lab, in zahlreichen der von ihm untersuchten Dateien auf merkwürdige Codezeilen stieß. Über eine Google-Suche fand er heraus, dass die Malware hinter GhostNet, wie die Ermittler die Spionagekampagne getauft hatten, ihren Ursprung in einer Gruppe von Servern auf der chinesischen Insel Hainan hatte. Ob die chinesische Regierung selbst hinter den Angriffen steckte, konnten Deibert und seine Kollegen nicht feststellen, aber die Annahme drängte sich auf.

Im März 2009 veröffentlichte Citizen Lab einen 53-seitigen Bericht mit detaillierten Ergebnissen seiner Recherche. Er enthielt zwar Screenshots von mehreren mit der Palantir-Software erstellten Netzdiagrammen, aber Deibert zufolge war der Beitrag Palantirs zum Projekt minimal. Die Software habe zwar dazu beigetragen, Verbindungen zwischen einigen Domänen und IP-Adressen auszumachen, aber die hätte das Team des Citizens Lab auch ohne Palantir gefunden. Davon abgesehen, so Deibert, habe Palantir »keine große Rolle bei der Recherche gespielt«. Das lag nicht etwa daran, dass die Software unzulänglich gewesen wäre; sie war nur einfach für eine andere Art von Aufgabe gedacht. Palantirs Technologie war für große

Datensätze ausgelegt. Im Falle von GhostNet musste Citizen Lab in mühevoller Kleinarbeit eine begrenzte Datenmenge auswerten, wobei Palantir nicht sonderlich hilfreich war. Deiberts Fazit: »Es war das falsche Tool für uns.«

Einige Monate nach der Veröffentlichung von Citizen Labs Bericht erhielt Deibert ein Foto einer Werbeanzeige, mit der Palantir in der Washingtoner U-Bahn-Station Pentagon City mit der angeblichen Rolle des Unternehmens bei der Lösung des GhostNet-Falls warb. Die Örtlichkeit war strategisch gewählt: Da Palantir das US-Militär als Kunden zu gewinnen versuchte, richtete sich die Werbung direkt an die Mitarbeitenden von dessen Hauptquartier, dem Pentagon. Deibert war bestürzt ob der Feststellung, dass Palantir sich »unseren Bericht für Marketingzwecke angeeignet hatte«, wie er es ausdrückt. Aber es ging dabei nicht nur darum, dass das Unternehmen damit Anerkennung für sich beanspruchte, die ihm nicht zustand; Deiberts Ansicht nach hatte man ihn und seine Kollegen hereingelegt. »Wir dachten uns: ›So läuft das also‹«, sagt Deibert. »Wir fühlten uns definitiv ausgenutzt.« (In besagtem Interview mit Charlie Rose erwähnte Karp Palantirs Arbeit im Dalai-Lama-Fall.)

Zur gleichen Zeit, als Palantir den Rechtsstreit mit i2 ausfocht, sah das Unternehmen sich in einen noch größeren Skandal verwickelt. Im Februar 2011 veröffentlichte das Hacktivisten-Kollektiv Anonymous Tausende von E-Mails eines auf Unternehmensaufklärung spezialisierten kalifornischen Unternehmens namens HBGary Federal. Anonymous hatte das Material gestohlen, nachdem ein leitender Angestellter von HBGary Federal bekannt gegeben hatte, Mitglieder der Gruppe öffentlich entlarven zu wollen. Die Mails brachten Palantir in Verbindung mit einem Plan für eine Desinformationskampagne im Auftrag der Bank of America und der US Chamber of Commerce, der US-amerikanischen Handelskammer.

In der Befürchtung, ins Visier von WikiLeaks zu geraten – der zwielichtigen Online-Organisation, die geheime US-Militärdokumente sowie interne Mitteilungen von Regierungen und Unternehmen ins Internet stellt –, hatte die Bank of America die Anwaltskanzlei Hunton & Williams beauftragt, einen Präventivschlag zu führen. Die Kanzlei wiederum bat HBGary Federal, einen Vorschlag für einen Aktionsplan zu entwickeln. HBGary Federal betraute Palantir und ein weiteres Softwareunternehmen, Berico Technologies, mit der Unterstützung dieser Bemühungen.

Die E-Mails enthüllten einen ausgeklügelten Plan zur Unterminierung der Glaubwürdigkeit von WikiLeaks. So machte man etwa den Vorschlag, der Plattform gefälschte Dokumente zuzuspielen, die dann als Fälschungen entlarvt werden sollten. Außerdem beabsichtigte man, WikiLeaks-Unterstützer ins Visier zu nehmen, allen voran den Anwalt und Aktivisten Glenn Greenwald. Wie aus den E-Mails hervorging, waren HBGary Federal, Palantir und Berico Technologies – unter der internen Bezeichnung Team Themis – auch an einem Komplott gegen Kritiker der US Chamber of Commerce beteiligt. Diese beabsichtigte angeblich, Informationen zur Diskreditierung ihrer Kritiker auszugraben, beispielsweise Beweise, dass diese von Gewerkschaften finanziert würden. Auch hier bestand eine der vom Team Themis vorgeschlagenen Lösungen darin, mit gefälschten Dokumenten zu operieren.

Als Anonymous bekannt gab, im Besitz der E-Mails von HBGary Federal zu sein, beeilte sich Palantir, sich von der Kontroverse zu distanzieren. Das Unternehmen gab eine Erklärung ab, der zufolge man »die Art von Aktivitäten, wie sie HBGary Federal empfohlen hat, niemals geduldet hat und niemals dulden wird«; auch mit der Entwicklung dieser Empfehlungen habe Palantir nichts zu tun. Die E-Mails lassen jedoch einen anderen Schluss zu. So nahm beispielsweise ein Palantir-

Mitarbeiter aus dem Team Themis die Idee, Greenwalds Glaubwürdigkeit zu schädigen, mit Begeisterung auf. Palantir suspendierte den Mann, und Karp drückte schließlich in einem öffentlichen Statement sein Bedauern über Palantirs Rolle bei dem Skandal aus. Als Reaktion auf den Skandal postete Karp eine öffentliche Entschuldigung. »Weder bieten wir Cyberangriffsfähigkeiten an, noch haben wir Pläne, solche zu entwickeln«, schrieb er. »Ich möchte mich hiermit persönlich und im Namen des gesamten Unternehmens öffentlich bei progressiven Organisationen im Allgemeinen und bei Mr. Greenwald im Besonderen für jede potenzielle Verstrickung in diese Angelegenheit entschuldigen.« Karp sagte mir später, dass er nichts von den Plänen gewusst habe, WikiLeaks und die Kritiker der Handelskammer ins Visier zu nehmen. Palantirs Verstrickung in die Angelegenheit entschuldigte er als »Kinderkrankheit«.

Zwei Jahre nach diesem Skandal, im Mai 2013, stand Greenwald im Mittelpunkt eines der größten Fälle von Geheimnisverrat der Nachkriegszeit. Er half dem Whistleblower Edward Snowden bei der Verbreitung Tausender geheimer Dokumente, die dieser bei der Nationalen Sicherheitsbehörde (NSA) entwendet hatte. Wie aus dem durchgestochenen Material hervorging, hatte die NSA im Rahmen von Massenüberwachungsprogrammen Telefongespräche und elektronische Mitteilungen von Amerikanern und anderen Privatleuten auf der ganzen Welt kontrolliert. Es war dies die Umsetzung von Poindexters TIA-Programm, obwohl der investigative Reporter Shane Harris damals zwei wesentliche Unterschiede feststellte: Poindexter wollte alle persönlichen Daten anonymisiert sehen und hoffte, einen Audit-Trail zum Schutz vor möglichem Missbrauch einrichten zu können, aber die NSA lehnte beide Vorschläge ab.

Eines der Überwachungsprogramme der NSA – PRISM – ermöglichte es der Behörde, Daten von den Servern von Google, Apple, Microsoft und anderen großen Tech-Firmen einzusehen. Die Unternehmen beteuerten vehement, der Behörde keinen Zugang zu ihren Servern gewährt zu haben, was eine offensichtliche Frage aufwirft: Wenn sie diese Daten nicht freiwillig weitergegeben haben, wie hat die NSA sie dann erhalten? Da Palantir zufällig über ein Tool namens Prism verfügte, kam es zu Spekulationen darüber, ob Palantir der NSA nicht vielleicht irgendwie beim Hacken der Datenbanken der betroffenen Tech-Unternehmen geholfen hatte. Palantir dementierte die Unterstellung, seine Prism-Software hätte auch nur das Geringste mit der Schnüffelei der NSA zu tun. In einem Anfang Juni 2013 veröffentlichten Statement erklärte das Unternehmen, PRISM sei ein für Hedgefonds und andere Finanzinstitute entwickeltes Tool zur Datenintegration.

Was Palantir zu diesem Zeitpunkt freilich verschwieg, war der Umstand, dass das Unternehmen längst eine Geschäftsbeziehung zur Nationalen Sicherheitsbehörde unterhielt. Obwohl die NSA bereits über ein eigenes System zur Datenvisualisierung namens Renoir verfügte, hatte sie sich zum versuchsweisen Einsatz von Gotham bereit erklärt. Ein ehemaliger Analyst der NSA sagte, Renoir sei eine Niete gewesen – »wahrscheinlich die schlechteste Software, mit der ich je in meinem Leben gearbeitet habe«, wie er es ausdrückte. Er erläuterte seine Probleme mit Renoir: »Ich führte zwölf verschiedene Suchläufe in zwölf verschiedenen Datenbanken durch und exportierte dann sämtliche Suchergebnisse in CSV-Dateien. Dann ging ich in Excel und führte mit den CONCAT-Funktionen die Tabellenblätter zusammen und importierte diese anschließend in Renoir. Aber Renoir hängte sich ständig auf, da es maximal zwar 10 000 Zeilen schaffte, aber in der Praxis, je nach Anzahl der Spalten, der Speicher bei 2000 Zeilen überlastet sein konnte, doch das wusste man vorher nicht. Anders gesagt, man stieß das an, es lief zwei Stunden lang, dann stürzte es ab. Die ganze Arbeit ging verloren, und man musste wieder hochfahren und alles fing wieder von vorne an. Und so ging das Woche für Woche den ganzen Tag lang bei jedem Suchprofil, an dem ich arbeitete.« Wie er mir sagte, sei die Software von Palantir »keine Zauberei« gewesen, aber sie sei auch nicht abgestürzt und man habe sie nicht ständig wieder hochfahren müssen wie Renoir. Seine Bitte, zu Palantir zu wechseln, lehnte man jedoch ab. Wenn die zur Verfügung stehende Software seinen Anforderungen nicht genüge, so sagte man ihm, könne er versuchen, intern etwas Neues entwickeln zu lassen.

Abgesehen von besagter Erklärung zu PRISM hat sich Palantir nie öffentlich zu seiner Zusammenarbeit mit der NSA geäußert. Im Rahmen einer Townhall bei Palantir – deren Aufzeichnung *Buzzfeed* zuging – sagte Karp 2016, die NSA habe ihre Geschäftsbeziehung zu Palantir beendet. Eine Erklärung für den Schritt gab er nicht. Sowohl er als auch Thiel vermuten, dass die Entscheidung an höchster Stelle fiel, wo man Palantir schon deshalb ablehnte, weil die Software automatisch Audit-Protokolle erstellte, die im Fall von illegalen Operationen Spuren auf ebendiese hinterließ. Der ehemalige NSA-Analyst tippt jedoch auf eine weit einfachere Erklärung: Die NSA hatte eine Menge Geld in Renoir gesteckt und wollte einfach nicht zugeben, dass das Programm eine teure Pleite war. »Geh nicht von bösem Willen aus, wenn Inkompetenz als Erklärung völlig genügt«, sagte er. Es war jedoch sehr wohl möglich, dass die Software des Unternehmens auf die eine oder andere Art zur Rasterfahndung der NSA beigetragen hatte – und die NSA war nicht verpflichtet, Palantir das mitzuteilen.

Palantirs Vorstoß in die Strafverfolgung war eine Erweiterung seiner Arbeit im Bereich der Terrorbekämpfung. Das New York City Police Department startete 2007 ein Pilotprogramm für den Einsatz von Palantirs Software in seiner Intelligence Division. Vor dem 11. September hatte sich diese hauseigene Nachrichtenabteilung in erster Linie mit Organisierter Kriminalität und Drogen befasst. Doch nach den Terroranschlägen änderte sich ihr Auftrag. Die Stadt beauftragte David Cohen, ehedem operativer Leiter der CIA, mit der Leitung der Einheit, die er mit dem Segen der Stadt zu einem vollwertigen Nachrichtendienst mit etwa 1000 Beamten und Analysten ausbaute. Mehrere Dutzend Mitglieder der Einheit kamen im Ausland zum Einsatz, unter anderem in Tel Aviv, Amman, Abu Dhabi, Singapur, London und Paris. »Hinter der Umstrukturierung des NYPD im Gefolge von 9/11 standen zwei Gedanken«, schrieb William Finnegan vom *New Yorker* 2005 in einem Artikel über die Nachrichtenabteilung. »Zum einen war die Ausweitung des Auftrags auf die Terrorismusprävention nur allzu logisch. Zum anderen fühlte sich New York City vom Bund im Stich gelassen und wollte beim Schutz der Stadt nicht länger auf Washington zählen.« Wie Finnegan schrieb, operierte das NYPD damit zunehmend in traditionell dem FBI und der CIA vorbehaltenen Domänen, aber offenbar hätten die Bundesbehörden der Stadt »New York stillschweigend das Recht auf außergewöhnliche Maßnahmen zu seiner Verteidigung eingeräumt«.

Cohen kannte Palantir noch von seiner Zeit bei der CIA her und kam zu der Überzeugung, dass die Software des Unternehmens der Nachrichtenabteilung des NYPD von Nutzen sein könnte. Wie sich herausstellte, gab es intern Widerstand – was bald zum vertrauten Muster werden sollte. »Für den Durchschnittspolizisten war das einfach zu kompliziert«, sagt Brian Schimpf, einer der ersten FDEs im Einsatz beim NYPD. »Das ging dann so: ›Ich such doch bloß 'n paar Nummernschilder, Mann, da brauch ich doch keine analytischen Prozesse zu.‹« Und wie bei der CIA war auch beim NYPD de facto IBM-Technologie etabliert, was die Überzeugungsarbeit erschwerte. Eine weitere Hürde war der Preis: Palantir war teuer, und obwohl das NYPD über ein üppiges Budget verfügte, war nicht jeder der Ansicht, dass sich so etwas lohne. Einigen Analysten jedoch sagte die Software zu, und im Lauf der Zeit weitete man ihren Einsatz von der Terrorbekämpfung auf andere Anwendungsbereiche, wie etwa die Bandengewalt, aus.

Diese schleichende Ausweitung des Aufgabenbereichs war genau das, was Datenschützer und Bürgerrechtler von Anfang an befürchtet hatten. Im Gefolge des 11. Septembers bestand ihre größte Sorge darin, dass auch Unschuldige ins Netz geraten könnten, wenn der Staat zur Verhinderung künftiger Anschläge auf Massenüberwachung setzte – Befürchtungen, die, wie der NSA-Skandal gezeigt hatte, so unbegründet nicht waren. Eine weitere Befürchtung war, dass man die Tools und Taktiken, die im Krieg gegen den Terrorismus zum Einsatz kamen, schließlich gegen die Amerikaner selbst einsetzen würde. Die zunehmende Militarisierung der Polizeibehörden zeigte, dass die »Verteidigung der Heimat« längst mehr war als nur der Versuch, die Pläne von Dschihadisten zu durchkreuzen. So begannen auch die Polizeibehörden modernste Überwachungstechnologie einzusetzen. Andrew Guthrie Ferguson, Juraprofessor an der George Washington University, der viel über Polizeiarbeit und Technologie veröffentlicht hat, sah damit zur Bekämpfung des Terrors entwickelte Fähigkeiten »auf die heimische Bevölkerung umdirigiert«.

Palantir war Teil dieses Trends. Über die Zusammenarbeit mit dem NYPD hinaus stellte das Unternehmen seine Software auch dem Cook County Sheriff's Office, der Virginia State Police und dem New Orleans Police Department zur Verfügung (eine Beziehung, die Teil eines größeren Engagements in der Stadt war und die sich später unter Kontroversen auflösen sollte). Das Gros seiner Aufträge erhielt das Unternehmen jedoch im eigenen kalifornischen Hinterhof. Die Polizeibehörden von Long Beach und Burbank nutzten Palantir ebenso wie die Sheriffs von Los Angeles und Sacramento. Zu den Kunden des Unternehmens gehörten auch mehrere kalifornische Fusion Centers – regionale nachrichtendienstliche Einrichtungen, die infolge des 11. Septembers entstanden, um eine engere Zusammenarbeit zwischen Bundesbehörden und den Strafverfolgungsbehörden vor Ort zu ermöglichen. Ihr Schwerpunkt lag auf der Bekämpfung von Terrorismus und anderer Kriminalität.

Zu einer besonders weitreichenden und beständigen Zusammenarbeit im Bereich der Strafverfolgung kam es jedoch 2009 mit dem Los Angeles Police Department. Das LAPD war auf der Suche nach einer Software, die den Überblick der Beamten vor Ort über die jeweilige Lage verbessern und ihnen einen schnellen Zugriff auf Informationen über verdächtige Personen oder frühere kriminelle Aktivitäten in einer bestimmten Straße ermöglichen würde. Palantirs Technologie entwickelte sich in Kürze zu einem universellen Ermittlungstool des LAPD. Nur setzte die Polizei die Software bald auch im Rahmen einer Initiative zur Verbrechensverhütung namens LASER ein. Deren Ziel war es, »Hot Spots« zu identifizieren – Straßen und Viertel, die besonders anfällig für Waffengewalt und andere Verbrechen zu sein schienen. Die Polizei setzte dann in diesem Gebiet mehr Streifen ein. Im Rahmen dieser verschärften Polizeiarbeit sollten die Beamten Informationen über Personen übermitteln, die sie in diesem Gebiet kontrolliert hatten. Diese Informationen wiederum wurden in ein sogenanntes Chronic Offenders Bulletin eingespeist – eine Art Log von Personen, von denen das LAPD ausging, dass sie zu Wiederholungstätern werden könnten.

Es handelte sich dabei um sogenannte vorausschauende Polizeiarbeit (*predictive policing*), eine umstrittene Praxis, bei der mithilfe quantitativer Analysen sowohl Örtlichkeiten ermittelt werden, die für Verbrechen besonders anfällig sind, als auch Personen, die mit hoher Wahrscheinlichkeit Verbrechen begehen oder solchen zum Opfer fallen. Für Kritiker kam vorausschauende Polizeiarbeit geradewegs aus dem Tom-Cruise-Thriller *Minority Report*, in dem Hellseher Mörder identifizieren, noch bevor sie töten. Nur war das hier eine ganze Ecke infamer. Ihrer Ansicht nach potenzierte datengestützte Polizeiarbeit die Vorurteile, die das amerikanische Strafrechtssystem schon lange genug plagten, und würde unweigerlich zu diskriminierendem Racial Profiling führen.

Karp ließ sich von diesem Argument nicht beeindrucken. Seiner Ansicht nach ist ein Verbrechen ein Verbrechen, und wenn Verbrechen sich durch den Einsatz von Daten verhindern oder reduzieren lassen, ist das für die Gesellschaft unterm Strich ein Gewinn. Schwarze und Latinos leben nicht weniger gern in sicheren Communitys als Weiße. Für Karp gelten Palantirs Prinzipien bei der Terrorabwehr auch für die Polizeiarbeit: Die Menschen wollen sich sicher fühlen – tun sie das nicht, gehen sie zu Politikern, die kein Problem damit haben, bürgerliche Freiheiten mit Füßen zu treten, um der Öffentlichkeit die Sicherheit zu geben, nach der sie verlangt. Mit Palantirs Software lässt sich, zumindest Karps Ansicht nach, diese Sicherheit gewährleisten, ohne die Privatsphäre und andere persönliche Freiheiten zu opfern.

Community-Aktivisten in Los Angeles sahen Palantir und die von dem Unternehmen ermöglichte Polizeiarbeit in einem anderen Licht. Eine Gruppe namens Stop LAPD Spying Coalition organisierte Proteste und veröffentlichte Studien gegen ein Vorgehen, in dem sie eine von Algorithmen gesteuerte Schikanierung von People of Color sowie überwiegend von Schwarzen und Latinos bewohnten Stadtvierteln durch Algorithmen erkannte. LASER, so die Gruppe, sei nichts weiter als eine »rassistische Feedbackschleife«. Angesichts dieser Kritik wurde das LAPD im Laufe der Zeit sensibler in seinen Bemühungen um eine vorausschauende Polizeiarbeit und seinen

Verbindungen zu Palantir. Als ich 2019 an dem Artikel über Palantir für das *New York Times Magazine* schrieb und das LAPD dafür um ein Interview bat, lehnte man ab.

Sechs Jahre zuvor jedoch hatte man Sarah Brayne, damals Doktorandin an der Princeton University und mit dem Einsatz fortschrittlicher Technologie bei der Polizei befasst, einen bemerkenswert umfassenden Zugang zum LAPD gewährt. Monatelang begleitete Brayne Beamte bei Einsätzen in Streifenwagen und Hubschraubern, führte Dutzende von Interviews und beobachtete den Einsatz von Palantirs Technologie aus nächster Nähe. Wie sie feststellte, wurde die Software nicht nur ausgiebig genutzt – mehr als 1000 LAPD-Mitarbeitende hatten Zugang zu ihr –, sondern es wurde auch ein alarmierend großes Spektrum von Daten erfasst und zusammengeführt, von Führerscheinen über Field Interview Cards (Datenbögen im Karteikartenformat, die von den Beamten bei jeder Kontrolle ausgefüllt werden) bis hin zu den Daten der automatischen Nummernschildlesegeräte (ALPRs). Mithilfe von Palantir hatte das LAPD auch Zugang zu Informationen der Polizeibehörden anderer Bezirke sowie zu den Datenbanken von Kaliforniens State Police. Es hatte sogar Zugriff auf Daten abseits der Strafjustiz – Social-Media-Posts, Zwangsvollstrecksbescheide, Strom-, Gas- und Wasserrechnungen.

Mittels Palantir hatte die Polizei eine wahre Fundgrube persönlicher Informationen bei der Hand. Und nicht nur das: Über die Netzwerkanalyse der Software konnte die Polizei Angehörige, Freunde, Kollegen, Mitarbeitende und andere Bezugspersonen identifizieren – und schon landeten sie auf dem Radar des LAPD. Es handelte sich um eine virtuelle Rasterfahndung, ein Fakt, den ein Detective im Gespräch mit Brayne unterstrich. »Mal angenommen, es liegt da was mit Marihuana-Kliniken vor, also dass da welche ausgeraubt werden«, sagte er. »Ich kann in Palantir eine Fahndung anstoßen, die alles beinhaltet: medizinisches Marihuana plus Raub plus männlich, schwarz plus einsachtzig groß.« Er räumte bereitwillig ein, dass derlei Anfragen auch ins Blaue hinein erfolgen konnten, ohne Anfangsverdacht. »Ich werfe gerne mal einfach so das Netz aus, wissen Sie?«, sagte er.

Braynes Recherchen zeigten das Potenzial für allerhand Missbrauch auf. Es wäre ein Leichtes, sich Albtraumszenarien mit ALPR-Daten auszumalen. So könnte ein Detective herausfinden, dass ein unwilliger Zeuge eine Affäre hat, und diese Information dazu nutzen, ihm eine Aussage abzupressen. Außerdem bestand die Gefahr dienstunabhängigen Missbrauchs – ein skrupelloser Analyst könnte die Software von Palantir dazu verwenden, das Kommen und Gehen seiner Ex-Partnerin zu überwachen. Darüber hinaus landeten Millionen von für die Polizei völlig uninteressanten Menschen »im System«, nur weil sie im Auto unterwegs waren. In meinem Gespräch mit ihr vertraute mir Brayne an, was sie an der Arbeit des LAPD mit Palantir am meisten beunruhige, sei der Mangel an Transparenz. »Digitale Überwachung ist unsichtbar«, sagte sie. »Wie soll man eine Institution zur Rechenschaft ziehen, wenn man nicht weiß, was sie macht?«

Kapitel 5
DURCHBRUCH IM KOMMERZIELLEN GESCHÄFT

Im Oktober 2012 erschien unter dem Titel *Killing Osama* der Bericht des Journalisten Mark Bowden über die Kommandoaktion des US-Militärs zur Liquidation Osama bin Ladens. Das Buch enthielt auch einen Verweis auf Palantir. »Die Jagd nach bin Laden und anderen«, so schrieb Bowden, »basierte auf einer unvorstellbar reichhaltigen Datenbank, die jeder autorisierten Person weltweit zur Verfügung stand, ganz gleich, ob es sich um einen Marineoffizier in einem afghanischen Stützpunkt oder um ein Team von Auswertern in Langley handelte. Dabei verwertbare Ergebnisse zu erzielen, erforderte eine Software, die die Datenbank gründlich, schnell und mit klugem Urteilsvermögen durchstreifen konnte – eine informationstechnische Herausforderung, bei deren Lösung sich staatliche Stellen als weitaus weniger fähig erwiesen als Teams junger Softwareingenieure im Silicon Valley. Ein Startup-Unternehmen namens Palantir entwickelte zum Beispiel ein Programm, das auf elegante Weise umsetzte, was die TIA (Total Information Awareness) sich vorstellte. Gegründet (...) von Alex Karp und Peter Thiel – Letzterer der milliardenschwere Mitbegründer von PayPal und ein früher Facebook-Investor –, entwickelte Palantir ein

Produkt, das die Bezeichnung ›Killer App‹ tatsächlich verdient.«[1]

Bowden, der sich mit seinem Buch *Black Hawk Down* einen Namen gemacht hatte, behauptete keineswegs, dass Palantir zu der waghalsigen Operation zur Beseitigung bin Ladens im Vorjahr beigetragen hätte. Er verwies auf Palantir lediglich als einen Hersteller der Art von intelligenter Technologie, die Amerika im Krieg gegen den Terrorismus helfen könnte. Einige Leser freilich zogen daraus den Schluss, die Technologie des Unternehmens hätte tatsächlich zum Aufspüren des Al-Qaida-Führers geführt. Kurz nach Erscheinen von *Killing Osama* sah Palantir sich als das Silicon-Valley-Startup gepriesen, das dazu beigetragen hatte, den Drahtzieher des Terroranschlags vom 11. September 2001 auszuschalten.

Nach Bekanntwerden der Meldung kursierten bei Palantir in Palo Alto Gerüchte über eine mögliche Verwicklung des Unternehmens in bin Ladens Tod. Und so ganz aus der Luft gegriffen war die Vermutung nicht: Die CIA nutzte Palantirs Software, desgleichen das United States Special Operations Command (SOCOM), das die Kommandos beim Angriff auf bin Ladens Versteck in Pakistan dirigierte. Aber weder das Militär noch die CIA hat sich je öffentlich dazu geäußert. (Zwar bekam der Sohn von Admiral William McRaven, der das Kommandounternehmen befehligt hatte, später eine Stelle bei Palantir, aber bewiesen ist damit nichts.) Auch die CIA hat sich nie dazu geäußert, und als ich 2020 – getrennt voneinander – mit zwei ihrer ehemaligen Analysten sprach, die an der Jagd auf bin Laden beteiligt waren, betonten beide, Palantir habe keine Rolle bei ihrer Arbeit gespielt.

---

1 Mark Bowden, *Killing Osama: Der geheime Krieg des Barack Obama*. Berlin: Bloomsbury Verlag, 2012. Aus dem Amerikanischen von André Mumot. S. 139.

PR-technisch jedoch war Bowdens Buch ein goldener Regen für Karp und sein Unternehmen. Karp entwickelte ein ausgesprochenes Geschick darin, Fragen zu bin Laden auf eine kryptische Art und Weise zu beantworten, die den Eindruck erwecken sollte, da sei etwas dran. Als ich Karp schließlich 2019 im Rahmen meines Interviews mit ihm für das *New York Times Magazine* nach der Behauptung fragte, sagte er: »Die Leute sagen das. Ich bin ausgesprochen stolz darauf, dass die Leute das denken.« Einige Jahre später sprach ich das Thema erneut an und drängte auf einen Beweis. Karp räumte ein, dass er unmöglich wissen könne, ob Palantirs Technologie tatsächlich zum Einsatz kam, er könne sich jedoch des Gedankens nicht erwehren, dass dem so war. Aber zu dem Zeitpunkt war die Geschichte bereits Teil der Legende um Palantir.

Karp und Kollegen erhofften sich natürlich Aufträge aus der Bin-Laden-Connection, insbesondere im kommerziellen Bereich, in dem Palantir schlicht nicht Fuß fassen konnte. Welches patriotische US-Unternehmen würde nicht die Technologie haben wollen, die dem Drahtzieher des Anschlags von 9/11 zum Verhängnis geworden war? Laut Melody Hildebrandt, einer von Palantirs Forward-Deployed Engineers, hielten sie und ihre Kollegen mit der Bin-Laden-Connection potenziellen Kunden gegenüber nicht hinterm Berg. »Kein Meeting, bei dem wir das nicht erwähnt hätten«, erinnert sie sich, »manchmal sprachen die das aber auch von sich heraus an.«

Palantirs plötzliches Renommee tat jedoch nichts für das Geschäft im kommerziellen Bereich. Für Bürokraten war Palantirs Software eine Offenbarung – schon in seinen frühesten Versionen war Gotham für gewöhnlich besser als die Alternativen. In Sachen Technologie hinken Behörden grundsätzlich hinterher. Entsprechend war ihre Software, an den Maßstäben des Silicon Valley gemessen, vorsintflutlich. Im privaten Sektor, wo man technologisch eher auf dem Laufenden ist, wirkte Palantirs Software nicht ganz so fantastisch oder gar revolutionär. Darüber hinaus neigten Unternehmen zu der Ansicht, ihre eigenen IT-Abteilungen reichten für die meisten, wenn nicht gar alle ihre technologischen Bedürfnisse völlig aus. Palantirs größtes Problem freilich war, dass man noch kein Produkt hatte, das für Unternehmen nachhaltig von Nutzen gewesen wäre.

Der erste Vorstoß in den privaten Sektor erfolgte über die Entwicklung einer Plattform eigens für Finanzinstitute. Die Leitung des 2006 gestarteten Projekts hatte Joe Lonsdale. Er war damals noch bei Clarium Capital und dachte, die Technologie zur Mustererkennung, auf die sich Palantir spezialisiert hatte, müsste doch auch für Aktien- und Anleihehändler von Nutzen sein. Gilman Louie von In-Q-Tel hatte eben diese Möglichkeit vorausgesehen, als er zu Palantirs Finanzierung beitrug. Mit dem Gedanken, sie könnten etwas für die Wall Street entwickeln, verwies er die Palantirianer an die mit der Finanzierung des Terrors befassten Abteilung der CIA.

Da damals aber noch nicht klar war, ob Gotham überhaupt funktionieren würde, hielten es einige Palantirianer für unklug, Ressourcen und Aufmerksamkeit auf ein zweites, gänzlich eigenständiges Projekt zu verwenden. Es widersprach der gängigen Faustregel für Tech-Startups: Der wahrscheinlichste Weg zum Erfolg liegt in der konsequenten Konzentration auf ein einziges Produkt: Man splittet seine Wetten nicht, sondern setzt alles auf den einen großen Wurf. Nur konnte Palantir von öffentlichen Aufträgen allein nicht leben, und da man 2006 noch nicht einmal öffentliche Aufträge hatte, blieb dem Unternehmen nichts anderes übrig, als sich um ein zweites, kommerzielles Standbein zu kümmern. Und Karp ist nun mal dazu prädestiniert, konventionellen Weisheiten eine Nase zu drehen. Er ist ein Querdenker, der von Natur aus dazu neigt, nach links zu gehen, wenn alle anderen nach rechts gehen.

Lonsdale und das Team, das er zusammengestellt hatte – sie nannten sich die Hedgehogs – hatten ein ambitioniertes Ziel: ein Produkt zu entwickeln, das mit dem Bloomberg-Terminal konkurrieren, ja, diesen sogar verdrängen könnte. Der Bloomberg-Terminal, benannt nach seinem Erfinder, dem ehemaligen New Yorker Bürgermeister Mike Bloomberg, war nicht wegzudenken von den Trading-Desks der ganzen Welt und diente im Wesentlichen als zentrale Anlaufstelle für Finanzinstitute – seine wesentlichen Features umfassten Echtzeitdaten für die globalen Märkte, eine Plattform für den elektronischen Handel und die Möglichkeit zum direkten Messaging zwischen den Nutzern. Als Arbeitstitel für die Alternative, die die Palantirianer entwickeln wollten, entschied man sich für »Thiel Tool«, nicht zuletzt, um Peter Thiels Interesse für das Projekt zu wecken; der Ansicht Lonsdales und seiner Kollegen nach wäre seine Zustimmung für ihre Aussichten entscheidend.

Wie ihnen jedoch bald klar wurde, war der Versuch, es mit Bloomberg aufzunehmen, keine so gute Idee – allein der Gedanke, mit seinen begrenzten Ressourcen den Platzhirschen herausfordern zu wollen, war aberwitzig. So vergaß man denn das »Thiel-Tool« zugunsten eines etwas bescheideneren Projekts: eine Software, die Marktdaten zur Identifizierung von Arbitragemöglichkeiten sammeln und Tradern bei der Bewertung alternativer oder angeschlagener Assets helfen konnte. Aber selbst mit dem abgespeckten Projekt erreichte das Finance-Team – mit etwa 100 Mitarbeitern auf seinem Zenit – eine stattliche Größe und zog einige bemerkenswerte Talente an, darunter Garry Tan, Kevin Simler und Andy Aymeloglou. Und dann hatten die Hedgehogs einen Vorteil beim Rekrutieren – der Einstieg dort bedurfte keiner Sicherheitsüberprüfung. Für Gotham kamen im Ausland geborene Ingenieure nur infrage, wenn sie eingebürgert waren; für Palantir Finance dagegen war das kein Problem.

Allerdings entwickelten die mit der Investitionssoftware beschäftigten Palantirianer in gewisser Weise einen Minderwertigkeitskomplex gegenüber den Gotham-Kollegen. »Die retteten die Welt, während wir etwas bauten, das Reichen noch reicher zu werden half«, sagt ein ehemaliger Ingenieur. Er und andere konnten sich außerdem des Gefühls nicht erwehren, dass Karp sich nicht so sehr für das Finanzprojekt engagierte, wie sie sich das vielleicht erhofft hatten. Er entwickelte eine tiefe Zuneigung zu einigen der daran Beteiligten, zeigte aber wenig Interesse an dem, woran sie da eigentlich saßen, und auch wenn sie seinen Ansatz, sie machen zu lassen, als Ingenieure durchaus zu schätzen wussten, so wirkte seine Distanziertheit verstörend – sie sahen darin (ganz zu Recht) ein Zeichen dafür, dass ihm Gotham wichtiger war.

Eine räumliche Trennung sollte ihre Statusängste noch potenzieren. Mit dem Anwachsen der Belegschaft waren die Büros bald nicht mehr groß genug für beide Teams. Glücklicherweise hatte man die Lösung direkt vor der Tür. Palantir war in den Stanford Research Park umgezogen, einen Komplex im gemeinsamen Besitz der Stanford University und der Stadt Palo Alto, in dem eine ganze Reihe namhafter Tech-Unternehmen ansässig waren. Die Anlage, die sich in einem eher abgelegenen Teil der Stadt befindet, ist fünfzehn Gehminuten sowohl von der Universität als auch vom Zentrum von Palo Alto entfernt. Karp und seinen Kollegen machte es nichts aus, etwas abseits vom Schuss zu sein: Sie entwickelten Software für die Nachrichtendienste, da brauchte nicht jeder zuzusehen. Im Hof des Komplexes gab es ein kleines, achteckiges Gebäude, sinnigerweise als Oktagon bekannt, und die Finance-Crew zog vom Hauptbüro dorthin um. Es bot ihnen den benötigen Platz, aber die räumliche Trennung verstärkte das Gefühl der Entfremdung. »Wir bezeichneten uns als das ungewollte rothaarige Stiefkind«, sagt der ehemalige Ingenieur.

Die Hedgehogs mochten sich wie Aussätzige vorkommen, aber die von ihnen unter dem Namen Metropolis entwickelte Plattform erwies sich als ziemlich gut. Nur das Timing war ein Problem: Die Software war 2008 einsatzbereit, ausgerechnet zu Beginn der weltweiten Finanzkrise – ein denkbar ungünstiger Zeitpunkt, um Banken und Hedgefonds ein neues Produkt anzudienen. Erschwerend kam hinzu, dass Palantir für die Software einen sportlichen Preis verlangte. Karp war der Preisstratege in der Firma, und seine eiserne Regel lautete, dass Palantir über die Qualität konkurrieren sollte, nicht über den Preis. Seiner Ansicht nach machte Palantir die beste Datenintegrationssoftware auf dem Markt, und die hatte eben ihren Preis. Nur war Metropolis ein neuer, noch unerprobter Teilnehmer in einem bereits heftig umkämpften Markt, und der hohe Preis schreckte den einen oder anderen Interessenten ab. Dennoch zog Palantir einige namhafte Kunden an Land. Bridgewater Associates, der geheimnisvolle Hedgefonds mit Sitz in Connecticut, kaufte Metropolis, desgleichen Thomson Reuters, Finanzdatendienstleister und Nachrichtenagentur. Credit Suisse kaufte die Software zur Unterstützung bei der Verfolgung von Insiderhandel und Geldwäsche.

Auch JP Morgan Chase wurde Kunde. Die Geschäftsbeziehung der Bank mit Palantir begann 2009. Ihre Führungskräfte hatten erfahren, dass das New York City Police Department Palantir jüngst zur Unterstützung bei der Terrorbekämpfung angeheuert hatte. Neugierig geworden, fragte man an, ob das Unternehmen beim Kampf gegen Betrüger helfen könnte, die Kundenkonten und Geldautomaten zu hacken versuchten. Kurz darauf bat die Bank Palantir um Unterstützung bei einem anderen Problem: Etwa zehn Prozent der von JP Morgan Chase vergebenen Hypotheken waren zu diesem Zeitpunkt in Verzug, ein Überbleibsel der Großen Rezession. Um diese toxischen Assets abzustoßen, musste die Bank sie präzise bewerten, was die Erfassung und Analyse riesiger Datenströme erforderte. Für diese Aufgabe lieferte man der Bank Metropolis. Als die Geschäftsbeziehung zu JP Morgan Chase sich entwickelte, eröffnete Palantir eine Dependance in New York – zunächst in einem Apartment in Tribeca, das Lonsdale angemietet hatte. Darüber hinaus arbeitete eine Handvoll FDEs im Wesentlichen Vollzeit in der Zentrale der Bank.

Obwohl Palantir an sich kein Cyber-Sicherheitsunternehmen war, öffnete die Hilfe bei der Verteidigung gegen Online-Betrug so manche Tür zum Unternehmenssektor. Man zog Karp hinzu, um die Deals unter Dach und Fach zu bringen, und allem Vernehmen nach brillierte er dabei. Er schien bei CEOs die gleichen Psychotricks anzuwenden wie bei den Kollegen in der eigenen Firma – er war exzentrisch, unterhaltsam und ausgesprochen überzeugend, ohne jemals den Eindruck zu erwecken, dass er einem etwas verkaufen wolle. Melody Hildebrandt war bei einer Reihe von Meetings dabei, in denen Karp Verträge mit neuen Kunden in trockene Tücher brachte. »Es war spannend, da zuzusehen«, erinnert sich Hildebrandt. »Wir wollten eigentlich über Daten sprechen und darüber, wie man sie integrieren kann, und was macht er? Malt Kreise und Smileys an ein Whiteboard, und die Leute sagten ›Ja, klar‹. Und ich dachte bei mir: *Was ist denn hier los?* Aber die Leute waren einfach hin und weg.«

Trotz Karps Händchen für Abschlüsse hatte Palantir immer wieder seine liebe Mühe damit, seine Kundschaft auch tatsächlich zu halten. So bat 2014 Home Depot Palantir um Hilfe, nachdem man die Zahlungssysteme des Heimwerkermarkts gehackt und mehr als fünfzig Millionen Kreditkartennummern gestohlen hatte. Schon bald zahlte das Unternehmen Palantir jährlich 5 Millionen Dollar für die Nutzung seiner Software für eine ganze Reihe von Aufgaben. Doch 2017 kündigte die Kette die Zusammenarbeit auf. Laut William Alden, einem

Reporter von *BuzzFeed*, beendete das Unternehmen die Geschäftsbeziehung hauptsächlich aus Kostengründen – der tatsächliche Nutzen von Palantirs Technologie rechtfertige nicht den relativ hohen Preis. Außerdem war die hauseigene IT-Abteilung zu der Überzeugung gelangt, dieselbe Aufgabe für weniger Geld erledigen zu können. Und schließlich waren einige Führungskräfte unzufrieden mit dem Modus operandi des Palantir-Teams vor Ort. So nahmen sie Anstoß an den Bemühungen der Palantirianer, Aufträge aus anderen Bereichen des Unternehmens an sich zu ziehen. Diese Praxis war bei Palantir üblich – in Ermangelung eines Vertriebsteams hatten die eingebetteten FDEs deren Aufgabe übernommen. »Sie versuchen«, so ein ehemaliger Palantirianer gegenüber Alden, »ein konkretes Problem auszumachen, das der Kunde lösen möchte, und nutzen das dann quasi als Aufhänger, um das Auftragsvolumen aufzublähen.« Daran war an sich nichts Anrüchiges – es war eine clevere Strategie –, aber einige Kunden stießen sich daran, und es schien, als gingen die Palantirianer bei Home Depot besonders aggressiv vor, indem sie zum Beispiel an einem Retreat der Firma teilnahmen.

Palantirs Preis und das Verhalten der FDEs wurden zu fortwährenden Steinen des Anstoßes. Nehmen wir den Schokoladenhersteller Hershey, der ebenfalls 2014 mit Palantir-Software – auf granularer Ebene – Verbrauchertrends zu analysieren begann. So wollte Hershey zum Beispiel nicht nur wissen, wie seine Produkte in verschiedenen Märkten abschnitten, sondern auch, wie sich die Umsätze auf kleine Lebensmittelgeschäfte und Supermärkte verteilten. Hershey setzte Palantir außerdem ein, um beispielsweise mehr über die Produktivität des Kakaoanbaus in Westafrika zu erfahren. Hershey und Palantir hatten jedoch noch Größeres vor: die Bildung eines Konsortiums bedeutender Konsumgüterhersteller, deren Daten mit Palantirs Software gebündelt und analysiert werden sollten, um die Effizienz aller beteiligen Unternehmen zu maximieren. Karp beschrieb die Partnerschaft in hochtrabenden Worten, die durchblicken ließen, sie habe das Potenzial, die Weltwirtschaft zu verändern. »Meiner Ansicht nach hat der Kapitalismus Mängel«, sagte er dem Magazin *Fortune*. »Wir konzentrieren uns auf große Probleme und darauf, die besten Partner zu finden, um diese Probleme zu lösen.«

Auch einige andere Konzerne kamen zu Palantir, etwa Coca-Cola und der Papierwarenhersteller Kimberly-Clark. Beide erklärten sich, im Hinblick auf den Abschluss längerfristiger Verträge, zu Pilotprojekten mit Palantir bereit. Doch diese Geschäftsbeziehungen hielten nicht lange. Und das große Problem war stets der Preis. So berappte Kimberly-Clark rund 1 Million Dollar monatlich, bis man zu dem Schluss kam, seine eigenen Analysetools entwickeln zu können, und das zu einem Bruchteil dieses Preises. Auch Coca-Cola hatte ein Problem mit den Kosten, aber beim Getränkehersteller kamen noch andere Probleme hinzu. Laut internen Palantir-Dokumenten, die *BuzzFeed* zugespielt wurden, stießen sich Coca-Colas Führungskräfte an den noch recht jungen Palantirianern, die für ihren Geschmack zu lässig waren. Darüber hinaus hatte man das Gefühl, dass man bei Palantir für eine effektive Partnerschaft zu wenig vom Limonadengeschäft verstand.

Alle diese Bedenken – Kosten, kulturelle Konflikte, mangelnde Branchenkenntnisse – waren zweifellos Kinderkrankheiten, die Art von Problemen, wie man sie von einem Tech-Startup erwarten würde, der mit Fortune-500-Unternehmen ins Geschäft kommen will. Der erste Vorstoß in den kommerziellen Markt brachte einige Erfolge, und die Rückschläge waren wertvolle Lernerfahrungen – immerhin kassierte Palantir eine Menge Geld, während es lernte, was funktionierte und was nicht. »Es war eine wirklich wichtige Übung in praktischer F&E«, meint Ted Mabrey, heute Leiter von Palantirs kommerziellem Geschäft. Aber so begierig die Unternehmen auf Big Data gewesen seien, sagt er zu Palantirs Verteidigung, ihre Erwartungen deckten sich nicht immer mit der Realität. »Die stellten sich unter Big Data einen Zauberstab vor, so wie generative KI heute als Zauberei gilt«, erinnert er sich. »Viele Kunden waren einfach nur auf der Suche nach Knöpfen, mit denen sie ihre Probleme loswerden konnten – im Grunde hieß es: Liefert mir den ›Finde-den-Terroristen‹-Knopf.«

Mark Elliot, damals Leiter des FDE-Teams, bezeichnete das Ganze als »Entdeckungsphase«: Er und seine Kollegen mussten lernen, dass die Probleme der Datenintegration, so kniffig sie bei Behörden auch sein mochten, im kommerziellen Bereich noch kniffliger waren. So hatte Palantir einen Kunden, eine internationale Versicherungsgruppe, deren größter Kunde wiederum eine internationale Restaurantkette war. Es handelte sich um eine lukrative Geschäftsbeziehung, nur hatte die Versicherung erstaunlicherweise keine Ahnung, ob sie auch tatsächlich profitabel war. »Der Laden hatte hundert verschiedene Datenbanken«, erinnert sich Elliot. »Sie ordneten die Namen von Kunden auf hundert verschiedene Arten zu. Die Verträge waren in was weiß ich wie vielen verschiedenen Sprachen abgefasst. Ihre Geschäfte liefen gut, es kam viel Geld rein. Sie wussten nur nicht, ob die Beziehung auch was abwarf. Und wir dachten: *Mann, wie gibt's denn so was?*« Da verfügten, so seine Erkenntnis, scheinbar hoch entwickelte Unternehmen bei all ihren Daten zuweilen noch nicht einmal über die grundlegendsten Informationen über das eigene Geschäft.

Besonders frustrierte Elliot und seine Kollegen an alledem, dass Palantir keine Software hatte, die das Problem hätte lösen können. Weder allein noch in Kombination taugten Gotham und Metropolis für die operativen Alltagsanforderungen von Unternehmen. Gotham war eine digitale Ermittlungstafel, die bei kriminalistischen Workflows half; die Plattform hatte ihren Nutzen bei der Cybersicherheit, aber für den gesamten Geschäftsbereich eines Unternehmens taugte sie nicht. Metropolis' Anwendungsbereich war noch begrenzter: Es war ein ganz auf die Finanzbranche zugeschnittenes Nischenprodukt. Und bei der Anpassung an die Bedürfnisse von Firmenkunden ließen sich die beiden Plattformen, wie Mabrey es ausdrückte, nur bis zu einem gewissen Grad »quälen«.

Für die eingebetteten Ingenieure war das Ganze eine endlose Übung in Sachen Bootstrapping, da ständig neue Funktionen einzubinden waren, wann immer man auf Probleme stieß, die mit den in Gotham oder Metropolis verfügbaren Tools nicht zu lösen waren. Das hatte durchaus seinen Wert, und die Ingenieure zogen eine gewisse Befriedigung aus der Lösung dieser Probleme. Allzu häufig jedoch hatten sie den Eindruck, ihre Zeit damit zu vergeuden, die Schwächen von Gotham und Metropolis mit kundenspezifischen Workarounds zu umgehen. »Ein Großteil der Produktarbeit war reine Maßanfertigung«, erinnert sich ein ehemaliger Mitarbeiter, »was ja schön und gut ist, aber es hilft dir eben nur bei einem einzigen Kunden.« Angesichts eines derart individuell zugeschnittenen Angebots sahen einige Analysten Palantir als Beratungsdienstleister in der Maske eines Tech-Unternehmens und äußerten Zweifel an der Skalierbarkeit des Geschäfts.

Palantirs Arbeitsweise – der Einsatz von FDE-Teams rund um die Welt, und das für Projekte, die oft Monate dauerten – war außerdem teuer. Seit Ende der 2000er-Jahre versprach Karp, Palantir würde Gewinn abwerfen, aber Mitte der 2010er-Jahre war man davon immer noch weit entfernt. Sicher, das Unternehmen war relativ jung, entwickelte seine Produktlinie und reinvestierte in sein Wachstum. Amazon hatte sieben Jahre gebraucht, um seinen ersten Quartalsgewinn zu verbuchen, und das als Online-Händler, nicht als Unternehmen, das esoterische Software an den Staat zu verkaufen suchte. Aber Tatsache war nun mal, dass Palantir massive Verluste schrieb; noch 2018 belief sich das Netto-Minus auf 600 Millionen Dollar.

Allen finanziellen Nöten zum Trotz tat Palantir sich merkwürdigerweise plötzlich leichter, an Geld zu kommen. Zehn Jahre nachdem das Unternehmen bei der Risikokapital-Community abgeblitzt war, drängten ihm private Investoren das Geld praktisch auf. Einer von ihnen war Rupert Murdoch. Hinter diesem Stimmungsumschwung stand größtenteils die Erkenntnis, dass die Big-Data-Revolution tatsächlich im Schwange war. Zweifelsohne war die Bin-Laden-Connection ein Verkaufsargument bei einigen Investoren, da sie Palantir einen patriotischen Glanz oder den Reiz des Unkonventionellen verlieh. Nach einer erfolgreichen Investitionsrunde 2015 bewertete man Palantir mit rund 20 Milliarden Dollar, womit das Unternehmen eines von Silicon Valleys größten »Einhörnern« – Startups mit einem Wert von über einer Milliarde Dollar – war.

Die Lücke zwischen Palantirs hochfliegender Bewertung und seinen Eckdaten war erheblich, worin Thiel, verärgert über das langsame Wachstum, eine geschäftliche Möglichkeit sah. So versuchte denn 2016 Michael Ovitz, der renommierte Hollywood-Agent, der mit Thiel befreundet war, den Verkauf von Palantir an Oracle zu vermitteln. Thiel traf sich mit Larry Ellison, einem der Gründer von Oracle, um die Idee durchzusprechen. Über dieses Meeting jedoch kam man nie hinaus – Thiel und Ellison waren sich einig, dass die beiden Unternehmen schlicht nicht zueinander passten. Aber wie Thiel mir später anvertraute, war Palantir zu diesem Zeitpunkt im Verhältnis zu seinen Einnahmen derart überbewertet, dass er, wäre Oracle bereit gewesen, 20 Milliarden Dollar zu zahlen, nicht zweimal überlegt hätte. »Wir hätten angenommen«, sagte er mir. Als er sich mit Ellison zusammensetzte, fragte er ihn: »Hat Oracle je für ein Unternehmen mit roten Zahlen einen Preis in unserer Größenordnung bezahlt?« Die Antwort lautete »Nein« – womit die Verhandlungen, sofern man von solchen sprechen kann, beendet waren.

Um die Zeit von Palantirs Eintritt in sein zweites Jahrzehnt regte sich eine gewisse Unzufriedenheit im Unternehmen. Einige Angestellte waren frustriert über die planlos-improvisierte Arbeitsweise des Unternehmens. Sicher, Palantir hatte eine Mission, aber man hatte eben zu oft das Gefühl, es fehle an einer Richtung. Verstärkt wurde dieser Eindruck durch die fehlende Organisationsstruktur, ein Mangel, der es schwierig machte, eine Karrieremöglichkeit zu erkennen und diesen Weg dann zu gehen. Problematischer noch war, dass sich bei Palantir trotz der fehlenden formalen Hierarchie eine Schattenhierarchie herausgebildet hatte, die zur Unzufriedenheit beitrug. Einem ehemaligen Mitarbeiter zufolge gab es eine In-Crowd, und diejenigen, die dazugehörten, erfuhren eine bevorzugte Behandlung: mehr Zugang zu Gesprächen auf höchster Ebene, großzügigere Aktienzuteilungen. Die mangelnde Transparenz bei der Vergütung war eine zusätzliche Quelle der Frustration. Inmitten dieser internen Unzufriedenheit sah Palantir sich dem Vorwurf der Ungleichbehandlung ethnischer Gruppen bei der Einstellung neuer Mitarbeitender ausgesetzt. Das Justizministerium verklagte das Unternehmen 2016 wegen angeblicher Diskriminierung von Bewerbern asiatischer Herkunft. Palantir dementierte die Behauptung, zahlte dann jedoch 1,7 Millionen Dollar im Rahmen einer außergerichtlichen Beilegung des Falls.

Die Probleme hinsichtlich seines kommerziellen Geschäfts freilich waren nicht so schnell vom Tisch. Mitte der 2010er-Jahre war vielen Palantirianern klar geworden, dass dem Unternehmenssektor durch die Unzulänglichkeiten von Gotham und Metropolis praktisch die Hände gebunden waren. Das war auch Mark Elliots Ansicht. Er sagte, dass die beiden Plattformen Palantir im Unternehmensbereich nie und nimmer wettbewerbsfähig machen würden. Er drückte das so aus: »Sie würden für Unternehmen nie so viel Wert schaffen, dass die bereit wären, uns dafür so viel zu zahlen, dass sich das für uns lohnt.« Bei einem seiner Kundeneinsätze kam Elliot plötzlich der Gedanke, dass einige der Datenintegrations- und Analysetools, die Palantir zur Kompensation von Gotham und Metropolis entwickelt hatte, möglicherweise als Grundlage für ein völlig neues, auf Unternehmensanwender zugeschnittenes System dienen könnten.

Elliots Erkenntnis löste eine intensive interne Debatte aus. Niemand bestritt, dass Gotham und Metropolis zu eng konzipiert waren, um das kommerzielle Geschäft voranzutreiben. Es gab jedoch zwei Widerstandsnester gegen jede Veränderung. Das eine war Palantirs Finance-Team, das erkannte, dass Metropolis mit ziemlicher Sicherheit vom Markt genommen würde, wenn das Unternehmen ein kommerzielles Produkt mit breiteren Anwendungsmöglichkeiten entwickelte – ein Resultat, das sich diese Gruppe logischerweise nicht wünschte. Andere, wie zum Beispiel Mabrey, waren skeptisch gegenüber einer so drastischen Veränderung, da die kommerzielle Seite von Palantir bei allen Unzulänglichkeiten von Gotham und Metropolis Umsätze verzeichnete. Wie Mabrey es ausdrückt: »Mir ging es ums Gewinnen, nicht um die Makellosigkeit dieses Siegs.«

Karp entschied jedoch schließlich, dass man ein neues Produkt brauchte. Er konnte Metropolis nichts mehr abgewinnen, und das nicht nur wegen seiner begrenzten Anwendungsmöglichkeiten: Seiner Ansicht nach war nicht nur der Fokus der Plattform zu eng gesetzt, sie richtete sich darüber hinaus an eine Klientel – Hedgefonds und andere professionelle Investoren –, die er nicht wirklich bedienen wollte. »Wir sind nicht angetreten, um etwas zu entwickeln, was Reiche noch reicher macht«, sagt er und gibt damit die Aussage des bereits zitierten Ex-Palantirianers wieder. Die Arbeit an Metropolis einzustellen war trotzdem eine schmerzhafte Angelegenheit; die meisten Schlüsselfiguren der Finance-Gruppe verließen Palantir als Folge von Karps Entscheidung. »Es war, als hätte man eine Hand amputiert«, sagt Shyam Sankar. »Diese Leute waren echte Genies und technisch Titanen.«

In circa acht Wochen hatte Mark Elliot mit einigen seiner Kollegen einen Prototyp der neuen Software gebaut; sie bekam den Namen Foundry und schlug sofort bei der Kundschaft ein. Der britische Mineralölkonzern BP, der Palantir nach der Deepwater-Horizon-Katastrophe im April 2010 angeheuert hatte, um das Unternehmen beim Management von Bohrlöchern zu unterstützen, setzte Foundry ein, kaum dass es verfügbar war, und das Programm wurde zur Betriebssoftware des Konzerns, die von Tausenden von Mitarbeitenden auf der ganzen Welt verwendet wird. Ähnlich gelagert war der Fall von Airbus. Das Luft- und Raumfahrtunternehmen beauftragte Palantir 2016 mit der Lösung von Produktionsproblemen bei einem neuen Verkehrsflugzeug, dem A350.

Der A350 wurde von Hunderten von Arbeitern in acht Werken und vier Ländern gebaut, und die Maschine bestand aus rund fünf Millionen Komponenten. Mit anderen Worten: Es konnte eine Menge schiefgehen. Selbst etwas so scheinbar Triviales wie ein Fertigungslos defekter Schrauben konnte kostspielige Folgen haben. Fehlerhafte Teile, fehlende Teile, Kommunikationspannen – all das konnte zu Engpässen führen. Doch bei einem Betrieb dieser Größenordnung war es gar nicht so einfach, genau zu sagen, wo es zu Verzögerungen kam. Es lag auf der Hand, dass die Antwort in der überbordenden Fülle von Daten zu finden war, die am laufenden

Band generiert wurden, weshalb Airbus sich denn auch an Palantir wandte. Das Unternehmen entsandte fünf Softwareingenieure in die Airbus-Zentrale im französischen Toulouse. Sie führten dort 25 Datensilos zusammen und integrierten etwa 400 Datensätze, und die Ergebnisse stellten sich fast unmittelbar ein. Bevor Palantir an Bord kam, dauerte es durchschnittlich 24 Tage, um Produktionspannen zu beheben. Durch den Einsatz von Palantirs Software konnte Airbus diese Zeit um eine Woche verkürzen, was zu Einsparungen in Millionenhöhe führte.

Aus diesem anfänglichen Engagement entwickelte sich eine umfassendere Geschäftsbeziehung. Palantir eröffnete ein Büro in Toulouse, und im Laufe der Zeit nutzten mehr als 40 000 Airbus-Mitarbeitende Foundry. Schließlich wurde das gesamte Airbus-Ökosystem damit vernetzt: Über ein Joint Venture zwischen Airbus und Palantir namens Skywise begannen rund 120 Fluggesellschaften weltweit, Daten aus ihren Airbus-Jets in Foundry einzuspeisen. Diese Informationen wurden für alles Mögliche genutzt, von der Verbesserung der Termintreue bis hin zur vorbeugenden Wartung. Wie bei BP wurde Foundry zur operativen Software von Airbus. »Sie verfügte über einzigartige Fähigkeiten«, sagt Marc Fontaine, der damals bei Airbus für das Ressort Digitale Abläufe verantwortlich war. Er fügte hinzu, dass sich das Unternehmen nach Alternativen umgesehen, aber nichts annähernd Gleichwertiges gefunden habe. Sein Chef, Airbus-CEO Tom Enders, war gar noch begeisterter: Er sagte, die Beauftragung von Palantir sei »eine der besten Entscheidungen meiner Laufbahn« gewesen.

Mit Foundry hatte Palantir endlich ein Produkt, das seine Attraktivität für Unternehmen erhöhen konnte. Es gab jedoch keine Softwarelösung für die Herausforderung, die der Aufbau seines Rüstungsgeschäfts darstellte. Dazu bedurfte es einer kühnen Klage gegen die Army, die tiefe Mängel im Beschaffungsprozess des Pentagons aufdeckte und Palantir schließlich in die Lage versetzte, selbst ein bedeutender Auftragnehmer des Militärs zu werden.

Kapitel 6
KRIEG GEGEN DIE ARMY

Im Juni 2024 nahm Karp bei einem Dinner in der Bundeshauptstadt die Ehrung einer Organisation namens Business Executives for National Security entgegen. Er war an dem Abend einer von zwei Empfängern des Eisenhower Awards, den die Gruppe jedes Jahr an Staatsdiener und Privatpersonen vergibt, die sich um die Interessen Amerikas verdient gemacht haben; mit ihm wurde US-Handelsministerin Gina Raimondo geehrt. Karp war erkältet und deshalb nicht so lebhaft wie sonst. Er schien aber aufrichtig gerührt ob der Ehrung mit einer nach Präsident Dwight Eisenhower benannten Auszeichnung, zumal so kurz nach den Gedenkfeiern zum 80. Jahrestag der Landung der Alliierten in der Normandie, die er befehligte. Karp sagte dem Publikum im Ballsaal des Ritz-Carlton, dass er sich der Auszeichnung nicht ganz würdig fühle. »Ich bin Zivilist und habe nie gedient und mich nicht in Gefahr begeben«, sagte er. Er sagte einige Worte zu Eisenhowers Leben und wandte sich dann den Soldaten zu, die unter seinem Befehl im Einsatz gewesen waren. »Warum«, so fragte Karp, »haben junge Männer aus Iowa und Kansas ihr Leben riskiert, obwohl sie wussten, dass sie sterben könnten, um Europa und Menschen wie mich zu befreien?« Als er fortfahren wollte, versagte ihm die Stimme. »Wirklich bewegend«, sagte er. Das Publikum, von seinen Gefühlen gerührt, brach in Applaus aus.

Die meisten seiner Kollegen sahen ihn das erste Mal mit einem Kloß im Hals.

Seine Worte an diesem Abend waren zugleich Ausdruck der Dankbarkeit und des Respekts für das Militär als Hort amerikanischer Stärke und Anständigkeit. Nicht nur wies Karp gern darauf hin, dass die Streitkräfte bei der Aufhebung der Rassentrennung an vorderster Front gestanden hatten, er betrachtete sie auch als den maßgeblichen Garanten einer internationalen Ordnung unter Führung der USA. Zugegeben, das Pentagon war ein Kunde, womit er ein Interesse daran hatte, das Militär lobend herauszustellen, aber er sieht es tatsächlich als eine Kraft des Guten. Er war mit einer anderen Perspektive aufgewachsen. Seine Eltern hatten, wie so viele ihrer Generation, gegen den Vietnamkrieg demonstriert und waren grundsätzlich gegen jede Art von Projektion amerikanischer Macht. In Haverford war der pazifistische Geist der Quäker trotz der mittlerweile überkonfessionellen Ausrichtung des Colleges eine treibende Kraft gewesen. Seine Ansprache in Washington an dem Abend zeigte deutlich, wie weit er sich von Mt. Airy und unserer Alma Mater entfernt hatte.

Doch falls Karps Ehrerbietung gegenüber dem Militär in Anbetracht seiner Erziehung überraschend war, dann vielleicht auch aus einem ganz anderen Grund: Nie hatte Palantir mit jemandem so erbittert um Aufträge kämpfen müssen wie mit dem Pentagon. Der Kampf dauerte Jahre und war eine haarsträubende Saga um die List und Tücken von Washingtons Bürokratie. Sie war umso skandalöser, als die USA zu der Zeit zwei Kriege führten, bei denen nicht zuletzt die unzureichende Technologie des Militärs für viele Tote und Verwundete mitverantwortlich war. Palantir verklagte schließlich die Army wegen ihrer Weigerung, das Unternehmen an einer Ausschreibung für ein neues System zur Gefechtsfeldaufklärung teilnehmen zu lassen. Es war dies die letzte Wendung in einer Geschichte, die Palantir Millionen an Lobbyarbeit und Anwaltsgebühren kostete und an der neben hochrangigen Militärs auch einige der einflussreichsten Stimmen im Kongress beteiligt waren, darunter Senator John McCain. Der Schlagabtausch sorgte im Pentagon nachhaltig für böses Blut.

Als Karp und seine Partner Palantir gründeten, wussten sie, dass die Arbeit mit dem Militär auf der Liste der zu erreichenden Ziele ganz oben stand. Wie zur Bekräftigung dieser Ambition würzten sie die Kultur ihres Unternehmens mit Militärjargon. So war etwa der Begriff *forward deployed* ein Begriff aus der Kriegsführung, der sich auf »vorgeschobene Kräfte« bezieht. Intern bezeichnete Palantir seine Forward-Deployed Engineers (FDEs) auch als *Deltas*, in Anlehnung an die Delta Force, eine Eliteeinheit des US-Militärs. Palantir entstand zu einer Zeit, als die Tech-Branche wenig Interesse an einer Zusammenarbeit mit dem Pentagon hatte und das Silicon Valley mit seiner trotzig-lässigen Kleiderordnung, seiner Begeisterung für Freizeitdrogen und seinem Anspruch, nie und nimmer Böses zu tun, Welten entfernt war vom Militär und seinem Kriegerethos. Auch in dieser Hinsicht waren die Palantirianer Ausreißer. Auf der anderen Seite waren sie auch ein Atavismus, denn schließlich verdankt der amerikanische Tech-Sektor in vieler Hinsicht seine Existenz dem Militär.

Nicht nur, aber vor allem infolge des Kalten Krieges und der Entschlossenheit Amerikas, der Sowjetunion zu Lande, zu Wasser und im Weltraum immer einen Schritt voraus zu sein, verwandelte sich in den 1950er- und 1960er-Jahren eine verschlafene Idylle im Norden Kaliforniens in den fruchtbarsten Tech-Hub der ganzen Welt. Fairchild Semiconductor, ein in San Jose ansässiges Unternehmen, das für das Entstehen der Tech-Industrie, wie wir sie kennen, verantwortlich zeichnet, erfand Ende der 1950er-Jahre den Silizium-Mikrochip. Der erste Abnehmer war das Pentagon, das Fairchilds Mikrochip für den B-70-Bomber und das Minuteman-Raketenprogramm verwendete. Die Stanford University wurde dank der Forschungszuschüsse aus dem Pentagon zum führenden Inkubator für technische Talente. Das Internet begann als Verteidigungsprojekt: In den 1970er-Jahren benötigte das Militär ein drahtloses Computernetzwerk, das der Truppe auch an entlegenen Orten Zugriff bot; aus dieser Technologie entwickelte sich das kommerzielle Internet. In den 1980er-Jahren waren die Verteidigungsausgaben das Schmiermittel für Innovationen im Silicon Valley. Wie die Historikerin Margaret O'Mara in ihrem Buch *The Code: Silicon Valley and the Remaking of America* schreibt, blieb der Haushalt des Pentagons »der Big-Government-Motor, der sich unter der Motorhaube des glänzenden neuen unternehmerischen Sportwagens aus dem Valley versteckte und weitgehend unter dem Radarschirm der Dauerberichterstattung über Hacker und Kapitalisten flog«.

Das Ende des Kalten Krieges brachte eine drastische Kürzung des amerikanischen Verteidigungshaushalts. Das Beschaffungsbudget des Pentagons wurde nach dem Zusammenbruch der Sowjetunion um mehr als die Hälfte zusammengestrichen. 1993 lud der stellvertretende Verteidigungsminister William Perry die CEOs der führenden amerikanischen Rüstungsunternehmen zum Dinner ins Pentagon. Er hatte eine aufrüttelnde Botschaft für sie: Das Geschäft sei nicht mehr groß genug für sie alle und die Rüstungsindustrie müsse sich konsolidieren. Die Zusammenkunft wurde in Militärkreisen als das »letzte Abendmahl« bekannt, und die Unternehmen taten wie geraten: In den folgenden Jahren schrumpfte eine Kerngruppe von etwa fünfzig Luftfahrt- und Rüstungskonzernen durch Fusionen und Übernahmen auf gerade mal fünf. Für das Silicon Valley war die Botschaft unmissverständlich: Die Zeiten von Amerikas grenzenlosem Verteidigungsbedarf waren so gut wie vorbei. Da die Vereinigten Staaten nun als globale

Hegemonialmacht fest etabliert waren und eine sogenannte »Friedensdividende« bezogen, begann die lange, für beide Seiten profitable Beziehung zwischen dem Silicon Valley und dem Pentagon zu verkümmern. Das verbraucherorientierte Internet war fortan der Ort, an dem dank Unternehmen wie Amazon, von Jeff Bezos 1994 in seiner Garage gegründet, die wirkliche Action stattfand.

Der 11. September zerschmetterte die trügerische Ruhe der Nachkriegszeit. Doch auch wenn der Terrorschlag Vergleiche mit Pearl Harbor aufkommen ließen, hatte man im Silicon Valley kaum das Gefühl, dass man im Pentagon den Geldhahn noch einmal aufdrehen würde; im Allgemeinen sah die Tech-Industrie im Krieg gegen den Terror keine großen Geschäftsmöglichkeiten und blieb auf das E-Business fokussiert. Palantir mochte ein Startup gewesen sein, das im Softwarebereich an vorderster Front operierte, aber sein Fokus auf nationale Sicherheit und Verteidigung passte nicht in die Zeit. Die frostige Haltung der Venture-Capital-Community gegenüber Karp spiegelte den Mangel an Vertrauen in Palantirs Aussichten wider.

Um Palantirs Geschäft im Rüstungssektor aufzubauen, stellte Karp 2008 mit Doug Philippone einen ehemaligen Army Ranger ein. Philippone war ein West-Point-Absolvent mit einem Diplom in Mathematik und hatte im Irak, in Afghanistan und in Pakistan gedient. Er hatte sich im Krieg bewährt und war mit drei Bronze Stars ausgezeichnet worden, zwei davon für besondere Tapferkeit. Für General Stanley McChrystal, der die US-Truppe in Afghanistan befehligte, war Philippone »der aggressivste und effektivste Kampfkommandeur unter meinem Befehl«. Mehrere Rückenoperationen zwangen Philippone, aus der Army auszuscheiden, und als er über seine Möglichkeiten nachdachte, erzählte ihm ein Freund, dass Palantir jemanden suche, der dem Unternehmen helfen könne,

Rüstungsaufträge an Land zu ziehen. Philippone hatte keine Ahnung, wer oder was Palantir war, dachte sich aber, »als Mathematiker Jagd auf Terroristen zu machen« könnte vielleicht ganz interessant sein. Karp seinerseits dachte, ein dekorierter Veteran, der die Bewunderung hochrangiger Militärs genoss, könnte Palantir helfen, beim Pentagon einen Fuß in die Tür zu bekommen. Außerdem vermutete er, dass Philippones Einsatzerfahrung bei den Scharmützeln mit der Bürokratie ganz hilfreich sein könnte. Wie er mir später sagte: »Doug ist ein Killer, und er weiß, das ist ein Nullsummenspiel.«

Philippone war 37, als er zu Palantir kam. Wie Karp war er damit ein Erwachsener in einem Unternehmen voll Kids, und er war der Erste in der Firma, dessen persönliche Erfahrungswelt sich auf die Produktentwicklung auswirken konnte. Durch seine zahlreichen Einsätze wusste er, welche Art von Informationen Soldaten im Feld benötigten und wie sie diese geliefert bekommen wollten, und obwohl er keinen technischen Hintergrund hatte (eine weitere Ähnlichkeit mit Karp), scheute er sich nicht, sich durchzusetzen.

Er sah, dass seine Kollegen mit den Prinzipien der Gefechtsfeldaufklärung nicht vertraut waren und anscheinend davon ausgingen, dass das Militär auf die gleiche Weise arbeitete wie die CIA. »Die Gründer«, so erklärt er, »hatten alle den Workflow rund um 9/11 im Kopf, wo man sich mit sämtlichen Nachrichtendiensten und Polizeikräften kurzzuschließen versuchte, um sich ein Bild zu machen, aber so funktioniert das Militär nicht.«

Doch es gab noch ein grundlegenderes Problem: Die Software enthielt keine Mapping-Funktionen. »In der Welt der Geheimdienste liest man viel und schickt dann ein Kabel«, sagt Philippone. »Beim Militär ist die Karte das A und O. Man schaut sich eine Karte an, sucht und findet anhand der Karte, plant anhand der Karte und führt seine Schlacht anhand der

Karte. Natürlich gibt es auch andere Anwendungen, aber das Herzstück ist immer die Karte.« Unter den Ingenieuren von Palantir gab es Widerstand gegen das Kartenkonzept. Nicht dass sie der Ansicht gewesen wären, dass Philippone unrecht hatte, nein, sie wollten nur der enormen technologischen Herausforderung, eine wirkungsvolle Software für den Kampf gegen den Terror zu entwickeln, nicht ein weiteres Problem hinzufügen.

Philippone setzte sich durch, und die Ingenieure verpassten Gotham eine Karten-App. Doch das interne Scharmützel erwies sich als Vorspiel zu einer weit größeren Schlacht. Palantir verzeichnete einige Anfangserfolge bei seinen Bemühungen um Aufträge vom Militär. So begann 2008 eine Special Missions Unit (SMU), wie man geheime Elite-Einheiten – wie das Seal Team 6 der Navy – nennt, Gotham zu nutzen. Kurze Zeit später folgte ihr eine andere Eliteeinheit, die 10th Special Forces Group (Airborne) der Army. Sowohl die SMU als auch die 10th Special Forces Group verfügten über ein großzügiges Budget, dessen Verwendung in ihrem eigenen Ermessen lag. Andere, größere Einheiten hatten diesen Ermessensspielraum jedoch nicht, und die Army belieferte die Truppe in Afghanistan bereits mit einer Gefechtsfeldplattform.

Das Distributed Common Ground System-Army oder DCGS-A, inoffiziell »D-sigs«, war eine Gemeinschaftsentwicklung von Lockheed Martin, Raytheon und Northrop Grumman, drei der Überlebenden des letzten Abendmahls. Eingeführt hatte man sie 2007 mit dem Ziel, der Army die gleichen umfassenden Fähigkeiten zur Erfassung und zum Austausch von Daten auf dem Gefechtsfeld an die Hand zu geben wie den Geheimdiensten im Gefolge von 9/11. Ironischerweise handelte es sich bei der Softwarekomponente von D-sigs um das – mittlerweile im Besitz von IBM befindliche – Analyst's Notebook.

D-Sigs hatte sich jedoch als Blindgänger erwiesen. Es erforderte stundenlanges Training und war in der Bedienung selbst versierten Nutzern zu umständlich; außerdem stürzte es ständig ab und hatte an abgelegenen Orten keinen Empfang. Vor allem aber versagte es bei seiner wichtigsten Aufgabe: dem Schutz der Soldaten. Bomben am Straßenrand und andere improvisierte Sprengsätze töteten eine erhebliche Zahl amerikanischer und alliierter Soldaten. Ein *Fortune*-Artikel zitierte einen namentlich nicht genannten Offizier, der in Afghanistan gedient hatte. »D-sigs war scheiße, absolut hoffnungslos«, sagte er. »Ständig musste man zwischen allem hin und her schalten. Nichts war auf einen Blick zu sehen. Es war überhaupt nicht intuitiv. Man brauchte bloß einen Namen falsch einzugeben, schon stimmte er nicht mit den anderen Informationen über denselben Typ oder denselben Ort überein.« Und so ging es weiter. »Man konnte nichts auf einen USB-Stick ziehen, sodass all die Informationen, die man aufzeichnete, niemandem sonst zur Verfügung standen, es sei denn, man hatte zufällig eine sichere Breitbandverbindung, was selten der Fall war. Alles befand sich auf deinem Laptop, und wenn man abgelöst wurde, hatte die Ablösung nichts davon. Und wenn man mal eine Verbindung hatte, stürzte das System so gut wie ständig ab.«

Diese Unzuverlässigkeit trug zu einem der größten Fälle von Geheimnisverrat der amerikanischen Geschichte bei. Bradley Manning, ein im Irak stationierter Nachrichtenoffizier der Army, war darauf trainiert, seine Arbeit konsequent mit Backups zu sichern, aber wie er 2013 im Rahmen seiner Verhandlung vor einem Militärgericht aussagte, »war der Bedarf an Backups angesichts der relativen Instabilität und Zuverlässigkeit der Computersysteme, die wir im Einsatz nutzten, besonders akut«. Im Laufe der Zeit wuchs Mannings Unzufriedenheit mit Amerikas Kriegen im Irak und in Afghanistan. Da er aufgrund der Unzulänglichkeiten von D-sigs gezwungen war, von allem, wozu er Zugang hatte, Kopien zu ziehen, verfügte er, als er sich entschloss, als Whistleblower aufzutreten, über eine Unmenge schädlichen Materials. Manning stellte schließlich über 700 000 Dokumente auf WikiLeaks. Die Dateien umfassten nachrichtendienstliche Berichte, die Rückschläge bei Einsätzen und Menschenrechtsverletzungen enthüllten, sowie Unmengen an peinlichen Kabeln amerikanischer Diplomaten.

Die Unzufriedenheit mit D-sigs war weit verbreitet, und so bekundete 2008 die 5th Stryker Combat Brigade der Army, Infantry 2nd Division, Interesse an der Software von Palantir. Den Befehl über die Einheit hatte Colonel Harry Tunnell. Er war eine so schillernde wie umstrittene Figur. Viele seiner Kollegen sahen in ihm ein Genie mit einem Hang zu Alleingängen. Er hatte sich 2003 im Irak eine schwere Beinverletzung zugezogen. Auf seinem Schreibtisch lag der Metallstab, der ihm damals implantiert worden war. Ein Kollege behauptete später, Tunnell sei entschlossen gewesen, seine Verletzung zu rächen, und habe den Stab zur »Illustration« all dessen aufgehoben, womit sich das US-Militär konfrontiert sah. Einem Artikel des *New York Times Magazine* zufolge wurde er von anderen hochrangigen Offizieren mehrfach für seine ihrer Ansicht nach zu aggressiven Methoden gerügt.

Vor allem weigerte er sich, die unter der Führung von General David Petraeus 2007 eingeführte Strategie zur Aufstandsbekämpfung zu übernehmen. Petraeus' Ansicht nach brauchte es zu einer wirksamen Aufstandsbekämpfung mehr als nur die Tötung feindlicher Kämpfer. Voraussetzung sei vielmehr, das Wohlwollen der einheimischen Bevölkerung zu gewinnen, etwa indem man ihre Sicherheit gewährleistete und die wirtschaftliche Entwicklung vor Ort förderte. Tunnells Ansicht nach war die Army für ein so umfassendes Mandat schlecht gerüstet, und überhaupt seien die Amerikaner zur Nationenbildung »kulturell nicht geeignet«. Seiner Ansicht nach bestand die Aufgabe des Militärs in der Vernichtung des Feindes, auch wenn dies Maßnahmen erfordere, »über die wir aus Gründen der politischen Korrektheit nicht sprechen dürfen«, wie er es ausdrückte. Trotz seiner offenen Ablehnung der etablierten Doktrin des Pentagons behielt er das Kommando über seine 3800 Mann starke Brigade.

Einige Wochen nachdem die 5th Stryker Brigade Kontakt zu Palantir aufgenommen hatte, reiste Doug Philippone zum Standort der Einheit in Fort Lewis, Washington, um Tunnell Gotham vorzuführen. Beeindruckt von der Demonstration, lud Tunnell Palantir ein, an einer Feldübung seiner Brigade teilzunehmen. Philippone schickte zwei Ingenieure, die Palantir dabei vertreten sollten. Die beiden waren Anfang zwanzig und hatten weder militärische Erfahrung noch eine Heldenfigur. »Eine Waffe hätte man denen nicht in die Hand geben wollen«, scherzte Philippone. Wie auch immer, die Palantirianer traten mit ihrer Software gegen die mit D-sigs operierenden Nachrichtenanalysten der 5th Stryker an. Ziel der Übung war, festzustellen, wer von beiden schneller und mit größerer Genauigkeit feindliche Stellungen und Örtlichkeiten ausmachen konnte, an denen amerikanische Soldaten in Sprengfallen gelaufen waren. So grün Palantirs Duo hinter den Ohren war, es fegte das Analystenteam der Army praktisch mit links vom Platz – womit Palantir in seinen Bemühungen um Aufträge aus dem Pentagon einmal mehr die herkömmliche Software nach Punkten schlug. Am Ende der Übung wandte sich Tunnell an seine Kollegen und sagte mit Bezug auf Palantirs Technologie: »Gibt es hier jemanden, der das *nicht* haben will?«

Im Februar 2009 rückte Tunnells Brigade im National Training Center in Fort Irwin, Kalifornien, ein. Das mitten in der Mojave-Wüste gelegene NTC dient US-Truppen zu letzten Vorbereitungen für den Einsatz in Übersee. Die Nachrichtenanalysten der Stryker-Brigade arbeiteten jetzt mit Gotham. Mit einem Update der Software hatte man zwei der größten Probleme des Militärs in Afghanistan und im Irak (und einige Kernfehler von D-sigs) gelöst. Gotham ermöglichte jetzt Uploading und Synchronisation gesammelter Informationen in Gebieten mit schlechter oder gar keiner Verbindung, sobald diese wiederhergestellt war. Die andere neue Funktion, die Palantir Nexus Peering getauft hatte, ermöglichte es Militäranalysten, auf verschiedenen Servern gespeicherte Daten zu integrieren und zu harmonisieren, sodass allen Soldaten im Feld dieselbe Ansicht vorlag. »Das war technologisch die härteste Nuss, die wir je zu knacken hatten«, sagt Bob McGrew. Entsprechend bezeichnet er das Resultat als Durchbruch, der für Palantirs Rüstungsgeschäft von »grundlegender« Bedeutung war.

Die 5th Stryker Brigade hätte eigentlich in den Irak gehen sollen, wurde aber im letzten Augenblick nach Afghanistan abkommandiert. Kurz vor der Verlegung untersagte das Pentagon Tunnells Brigade den Einsatz von Palantir; Tunnell, der außer sich war, setzte sich dennoch in Afghanistan dafür ein. Seine Hartnäckigkeit verschaffte Karp und Philippone 2010 ein Meeting mit dem Leiter des Nachrichtendienstes der Army, Lieutenant General Richard Zahner. McGrew begleitete sie zu dem Treffen, bei dem die Palantir-Gruppe die neueste Version von Gotham vorstellte. Philippone zufolge war Zahner begeistert und ließ durchblicken, dass die Army bereit sei, Palantir einen Auftrag zur Bereitstellung seiner Software für eine neun Brigaden umfassende Kampfgruppe zu geben, zu der auch Tunnells Einheit gehörte. Der Vertrag kam jedoch nie zustande: Höhere Stellen im Pentagon, die bei D-sigs bleiben wollten, blockierten ihn. Ein herber Rückschlag für Palantir, da man zu diesem Zeitpunkt bereits rund 1,5 Millionen Dollar in die Entwicklung von Gefechtsfeldtools gesteckt hatte. »So was kann ein Startup die Existenz kosten«, sagt Philippone. »Wir hatten die ganze Firma auf das Projekt konzentriert.«

In der Zwischenzeit hatte Tunnells Brigade schwere Verluste zu beklagen; in ihrem ersten Jahr in Afghanistan verlor sie über 30 Mann. Schließlich lenkte die Army ein und erlaubte Tunnell den Einsatz von Palantirs Software. Philippone schickte einige FDEs nach Kandahar, wo die 5th Stryker Brigade stationiert war, um Tunnells Aufklärungsstab bei der Integration von Daten zur Hand zu gehen und auch sonst technischen Support zu leisten. Auch im Irak waren Palantirianer im Einsatz vor Ort. Matt Grimm, der später das auf autonome und halbautonome Waffen spezialisierte Multimilliarden-Dollar-Startup Anduril mitbegründen sollte, war sowohl im Irak als auch in Afghanistan als FDE mit dabei. Wie er sagt, seien er und seine Kollegen mit Containern voll Servern und Laptops angerückt. In der Regel, so Grimm, habe er zwei oder drei Tage an einem Außenposten zugebracht, um die Software zusammen mit den dortigen Nachrichtenanalysten deren Bedürfnissen anzupassen: feindliche Kombattanten aufzuspüren und Stellen auszumachen, wo die Wahrscheinlichkeit von Sprengfallen am Straßenrand am größten war. »Ich sprang von einem Stützpunkt zum anderen und fragte die: ›Hey, ich bin der Typ von Palantir und soll euch helfen – wo seid ihr denn grade dran?‹ Und die meinten: ›Ich glaube, hier gibt's irgendwo ein Netzwerk, das den Bau von Bomben finanziert, aber ich komm nicht dahinter, wo – kannst du mir helfen?‹ Ich war fast so was wie ein Nachrichtenanalyst mit erweiterter Intelligenz, der neben dem Typ von der Aufklärung saß und ihm die Bösen zu finden half.« Von einem Stützpunkt zum anderen zu gelangen, war gar nicht so einfach. Grimm war praktisch per Anhalter mit Konvois und Hubschraubern unterwegs und lernte dabei: Der Tauschhandel war der Schlüssel zu einem Lift. »Die Währung in

Kriegsgebieten«, erinnert sich Grimm mit einem Lachen, »ist Nikotin.«

Die im Irak und in Afghanistan eingesetzten FDEs hatten auch eine Marketingfunktion: Als sich die Erfolge von Palantirs Software herumsprachen, konnten sie Kommandos besuchen, die die Technologie ausprobieren wollten. So landete denn 2011 die E-Mail eines in Afghanistan stationierten Army-Offiziers in der allgemeinen Mailbox von Palantir. »Die letzten 72 Stunden«, so schrieb er, »waren hart beim S2 hier, da wir in einer Woche sechs katastrophale Anschläge durch IEDs [Improvised Explosive Devices; selbstgebaute Bomben] hatten und auch die ersten drei Todesopfer durch IEDs bei zwei Angriffen auf die neuen Doppel-V-Rumpf-Strykers. Unsere CIED-Gruppe hatte massive Probleme damit, all die Daten auf Lösungen hin durchzugehen, und wir haben ein paar Tage lang kaum ein Auge zugetan, um externe Datenquellen abzufragen, Tabellen durchzugehen, Shapefiles in ArcGIS zu filtern, x-mal, bis ein Muster zu erkennen war, was da passierte. Wie es der Zufall wollte, hatten wir bei Palantir angefragt, und deren Ingenieur tauchte mitten in unserer Krise auf, um uns ein Demo zu zeigen. Wir gaben ihm einen Teil unseres Problems zur Lösung, und bei dem, was der in ein paar Stunden rausfinden konnte, wo wir Tage drüber gegessen hatten, blieb uns die Spucke weg. Jetzt, wo wir das gesehen haben, müssen wir es haben.«

Für Palantir brachte dieser Marketingansatz durch die Hintertür einen gewissen Erfolg: Einzelne Bataillone mit dem nötigen Budget und der Berechtigung, auf eigene Faust einzukaufen, konnten die Software erwerben. Palantirs Problem mit dem Pentagon lösten diese punktuellen Erfolge allerdings nicht. Das Center for a New American Security, ein Washingtoner Thinktank, veröffentlichte 2010 einen Aufsatz mit dem Titel »Fixing Intel: A Blueprint for Making Intelligence Relevant in Afghanistan«. Die Autoren dieses Entwurfs zur Reform der Aufklärung in Afghanistan waren der bald schon berühmt-berüchtigte Army-General Michael Flynn, damals Nachrichtenoffizier im Stab von General McChrystal, Matt Pottinger, ein ehemaliger Reporter des *Wall Street Journal*, der nach 9/11 zu den Marines gegangen war, und Paul Batchelor, ein leitender Berater der Koalitionstruppen in Afghanistan. Im Wesentlichen hieß es in dem in Militärkreisen viel diskutierten Artikel, dass die USA und ihre Verbündeten nicht annähernd genügend Informationen über das Umfeld, in dem sie operierten – die politischen, kulturellen und wirtschaftlichen Faktoren, die in verschiedenen Teilen Afghanistans eine Rolle spielten –, sammelten und verbreiteten, um eine erfolgreiche Aufstandsbekämpfung zu betreiben. Die Autoren räumten außerdem ein, dass es bei der Ausarbeitung eines umfassenderen Bildes »schwerwiegende technologische Hürden« gebe, wie etwa »das Fehlen einer gemeinsamen Datenbank und eines digitalen Netzwerks, das allen Partnern zur Verfügung steht«.

Philippone las das Papier und kam zu dem Schluss, dass Flynn sich mit Palantir vertraut machen sollte. Flynn gelangte später zu zweifelhaftem Ruhm als Unterstützer Donald Trumps und wegen seines kurzen skandalgebeutelten Zwischenspiels als dessen Nationaler Sicherheitsberater; anschließend wurde er dann ein von QAnon beeinflusster christlicher Nationalist. (Als Philippone Jahre später von Palantirs Beziehung mit Flynn erzählte, begann er seine Ausführungen mit »Der alte Mike Flynn«.) Zwei Palantir-Mitarbeitende, die sich in Afghanistan aufhielten, besuchten Flynn und führten ihm Gotham vor. Er war sofort begeistert und forderte das Pentagon in einem Schreiben auf, sämtliche Truppen unter McChrystals Kommando mit Palantir auszustatten. »Nachrichtenanalysten vor Ort verfügen nicht über die erforderlichen Werkzeuge, um die enormen Mengen an Informationen, die derzeit im Einsatzgebiet verfügbar sind, vollständig zu analysieren«, schrieb Flynn. »Dieses Defizit führt dazu, dass operative Chancen verpasst werden und Menschenleben verloren gehen.« Die Army freilich lehnte Flynns Aufforderung ab und teilte ihm mit, dass D-sigs für die Truppen vor Ort ausreichend sei. Flynn war nicht der Einzige, der seine Forderung nach Palantir abgewiesen sah. Zwischen 2010 und 2014 erhielt die Army fast 30 dringende Anträge auf Palantir von Soldaten und Einheiten in Afghanistan und im Irak. Sie wurden alle abgelehnt.

Während einzelne Einheiten der Army um Palantir bettelten, taten sich die Marines um einiges leichter, an die Software zu kommen. Was daran lag, dass sie D-sigs von vornherein nicht am Hals hatten, da es nur für die Army bestimmt und eine eigens für die Marines entwickelte Version nicht vor 2013 zu erwarten war. Eine entscheidende Rolle dabei, Palantir bei den Marines unterzubringen, spielte Peter Dixon, Kommandeur des 2. Bataillons des 7. Marineinfanterieregiments. Das 2/7, wie man das Bataillon gemeinhin nennt, war in einem besonders unsicheren Teil Südafghanistans im Einsatz und hatte schwere Verluste zu beklagen. Es verlor 40 Mann und hatte Dutzende von Verwundeten. Es wurde als das »vergessene Bataillon« bekannt, weil es immer wieder von den Nachschublinien abgeschnitten war und ihm häufig Munition und anderes Material ausgingen. Dreizehn Angehörige der Einheit sollten sich später das Leben nehmen.

Zu den Problemen mit dem Nachschub kam erschwerend hinzu, dass das 2/7 praktisch im Blindflug kämpfte, da ihm der Zugang zu einer gemeinsamen, leicht zugänglichen Datenbank mit Informationen über das Gefechtsfeld fehlte. »Wir hatten Übergabeberichte in Dateiform, aber die waren von lausiger Qualität«, erinnerte sich Dixon. »Sie waren ein Kuddelmuddel von Word-Dokumenten und PowerPoint-Präsentationen, und selbst die hingen davon ab, ob irgendein überforderter Zugführer die Zeit gefunden hatte, so was zusammenzustellen.«

In Ermangelung solider Aufklärungsdaten hatten Dixon und seine Kollegen keine Ahnung, wo feindliche Kämpfer in der Vergangenheit angegriffen hatten. »Wir klopften da an Türen, ohne zu wissen, ob man unsere Vorgänger bei früheren Gelegenheiten dort mit Schüssen oder Tee empfangen hatte«, sagte er. »Wir bezahlten dafür, immer wieder dieselben Lektionen zu lernen, und wir bezahlten mit Blut. Unsaubere Daten sind das große Problem bei der Aufstandsbekämpfung, und wir hatten keine Software zur Gefechtsverfolgung.«

Als Dixon 2010 einen neuen Posten im Pentagon antrat, war er fest entschlossen, den Marines im Einsatz die Hilfe zukommen zu lassen, die er selbst so schmerzlich vermisst hatte. Einmal war er als Leiter einer Delegation des Pentagons bei einer Tagung unter der Ägide von In-Q-Tel im Silicon Valley; von der CIA finanzierte Startups stellten dort ihre Produkte vor. Palantirs Software machte großen Eindruck auf Dixon. Erst recht beeindruckt war er, als er später im Hauptquartier des Unternehmens in Palo Alto vorbeischaute. »Als die damit begannen, einen ganzen Haufen unterschiedlicher Datensätze zu visualisieren, und daraus eine Heatmap machten, war das eine Offenbarung«, so Dixon. »Afghanistan mit all den überlagerten Informationen sehen zu können und was da vor Ort tatsächlich passierte – wir hatten ja kein kollektives Lagebewusstsein, und das war das Werkzeug, das uns dazu verhelfen konnte.«

Dixon kehrte nach Washington zurück und forderte in einem Dringlichkeitsantrag, Palantir den Marines in Afghanistan zur Verfügung zu stellen. Der einzige Widerstand, auf den er stieß, war der eines Army-Colonels, der ihm einen Vorwurf aus seiner Forderung nach Palantir machte. Insgesamt setzten schließlich etwa 30 Einheiten der Marines Gotham ein. »Ich meine, durch den Einsatz von Palantir in Afghanistan mehr Menschenleben gerettet zu haben als durch meine Einsätze mit Infanterie- und Sniperteams der Marines hinter den

Linien«, sagte Dixon. Palantirs Wirkung blieb von der obersten Führung nicht unbemerkt. Ein großer Förderer Palantirs war General James Mattis vom Marine Corps, damals der Chef von CENTCOM, dem US-Regionalkommando für den Nahen Osten, Nordafrika und Südasien, dem Vertreter aller sechs Teilstreitkräfte angehörten. (Mattis sollte wie Flynn später in der ersten Trump-Administration tätig sein; er war von 2017 bis 2019 Verteidigungsminister. Wegen politischer Meinungsverschiedenheiten mit Trump trat er zurück und prangerte seinen ehemaligen Chef während der George-Floyd-Proteste 2020 scharf an.)

Doch natürlich taten sich die Marines leichter mit der Einführung von Palantir, weil sie im Gegensatz zur Army kein etabliertes System hatten, das Palantir zu verdrängen drohte. Jonathan Wong, ein ehemaliger Marine, der inzwischen als Politikforscher bei der RAND Corporation tätig ist, sagt, dass die Army nicht notwendigerweise aus Böswilligkeit gegenüber Palantir gehandelt haben müsse – zumindest nicht anfangs. Man wollte einfach ein umfassenderes Gefechtsfeldaufklärungssystem als das, was Palantir damals zu bieten hatte, eines, das sich gegen das einsetzen ließ, »was wir heute bekämpfen und womit wir morgen konfrontiert sein werden«, wie er es ausdrückte. Aber Wong, dessen Dissertation sich zum Teil auf die frühen Beziehungen zwischen Palantir und dem Pentagon konzentrierte, sagte auch, Palantirs Software sei für die Herausforderungen der Aufstands- und Terrorismusbekämpfung, mit denen sich das Militär damals konfrontiert sah, besser geeignet gewesen.

Und Doug Philippone räumt ein, dass es auch seitens Palantir Schnitzer gab. Einer, der ihn heute noch verfolgt, hatte mit einem Fehlgriff bei der Garderobe zu tun. So fanden sich er und mehrere seiner Kollegen zu einem Meeting mit einem Beschaffungsoffizier im Pentagon ein, bei dem man, in einem

Versuch, einen Mittelweg zwischen dem Dekorum der Hauptstadt und der Lässigkeit im Silicon Valley zu gehen, zwar Anzug, aber keine Krawatte trug. Ihr Gastgeber war außer sich. »Ich glaube, er hat nicht ein Wort von dem gehört, was wir gesagt haben«, erinnert sich Philippone. Und nicht nur das: Der Fauxpas sprach sich herum und sorgte auch an anderer Stelle im Pentagon für Empörung. »Ich hörte noch jahrelang über den Buschfunk, wie beleidigt die waren, dass wir keine Krawatten trugen«, sagt er.

Die Krawatten-Panne befeuerte die Animositäten einiger Offiziere aus der Führungsspitze der Army gegenüber Palantir. Anfang 2012 befragte die Army 100 Soldaten und Militärdienstleister, was sie von Palantir hielten: 96 von ihnen antworteten positiv und empfahlen der Army eine umfangreichere Nutzung der Software. Einige Monate später jedoch kassierte die Army angeblich einen Bericht, der diese Ergebnisse zitierte, und gab einen neuen heraus, in dem ein Großteil des Lobs für Palantir fehlte. Als der Abgeordnete und Ex-Marine Duncan Hunter, Mitglied des Ausschusses für die Streitkräfte im Repräsentantenhaus und einer der entschiedensten Befürworter von Palantir auf dem Capitol Hill, von dem unterdrückten Bericht erfuhr, verlangte er vom Pentagon eine Erklärung. »Das System funktioniert nicht, wenn die Kombattanten vor Ort jeden Tag Verluste hinnehmen müssen, weil sie keine billige Software bekommen, die Wunder wirkt«, sagte Hunter damals. Im April 2013 geriet der Stabschef der Army, Ray Odierno, bei seiner Aussage vor dem Ausschuss für die Streitkräfte mit Hunter in ein lautstarkes Wortgefecht über Palantir. »Ich habe es satt, mir sagen zu lassen, dass ich mich nicht um unsere Soldaten kümmere und nicht reagiere«, sagte Odierno wütend zu Hunter und fügte hinzu, dass die Army dank D-Sigs über das »Zwanzigfache« an Aufklärungsfähigkeiten verfüge als noch ein Jahrzehnt zuvor.

Hunter, der 2020 aus dem Kongress ausscheiden musste, nachdem er sich des Missbrauchs von Wahlkampfgeldern schuldig bekannt hatte (Präsident Trump sollte ihn später begnadigen), war nicht Palantirs einziger Verbündeter am Capitol Hill. Senator John McCain brachte ebenfalls seine Frustration mit D-sigs zum Ausdruck und forderte, dass die Armee Palantir für weitere Einheiten im Irak und in Afghanistan zur Verfügung stellt. Auch wenn Karp und seine Kollegen den Kampf mit der Army später als klassische David-gegen-Goliath-Geschichte – mit Palantir in der Rolle des David – darstellen sollten, war die Wahrheit etwas komplizierter. Palantir war zweifellos ein wackerer Außenseiter, aber das Unternehmen gab auch Millionen für mächtige Lobbyisten aus, die bei den Kongressabgeordneten für das Unternehmen eintreten konnten. Die Schlagzeile eines *Politico*-Artikels von 2016 – »How Palantir Wired Washington« – reflektierte die Anstrengungen des Unternehmens zur Pflege dieses Beistands.

Die zunehmende Sichtbarkeit in Washington zahlte sich aus – Palantir schloss in dieser Zeit Verträge mit einer Reihe von Bundesbehörden ab, darunter das FBI, das Finanzamt (IRS), die Börsenaufsicht (SEC), das Ministerium für Innere Sicherheit (DHS), das Nationale Gesundheitsinstitut (NIH) sowie die Zentren für Krankheitskontrolle und Prävention (CDC). Palantir war also längst mit der Vernetzung eines Gutteils der Behörden in der Bundeshauptstadt befasst. Nur bei der Army bekam man keinen Fuß in die Tür. Im Dezember 2015 gab die Army bekannt, die erste Version von D-sigs auf Eis zu legen, und bat um Angebote für die Entwicklung einer zweiten, vermutlich besseren Version, die sie als Increment 2 bezeichnete. Man würde jedoch, darauf wurde ausdrücklich hingewiesen, ausschließlich Vorschläge zur Entwicklung eines von Grund auf neuen Systems akzeptieren – man sei nicht bereit, Produkte von der Stange auch nur in Betracht zu ziehen, was Palantir von der Beteiligung an der Ausschreibung ausschloss. Einige Wochen später reichte Palantir eine Beschwerde beim Bundesrechnungshof (GAO) ein, der für die Bewertung von Bundesprogrammen zuständig ist. Palantir behauptete, die Army habe mit dem Ausschluss des Unternehmens von der Ausschreibung gegen ein Gesetz von 1994 verstoßen, dem zufolge die Bundesbehörden verpflichtet sind, zur Deckung ihres Bedarfs Produkte von der Stange zu berücksichtigen.

Zu diesem Zeitpunkt leugnete das Pentagon noch nicht einmal mehr, dass D-sigs eine Niete war. Im April 2016 räumte General Mark Milley, der Vorsitzende der Joint Chiefs of Staff, vor dem Ausschuss für Streitkräfte des Senats ein, dass D-Sigs die Soldaten in Afghanistan und Iraq im Stich gelassen hätte. Milley drückte sich diplomatisch aus, als er sagte, das System funktioniere »auf den Befehlsebenen oberhalb der Brigade recht gut« und seine eigenen Erfahrungen damit seien »sehr, sehr gut«. Auf der taktischen Ebene jedoch sei es »schwieriger zu handhaben, nicht ganz so schnell, und man tut sich schwer, über das ganze Gefechtsfeld hinweg von einem Ort zum anderen zu springen«. Er sagte, er habe sich »eingehend« mit den Problemen im Zusammenhang mit D-sigs befasst und sei sich »der vielen Kontroversen bewusst«. Auch räumte er ein, dass »es vielleicht andere Optionen« gebe, was eine klare Anspielung auf Palantir zu sein schien.

Doch einige Wochen später wies der Oberste Rechnungshof Palantirs Beschwerde ab. Der Kongress, so hieß es in der Begründung, habe den Bundesbehörden einen breiten Ermessensspielraum bei der Entscheidung zwischen kommerziellen und maßgeschneiderten Produkten eingeräumt. Zu diesem Zeitpunkt kam Karp zu dem Schluss, dass Palantir nur noch der Rechtsweg blieb. Die Army zu verklagen, um Aufträge von ihr zu bekommen, ist ein auf den ersten Blick überraschender Ansatz. Doch es gab einen Präzedenzfall aus jüngerer Zeit, an dem ein anderes von Peter Thiel unterstütztes Unternehmen beteiligt war: 2014 hatte Elon Musks SpaceX die Air Force verklagt, weil sie einem Konkurrenten, United Launch Alliance, einem Joint Venture von Lockheed Martin und Boeing, einen Auftrag ohne Ausschreibung über 36 Booster für den Start nationaler Sicherheitssatelliten erteilt hatte. Die Klage wurde im folgenden Jahr beigelegt, als die Air Force zustimmte, das Ausschreibungsverfahren für künftige Starts zu öffnen. Palantir beauftragte Boies Schiller Flexner LLP, die Anwaltskanzlei, die SpaceX vertreten hatte, mit der Ausarbeitung der Klage gegen die Army.

Karp sagt, er hätte auch ohne den Präzedenzfall SpaceX geklagt. Er war entsetzt über das Verhalten der Army. Es wollte ihm nicht in den Kopf, dass den Verantwortlichen mehr daran gelegen schien, ein gescheitertes Programm zu schützen als die kämpfende Truppe. Er traf sich mit Soldaten, die Palantirs Technologie im Irak und in Afghanistan eingesetzt hatten und sie als Lebensretter betrachteten. Darüber hinaus sagte er, es liege nicht in seiner Natur, vor einem Kampf davonzulaufen – wenn ihn jemanden schlage, dann schlage er zurück. Als er mir das erzählte, bemerkte ich scherzhaft, dass sich das nicht sehr nach Haverford anhöre. »Nun, Haverford hat uns nicht beigebracht, wie man kämpft«, antwortete er scharf, eine Bemerkung, die als Vorwurf gemeint war.

Ende Juni 2016 verklagte Palantir die Army vor dem U.S. Court of Federal Claims, dem für Streitigkeiten um Aufträge der öffentlichen Hand zuständigen Gericht. Die Anklage war unverblümt, mitunter bissig. Palantir beschuldigte Vertreter der Army, das Leben von Soldaten zu opfern, nur um nicht zugeben zu müssen, dass D-sigs ein Fehlschlag war. Die Bedingungen der Ausschreibung für D-sigs Increment 2, so hieß es in der Klageschrift, hätten »die Army auf einen verfehlten Beschaffungsansatz festgelegt, der rechtswidrig ist, der niemandem außer der etablierten Rüstungsindustrie zugutekommt, der sich auf irrationale Weise Innovationen aus dem Silicon Valley widersetzt, der Milliarden an Steuergeldern verschwendet und der sogar das Leben und die Schlagkraft unserer Soldaten in Uniform gefährdet«.

Vier Monate später entschied das Gericht klar zu Palantirs Gunsten. In der Begründung ihres Urteils sagte Richterin Marian Blank Horn, dass die Army mit einem Ausschreibungsprozess, der Palantir effektiv ausschloss, »willkürlich und sachfremd« gehandelt und damit, eine Alternative von der Stange nicht angemessen zu berücksichtigen, gegen das Gesetz verstoßen habe. Es erging ein rechtskräftiges Unterlassungsurteil, das die Army verpflichtete, den Auftrag erst dann zu vergeben, wenn sie ihrer gesetzlichen Verpflichtung nachgekommen sei, auch kommerzielle Optionen zu prüfen.

Ihre Entscheidung wurde am 31. Oktober bekannt gegeben. Acht Tage später wurde Donald Trump zum Präsidenten gewählt.

Kapitel 7
DAS PETER-PROBLEM

Peter Thiels Essay »The Education of a Libertarian« erschien 2009 in einer vom Cato Institute, einem Washingtoner Thinktank, herausgegebenen Zeitschrift namens *Cato Unbound.* In diesem Aufsatz erklärte Thiel, eher ernüchtert als frustriert, seinen Traum von Amerika als libertärer Walhalla für tot. Das Problem sei die partizipatorische Demokratie. »Ich glaube nicht mehr, dass Freiheit« – gemeint ist wirtschaftliche Freiheit – »und Demokratie miteinander vereinbar sind«, schrieb er. »Die 1920er-Jahre«, so führt er aus, »waren das letzte Jahrzehnt in der amerikanischen Geschichte, in dem sich in politischer Hinsicht wirklich optimistisch sein ließ. Von 1920 an haben der enorme Anstieg der Zahl der Sozialhilfeempfänger und die Ausweitung des Wahlrechts auf Frauen – zwei für Libertäre notorisch schwierige Gruppen – den Begriff der ›kapitalistischen Demokratie‹ zu einem Oxymoron gemacht.« Thiel forderte seine Weggefährten auf, sich mit ihm aus der politischen Arena zurückzuziehen. »In unserer Zeit besteht die große Aufgabe für Libertäre darin, einen Ausweg aus der Politik in all ihren Formen zu finden – von den totalitären und fundamentalistischen Katastrophen bis hin zum nicht denkenden Demos, der die sogenannte ›Sozialdemokratie‹ lenkt.« Er schlug drei mögliche Fluchtwege vor: Cyberspace, Weltraum und Seasteading.

Es überrascht kaum, dass der Aufsatz Kontroversen auslöste, insbesondere die Zeile über das Frauenwahlrecht. Die Reaktionen waren so heftig, dass Thiel sich zur Veröffentlichung eines Addendums gezwungen sah. Nicht etwa, um sich zu entschuldigen – seine Aussage über Frauen, so schrieb er, gründete auf einer »ganz alltäglichen statistischen, oft als Gender-Gap bezeichneten Beobachtung bezüglich des Wahlverhaltens«. Er betonte jedoch, er habe keineswegs einer Entmündigung das Wort geredet, sondern lediglich sagen wollen, dass die Demokratie nicht zu der libertären Zukunft führe, die er sich erhofft habe. Er schloss mit den Worten: »Politik ist viel zu verkrampft … Politik macht die Menschen zornig, zerstört Beziehungen und polarisiert die Sichtweise der Menschen; die Welt ist ein ›Wir gegen die anderen‹, ›die Guten gegen die anderen‹. In der Politik geht es darum, sich in das Leben anderer Menschen einzumischen, ohne deren Zustimmung. Das ist vermutlich der Grund, warum Libertäre in der Vergangenheit in der politischen Sphäre kaum vorangekommen sind. Deshalb plädiere ich dafür, unsere Energie auf andere Bereiche zu konzentrieren, auf friedliche Projekte, die manche für utopisch halten.«

Thiel zog sich mitnichten aus der Politik zurückgezogen. So steckte er 2012 beachtliche 2,6 Millionen Dollar in den Präsidentschaftswahlkampf Ron Pauls, eines für seine libertären Ansichten bekannten republikanischen Kongressabgeordneten aus Texas, der in den 1980er- und 1990er-Jahren Newsletter mit stark rassistischen und antisemitischen Inhalten herausgegeben hatte. Bei der Auszählung der Stimmen für die republikanische Nominierung belegte Paul den vierten Platz. Vier Jahre später setzte Thiel auf einen anderen Texaner, den republikanischen Senator Ted Cruz. Als Cruz 2016 ins Rennen um die Präsidentschaft einstieg, war Thiel einer seiner größten Unterstützer. Nur verlief sich Cruz' Kampagne trotz eines frühen Siegs bei den Vorwahlen in Iowa alsbald im Sand. Die meisten seiner Kollegen im Kongress hatten nichts als Verachtung für ihn übrig: Der ehemalige Sprecher des Repräsentantenhauses, John Boehner, bezeichnete ihn einmal als »Luzifer in Menschengestalt«, und der republikanische Senator Lindsey Graham aus South Carolina scherzte 2016 in einer Rede: »Würden Sie Ted Cruz auf dem Senatsparkett umbringen und der Prozess im Senat stattfinden, niemand würde Sie verurteilen.« Wie sich herausstellte, waren auch die Wähler der GOP alles andere als angetan von seiner öligen, von Grund auf unsympathischen Art. Gleichzeitig erwies sich Donald Trump als Kandidat mit weit größeren Aussichten, als man sich das gemeinhin vorgestellt hatte, und wie Thiel während unseres Gesprächs im Frühjahr 2023 erzählte, fühlte er sich zunehmend von Trumps Botschaft angezogen, der zufolge Amerika vom rechten Weg abgekommen sei und die Eliten die Arbeiterklasse des Landes verraten hätten.

Schon seit einiger Zeit vertrat Thiel die Ansicht, dass die Vereinigten Staaten stagnierten und selbst das Silicon Valley, angeblich ein Quell weltverändernder Innovationen, das Versprechen der digitalen Revolution nicht einlösen könne. Seiner Ansicht nach ging der Output an transformativen Technologien zurück, statt sich zu beschleunigen. »Wir wollten fliegende Autos«, sagte er in einem berühmt gewordenen Ausspruch, »stattdessen bekamen wir 140 Zeichen« – ein Seitenhieb nicht nur auf Twitter, sondern auf das Silicon Valley ganz allgemein. Er war zu der Überzeugung gelangt, dass das politische System einen Schock brauchte, einen Umbruch, der Amerika zwingen würde, sich mit seinen Unzulänglichkeiten auseinanderzusetzen und die Art von Schaffenskraft loszutreten, die er gerne sehen würde. Wie er auf den Gedanken kam, dass ein zum Reality-TV-Star aufgestiegener Serienbankrotteur, der bei Silicon Valley vermutlich an Brüste dachte, Amerika aus dieser vermeintlichen Erstarrung herausführen könnte, ist ein Rätsel, und Thiel sollte später zugeben, dass dies eine Fehleinschätzung seinerseits war.

So aufmerksam Thiel den Kampf um die republikanische Nominierung verfolgte, beschäftigte ihn Anfang 2016 noch etwas anderes: die Klage des Wrestlers Hulk Hogan gegen die Website Gawker, die ein Video von Hogan beim Sex mit der Frau eines Freundes veröffentlicht hatte. Der in Florida eingereichte Fall kam im März dieses Jahres vor Gericht. Was damals niemand wusste und erst nach der Urteilsverkündung bekannt wurde, war, dass Thiel Hogans Klage finanziert hatte, um sich an Gawker zu rächen, weil die Website ihn einige Jahre zuvor als schwul geoutet hatte. Nach einer vierzehntägigen Verhandlung entschieden die Geschworenen zu Hogans Gunsten und sprachen ihm 100 Millionen Dollar zu, den in Florida zulässigen Höchstbetrag. Einige Monate später meldete Gawker Konkurs an und verschwand. Thiel sagte mir später, dass er nicht mit Hogans Sieg gerechnet habe, vor allem aber habe ihn die Höhe des Betrags überrascht, den die Jury ihm zugesprochen hatte. Er bezeichnete das Hogan-Urteil als den Augenblick, in dem ihm klar geworden sei, dass Trump die Präsidentschaft tatsächlich gewinnen könnte – er sah in dem Gerichtsverfahren ein Vorzeichen für einen Rechtsruck bei der Wahl im November. »Hogan«, so erklärte er, »war Trump, Gawker war die Medien und die Geschworenen waren die Wähler.«

Cruz schied Anfang Mai aus dem Rennen aus. Eine Woche darauf veröffentlichte die Trump-Kampagne die Liste der Delegierten für den Parteitag der Republikaner Mitte Juli in Cleveland. Unter den Trump-Delegierten aus Kalifornien befand sich auch Thiel. Dies war das erste Anzeichen dafür, dass er Trump unterstützte – ein unerwarteter Glücksfall für die eher chaotische Trump-Kampagne, zumal die meisten Wirtschaftskapitäne, von Trumps Aufstieg verblüfft, in der Öffentlichkeit Distanz zu dem Mann wahrten, dessen Kandidatur praktisch sicher war. Zur Belohnung setzte die Trump-Kampagne Thiels Rede auf dem GOP-Nominierungsparteitag zur besten Sendezeit an, und das am letzten Abend, noch vor Trumps eigenem Auftritt. Mit einem verlegenen Lächeln, als wäre ihm nicht ganz wohl in seiner Haut, sagte Thiel, dass das Land die Orientierung verloren habe und dass Trump »ein Baumeister« sei, der »uns zurück in eine strahlende Zukunft führen« werde.

Bis dahin war Thiels politische Betätigung bei Palantir nie Anlass zur Sorge gewesen; die Angestellten bekamen ihn nur selten zu sehen, und selbst für die unter ihnen, denen einige seiner Äußerungen Sorgen machten, waren seine ideologischen Präferenzen eher eine Kuriosität als ein PR-Problem. Jetzt freilich unterstützte er den wohl größten Demagogen, der sich je um Amerikas Präsidentschaft beworben hatte, und es war schwer vorstellbar, dass dies für Palantir keine Folgen haben sollte. Ein langjähriger Palantirianer, der Thiel persönlich durchaus mochte, empfand es als verstörend, seine Entwicklung vom »unglücklichen Libertären zum begeisterten Faschisten« mitanzusehen. Im Oktober, vier Wochen vor der Wahl, brach die Access-Hollywood-Kontroverse aus: Es war eine Tonbandaufnahme aufgetaucht, auf der Trump damit prahlte, sein Prominentenstatus sei ein Freibrief für Übergriffe auf Frauen; er könne sie »bei der Muschi packen« – ein Zitat, das um die Welt ging. Mehrere Tage lang war nicht klar, ob Trump den Skandal überleben würde. Zahlreiche Republikaner brachten ihre Abscheu über seine Äußerungen zum Ausdruck. Forderungen, aus dem Rennen auszuscheiden, wurden laut. Bis sich schließlich Thiel zu Wort meldete und seinen ersten finanziellen Beitrag zu Trumps Kampagne bekanntgab: stattliche 1,25 Millionen Dollar. Seine Spende empörte viele Palantirianer. (In einer Rede vor dem National Press Club in Washington bezeichnete Thiel Trumps Bemerkungen später als »eindeutig anstößig und ungehörig«).

Karp seinerseits hielt es mit Hillary Clinton; er hatte gegenüber Mitarbeitenden deutlich gemacht, dass er Trump persönlich abstoßend fand. In einer Betriebsversammlung, von der *Buzzfeed* später eine Videoaufzeichnung zugespielt wurde, sagte Karp 2015 zu seinen Kollegen: »Ich hatte die seltene Gelegenheit zu einer Begegnung mit Trump, habe aber abgelehnt. Ich meine, das ist jetzt inoffiziell, aber ich habe gern Respekt vor jemandem – und ich respektiere nichts an dem Typ. Ich könnte wohl noch nicht mal jemanden erfinden, der mir unsympathischer wäre.« Er mokierte sich über Trumps Geschäftstüchtigkeit, indem er darauf hinwies, dass er reicher wäre, wenn er das von seinem Vater geerbte Geld einfach an der Börse angelegt hätte, und er machte sich über Trumps Behauptung lustig, er sei Milliardär. Karp sprach von »fiktivem Reichtum« und schätzte Trump auf gerade mal etwa 500 Millionen Dollar. »Rein an einer so vulgären Metrik« wie der Tüchtigkeit im Geldverdienen gemessen, sei er ein Versager. Außerdem bezeichnete er ihn als Bully.

Später sagte Karp jedoch, er habe Trump weit ernster genommen als die meisten Beobachter und sei bereits im Herbst 2016 überzeugt gewesen, dass er gewinnen würde. Seiner Ansicht nach verstand Trump es, die Wut, den Groll vieler Amerikaner gegenüber den »Eliten«, von denen sie sich verraten fühlten, zum Ausdruck zu bringen.

Karp sagt, er habe sowohl Clintons Wahlkampfleute als auch Funktionäre der Demokraten darauf hingewiesen, dass Trump auf einen Sieg zusteuere. Das Gleiche sagte er privat FBI-Direktor James Comey, der jedoch darauf bestand, dass Karp sich irre. (In seinen Memoiren räumte Comey ein, dass er nicht an Trumps Sieg glaubte.) Als sich in der Wahlnacht Trumps Sieg abzuzeichnen begann, meinte jemand aus Palantirs Board Karp gegenüber, dieses Resultat würde sich dank der Thiel-Trump-Connection als Segen für das Unternehmen erweisen.

Karp widersprach dem vehement. »Das ist für uns rundum von Nachteil«, sagte er.

Wie er zu Recht ahnte, würde man in allen Aufträgen der öffentlichen Hand, die Palantir mit Trump im Weißen Haus erhielt, eine Belohnung für Thiels Unterstützung im Wahlkampf sehen. Die Verbindung zwischen Trump, Thiel und Palantir stand einige Wochen nach der Wahl im Rampenlicht, als Trump sich mit führenden Vertretern des Tech-Sektors traf. Organisiert hatte das Meeting, das in einem Konferenzraum im 25. Stock des New Yorker Trump Tower stattfand, Peter Thiel. Zu den Teilnehmern gehörten fast alle großen Namen des Tech-Sektors: Jeff Bezos, Elon Musk, Tim Cook, Sheryl Sandberg, Larry Page, Eric Schmidt und Satya Nadella. Thiel saß zu Trumps Linken, der designierte Vizepräsident Mike Pence zu seiner Rechten. Drei von Trumps Kindern – Don Jr., Eric und Ivanka – saßen ebenfalls mit am Tisch. Und auch Karp war dabei. Thiel hatte ihn um die Teilnahme gebeten, und obwohl Karp klar war, dass das nicht gut aussehen würde – die Bedenken wegen möglicher Interessenkonflikte waren abzusehen –, stimmte er zu.

Das Meeting war eine der Früchte von Trumps Sieg, aber auch aus einem anderen Grund von Bedeutung: Es unterstrich den tiefgreifenden Wandel in der amerikanischen Wirtschaft. Ein halbes Jahrhundert zuvor hätte sich ein designierter Präsident mit den CEOs der drei großen Automobilhersteller getroffen. Fünfundzwanzig Jahre zuvor hätten an diesem Tisch Wall-Street-Größen gesessen. Jetzt waren es die führenden Köpfe der Tech-Industrie. Ob recht oder schlecht, das Silicon Valley war zum wichtigsten Motor der amerikanischen Wirtschaft (genau genommen, der Wirtschaft weltweit) geworden, und die Zusammenkunft im Trump Tower war das Symbol dafür.

Zu Beginn des Treffens bedankte sich Trump überschwänglich bei Thiel für die Organisation des Meetings und die Unterstützung seiner Kampagne. »Sie sind was ganz Besonderes«, sagte er Thiel. Dann beugte er sich vor und umfasste linkisch Thiels Hände – wie ein Ringrichter, der einen Boxer zum Sieger erklärt. Man sah Thiel an, dass er am liebsten im Boden versunken wäre; seine Hände erschlafften, als Trump sie umklammert hielt. Dann wandte der designierte Präsident sich den übrigen Gästen zu. »Das ist eine wirklich unglaubliche Gruppe«, schwärmte er. »Es gibt auf der ganzen Welt nicht noch mal Leute wie Sie. Auf der ganzen Welt!« Trump hatte sich im Wahlkampf als Business-Koryphäe, als unvergleichlicher Deal-Maker präsentiert. In Wahrheit war er noch nicht einmal kreditwürdig; sämtliche großen US-Banken hatten ihm den Geldhahn abgedreht. Jetzt, im Kreis einiger der erfolgreichsten Unternehmer und Wirtschaftsführer der Weltgeschichte, schien Trump zu ahnen, dass er da nicht mithalten konnte – dass sein Geprahle, mit dem er im Wahlkampf so gut gefahren war, hier nicht ankommen würde. Er klang eifrig bemüht, fast flehentlich. In seinen einleitenden Bemerkungen sagte er: »Ich bin hier, um euch beim Erfolg behilflich zu sein«, und fügte hinzu: »Wir werden für euch da sein.«

Trump bat jeden, sich vorzustellen, eine Aufforderung, die das eine oder andere nervöse Hüsteln oder gequälte Lächeln auslöste – musste Jeff Bezos da wirklich mitspielen? Karp saß Trump gegenüber, Eric Schmidt, der CEO von Alphabet, saß rechts, die Trump-Kids links von ihm. Als er an der Reihe war, sagte Karp: »Alex Karp, CEO von Palantir, beseelt von der Hoffnung, zur Stärkung unserer nationalen Sicherheit und zum Abbau von Verschwendung beizutragen« – eine Bemerkung, die Trump ein Lächeln und ein zustimmendes Nicken entlockte. Das war alles, was Karp das ganze Meeting über sagte, das etwa 90 Minuten dauerte.

Wie Karp vorausgesehen hatte, löste seine Teilnahme Bedenken aus. Palantir war das einzige privat geführte Unternehmen, das dort vertreten war, und im Vergleich zu Amazon und Apple war es ein kleiner Fisch. Rein vom Standpunkt der Marktkapitalisierung her hatte ein mit rund 20 Milliarden Dollar bewertetes Unternehmen wie Palantir nichts verloren an einem Tisch mit Riesen, deren Wert in die Hunderte von Milliarden ging. Entsprechend nahmen zahlreiche Beobachter seine Anwesenheit bei diesem Meeting als Zeichen dafür, dass das Unternehmen ungebührlich von Trumps Präsidentschaft profitieren würde. Die Website von CNBC brachte einen Bericht über Karps Teilnahme an dem Meeting unter dem Titel »Palantirs CEO bei Trumps Tech-Gipfel gibt Anlass zur Sorge«. Der Artikel zitierte den ehemaligen Ethikexperten des Weißen Hauses, Norman Eisen: »Mir gefällt nicht, wie das aussieht, dass Karp mit in diesem Raum ist. Selbst wenn es [Palantir] eine weit größere Marktkapitalisierung hätte oder seine Persönlichkeit eine weit größere Bedeutung, sähe es immer noch so aus, als wollte er [Thiel] den Übergang für sein persönliches Vorankommen nutzen.«

Diese negative Reaktion war nur ein Vorgeschmack auf das, was noch kommen sollte. Palantir florierte während der Trump-Jahre. Nachdem man den Prozess gegen die Army gewonnen hatte, kamen eine Reihe von Aufträgen vom Pentagon. Aber die Öffentlichkeit begegnete diesen Erfolgen mit Argwohn. Was Karp rasend machte, war, dass viele Beobachter unterstellten, hier sei politische Günstlingswirtschaft im Spiel. Während Trumps erster Präsidentschaft wurde Palantir in heftige Kontroversen verwickelt – Skandale, die zu Rissen innerhalb des Unternehmens führten und erneut Zweifel an seinen ethischen und moralischen Standards aufkommen ließen. Vor allem aber warfen sie ein grelles Licht auf die Beziehung zwischen Karp und Thiel.

Von dem Augenblick an, in dem Trump im Juni 2015 die goldene Rolltreppe im Trump Tower herabgeschwebt kam und Mexikaner als Vergewaltiger und Kriminelle zu verunglimpfen begann, war sein Wahlkampf durchdrungen von Rassismus und Xenophobie. (Und natürlich hatte der ehemalige Demokrat Trump seinen Weg in die republikanische Politik mit der Hetze gegen Präsident Obama geebnet, dem er wahrheitswidrig nachsagte, nicht in den USA geboren und somit kein echter Amerikaner zu sein.) Noch im Dezember desselben Jahres forderte Trump, nach einem tödlichen Terroranschlag im kalifornischen San Bernardino, einen »vollständigen und totalen Einreisestopp für Muslime in die Vereinigten Staaten«. Außerdem äußerte er sich dahingehend, dass er die Einrichtung einer Datenbank zum Tracking muslimischer Amerikaner befürwortete. Die Idee war nicht neu: Die Bush-Administration hatte nach dem 11. September 2001 de facto ein Register für Muslime eingerichtet. Doch aus dem Mund von Trump wirkte die Idee unheilvoll und alarmierend. Facebook, Google und Apple gaben allesamt Erklärungen ab, in denen sie beteuerten, sich nicht an den Maßnahmen zur Einrichtung einer Datenbank für Muslime zu beteiligen. Karp sprach das Thema während des Wahlkampfs nicht an, mischte sich aber kurz vor Trumps Amtsantritt denn doch ein und erklärte gegenüber *Forbes*: »Würde man bei uns anfragen, wir würden nichts dergleichen tun.« Doch nicht alle fühlten sich durch seine Worte beruhigt. Einige Tage später schon streikten, in einer Art vorbeugendem Protest, etwa 50 ITler vor Palantirs Hauptquartier in Palo Alto.

Letztendlich richtete die Regierung Trump dann doch kein Muslim-Register ein. Aber nur eine Woche nach seinem Amtsantritt unterzeichnete Trump eine Reihe von Durchführungsverordnungen, mit denen er Menschen aus einer Handvoll mehrheitlich muslimischer Länder die Einreise in die Vereinigten Staaten verbot. Trumps sogenanntes Muslim-Verbot (das 2018 vom Obersten Gerichtshof der USA bestätigt, später jedoch von Präsident Biden aufgehoben wurde) war der Vorbote eines umfassenderen Angriffs auf die Einwanderung. Während Trump sein Versprechen, eine Mauer entlang der Südgrenze zu bauen – und Mexiko zu zwingen, dafür zu berappen –, nie einlöste, führte er eine »Null-Toleranz-Politik« für illegale Einwanderung ein, in deren Rahmen man sogar Kinder von ihren Eltern trennte. Insgesamt wurden zwischen 4000 und 5000 Kinder von ihren Müttern und Vätern getrennt. Die zuständigen Behörden versäumten dabei, den Verbleib all dieser Kinder und ihrer Eltern zu dokumentieren; selbst Jahre später waren viele Familien noch immer nicht wieder zusammengeführt. Außerdem kam es unter Trump zu Massenrazzien, um Menschen ohne Papiere aufzugreifen und abzuschieben.

Eine der Behörden, die an der Umsetzung von Trumps harten Maßnahmen beteiligt waren, war die US-Einwanderungs- und Zollbehörde ICE (United States Immigration and Customs Enforcement). Palantir unterhielt eine langjährige Beziehung zu ICE. Wie im Fall so einiger Geschäftsbeziehungen des Unternehmens begann auch Palantirs Zusammenarbeit mit ICE in einem Augenblick der Krise. Im Februar 2011 wurde ein Special-Agent von ICE namens Jaime Zapata von einem mexikanischen Drogenkartell ermordet. ICE war entschlossen, die Täter so schnell wie möglich zu fassen, sah sich aber dadurch behindert, dass ein Großteil der gesammelten Informationen an verschiedenen Orten gespeichert war und nicht ohne Weiteres zwischen den Ermittlern ausgetauscht werden konnte. Also bat man Palantir um Hilfe. Palantirs Ingenieure brauchten gerade mal elf Stunden, um all die Daten zusammenzuführen, und innerhalb von zwei Wochen war Zapatas Mörder identifiziert und dingfest gemacht, das Ganze

Teil einer Rasterfahndung unter dem Namen »Operation Fallen Hero«, die zu über 600 weiteren Verhaftungen sowie der Beschlagnahme von 467 Kilo Kokain, 30 Kilo Methamphetamin und 282 Waffen führte.

ICE beauftragte Palantir daraufhin mit der Bereitstellung seiner Technologie für die Homeland Security Investigations (HSI), eine Abteilung der Behörde, die sich mit Drogenschmuggel, Menschenhandel sowie Finanz- und Cyberkriminalität befasst. Von 2012 an setzte HSI ein von Palantir entwickeltes System namens FALCON ein. Allein 2014 bezahlte ICE Palantir 41 Millionen Dollar für die Entwicklung und Pflege eines elektronischen Vorgangsverwaltungssystems für HSI. Eine vom Ministerium für Innere Sicherheit 2016 durchgeführte Datenschutzanalyse stellte fest, dass diese neue, als Investigative Case Management (ICM) bekannte Datenbank zwar für HSI entwickelt wurde, aber auch Agenten der anderen großen Unterabteilung des ICE, der für die Vollstreckung der Einwanderungsgesetze zuständigen ERO (Enforcement and Removal Operations), darauf Zugriff hätten.

Vor Trumps Präsidentschaft war Palantirs Zusammenarbeit mit ICE kaum jemandem aufgefallen. Kontrovers wurde die Beziehung jedoch, als Trump sein Wahlversprechen einlöste, gegen illegale Einwanderer vorzugehen. Insgeheim hatte Karp nichts als Verachtung für Trumps Pläne. Während besagter Mitarbeiterversammlung bei Palantir, in der er Trump einen falschen Milliardär nannte, griff er auch seinen Nativismus an. »Wir sollten also alle Einwanderer rausschmeißen«, sagte er, »ich meine, wer soll denn dann all die Arbeit machen? Das macht doch keinen Sinn.« Er zeigte sich überdies bestürzt darüber, dass Trumps Demagogie bei den Wählern tatsächlich auf Zuspruch zu stoßen schien: »Da muss man sich doch fragen: Warum ist dieser Mensch so erfolgreich – mit etwas, das absolut keinen Sinn macht, das de facto das Schlimmste hervorbringt, was eine Gesellschaft nur hervorbringen kann, ich meine, fleißigen Menschen, die wir brauchen und die unter Einsatz ihres Lebens hierherkommen, die Schuld zu geben anstatt, wie soll ich sagen, den Missständen, die man ja womöglich mit verursacht hat!«

Als diese Bemerkungen im April 2017 bekannt wurden, waren Trumps Schergen jedoch längst zugange, was bei Befürwortern der Einwanderung und Menschenrechtsgruppen erhebliche Bedenken hinsichtlich Palantirs Zusammenarbeit mit ICE aufkommen ließ. Zunächst versuchte Palantir, diese Kritik abzulenken, indem man betonte, man habe schließlich nur Verträge mit der Ermittlungsabteilung des Heimatschutzes abgeschlossen, nicht mit seinem Vollzugsarm, der ERO. »Wir arbeiten nicht für die ERO«, erklärte das Unternehmen 2018 gegenüber der *New York Times*. Was implizieren sollte, dass Palantir keine Rolle bei der Durchsetzung von Trumps Politik spielte. Was jedoch nicht der Wahrheit entsprach. Der Nachrichten-Website *The Intercept* und der Pro-Einwanderungs-Organisation Mijente wurde ein Dokument zugespielt, aus dem hervorging, dass HSI und ERO 2017 in einer gemeinsamen Operation unter Verwendung der ICM-Datenbank Angehörige von Kindern ohne Papiere bei der Grenzüberquerung verhaftet und möglicherweise abgeschoben haben. Das endgültige Aus für Palantirs Bemühungen, sich von Trumps Einwanderungspolitik zu distanzieren, kam im August 2019, als die HSI unter Einsatz von FALCON Razzien in Betrieben der verarbeitenden Lebensmittelindustrie in Mississippi durchführte. Dabei wurden fast 700 Menschen verhaftet, eine der größten Aktionen gegen Illegale in der Geschichte der USA. In einem Interview mit CNBC räumte Karp einige Monate später ein, dass Palantirs pauschale Dementis irreführend gewesen seien. Mit Trumps scharfem Vorgehen an sich jedoch habe man nicht wirklich zu tun. »Es handelt sich da um einen Bagatellanteil unserer Arbeit, in unserem Land Menschen ohne Papiere zu finden«, sagte er.

Zu diesem Zeitpunkt war Palantir bereits zur Zielscheibe landesweiter Proteste geworden. Es fanden Demonstrationen vor den Büros in New York und Palo Alto statt, nicht zu vergessen Karps dortigem Haus. Bei einer nächtlichen Demonstration projizierten Aktivisten »Komplizen im Völkermord« und »Nie wieder ist jetzt« an die Fassade von Palantirs Hauptsitz in Palo Alto. Auch auf dem College-Campus wurde Palantir zum Paria. Studierende hängten Plakate mit der Aufschrift »No Tech for ICE« auf und ermutigten ihre Kommilitonen, Palantirs Anwerbern aus dem Weg zu gehen. Jahrelang war Palantir Co-Sponsor einer alljährlich von der University of California in Berkeley ausgerichteten Konferenz für Datenschutzrechtler gewesen. Doch 2019 ließen die Organisatoren Palantir auf Druck von Fakultät, Studierenden und externen Gruppen als Sponsor fallen. Auch die Grace Hopper Celebration, die größte Konferenz für Frauen im Tech-Sektor, strich das Unternehmen von der Liste ihrer Sponsoren. Amazon-Angestellte forderten die Führungsriege des Unternehmens in zwei Schreiben auf, keine Geschäfte mehr mit Palantir zu machen. Palantir betrieb seine Software auf Amazons Cloud.

Auch intern kam es bei Palantir zu Unstimmigkeiten. Etwa 200 Mitarbeitende unterzeichneten einen Protestbrief gegen die Zusammenarbeit des Unternehmens mit ICE. Weitere sechzig verlangten in einem Schreiben an Karp, das Geld, das Palantir mit seinen ICE-Verträgen verdiente – etwa 16 Millionen Dollar jährlich –, an eine gemeinnützige Organisation zu spenden (was nicht geschah). In den Slack-Kanälen des Unternehmens sowie bei internen Meetings gab es heftige Debatten um ICE. Beide Seiten vertraten klare Positionen. Einige Mitarbeitende hatten kein Problem mit der Zusammenarbeit mit ICE und waren von der Kontroverse frustriert. »Die reden von

Abschiebungen, aber nie auch nur ein Wort darüber, was wir gegen Menschenhandel und Drogen getan haben«, meinte eine Führungskraft bei einer beiläufigen Unterhaltung mit mehreren Kollegen, die ich zufällig mitbekam. Kompliziert wurde die Angelegenheit für Karp und Palantir durch Thiels unnachgiebige Ansichten zum Thema Einwanderung. So veranstaltete er beispielsweise 2019 zusammen mit der rechtslastigen Agitatorin Ann Coulter eine Spendengala für den damaligen Innenminister von Kansas, Kris Kobach, der sich vehement gegen die Einwanderung aussprach.

Noch während sich die Kontroverse um ICE entfaltete, sprach ich mit Karp mehrmals darüber. Zum ausführlichsten Gespräch kam es während meines Besuchs im Herbst 2019 in seinem Haus in Vermont. Es war der Samstag des Columbus-Day-Wochenendes, und ich dachte, er würde ein paar Tage dort verbringen. Er war jedoch schon am Vorabend angekommen und hatte am Abend noch ein Meeting in Boston, bevor er nach Europa aufbrach. Den Vormittag hatte er mit Rollskilaufen verbracht. Ich kam rechtzeitig zum Mittagessen, das von einem italienischen Koch zubereitet wurde, den Karp aus Washington eingeflogen hatte. Nach dem Mittagessen gingen Karp und ich, zwei seiner Bodyguards im Schlepptau, auf einer nahe gelegenen Langlaufloipe spazieren.

Karp wies darauf hin, dass sich andere große Tech-Unternehmen, die Verträge mit ICE hatten, darunter Microsoft und Amazon, nicht im selben Maße als Schurken bezeichnet sahen. Er persönlich sah darin ein – wenn auch zweifelhaftes – Kompliment, schließlich spreche es für die überlegene Qualität seiner Produkte. »Die Leute verstehen, dass wir über leistungsstarke Plattformen verfügen und dass diese Plattformen tatsächlich funktionieren«, sagte er und fügte hinzu, dass die Proteste sich vielleicht deshalb nicht gegen die anderen Unternehmen richteten, weil deren Technologie »nicht so wirksam«

sei. Nichtsdestoweniger war Karp sichtlich irritiert über die gegen Palantir gerichteten Schmähungen. Besonders wurmten ihn Behauptungen, Palantir unterstütze eine rassistische Politik. Um diese Zeit herum hatte er – zunächst gegenüber seinen Mitarbeitenden, dann öffentlich – bekannt gegeben, dass seine Mutter schwarz ist. Er sei jedoch nicht bereit, sagte er, dem Rassismusvorwurf mit dem Hinweis auf seine Herkunft zu begegnen, da er seine Mutter nicht »instrumentalisieren« wolle. Abgesehen davon glaube er nicht, dass »emotionale Argumente so überzeugend sind, wie die Leute denken«.

Karp führte zu Palantirs Verteidigung seine eigenen politischen Überzeugungen ins Feld. Er sei für legale Einwanderung und wolle, dass die Vereinigten Staaten Neuankömmlinge weiterhin willkommen heißen. »Es gibt für mich viele Gründe, den Präsidenten nicht zu unterstützen, und genau das ist einer davon«, sagte er mir und fügte hinzu, dass er »persönlich sehr gut mit einer sich verändernden Demografie in unserem Land leben« könne. Auf der anderen Seite halte er aber auch eine sichere Grenze für wichtig. »Ich war mein ganzes Leben lang ein Progressiver, meine Familie ist progressiv, und wir waren nie für offene Grenzen«, sagte er. Er behauptete, die Progressiven seien seit jeher gegen eine ungehinderte Einwanderung gewesen, schon weil diese die Löhne der amerikanischen Arbeiterklasse drücken würde. Und selbst wenn den Liberalen die Sicherheit der Grenzen egal sei, so treffe das auf Millionen von Amerikanern ganz offensichtlich nicht zu. Karps Urteil nach hatte Trump auch deshalb gewonnen, weil er im Gegensatz zu den Demokraten ihre Sorgen ernst nahm. »Keine Grenze zu haben, ist praktisch eine Garantie dafür, dass Trump gewählt wird«, sagte er. In Europa sei es genauso: Die Weigerung der Mitte-Links-Parteien, sich mit den berechtigten Sorgen über die Einwanderung auseinanderzusetzen, habe dem Aufstieg der extremen Rechten in die Hände gespielt.

Trumps hartes Vorgehen gegen illegale Einwanderung zeichnete sich jedoch vor allem durch seine Grausamkeit aus – insbesondere durch die gewaltsame Trennung von Kindern, darunter Säuglinge und Kleinkinder, von ihren Eltern. Viele der Kinder wurden in stählernen Vorrichtungen – Käfigen – festgehalten, und auch wenn Tausende von ihnen später wieder zu ihren Eltern fanden, war dies bei Tausenden von anderen nicht der Fall. Caitlin Dickerson von *The Atlantic* zufolge war diese moralische Katastrophe darauf zurückzuführen, dass die Leute von der Einwanderungsbehörde es immer wieder versäumten, selbst die allernötigsten Informationen festzuhalten, etwa Angaben darüber, wo man die Eltern eines Kindes festhielt. Noch 2024, sechs Jahre nachdem diese Vorgehensweise unter dem Druck der öffentlichen Empörung eingestellt wurde, waren immer noch mehr als tausend Kinder nicht wieder bei ihren Eltern. Obwohl das volle Ausmaß dieser Schande erst nach Trumps Ausscheiden aus dem Amt offenbar wurde, war auch damals schon mehr als klar, dass hier gegen das Menschenrecht verstoßen wurde.

Karp leugnete nicht, dass da Schlimmes passiert war, auch wenn er darauf hinwies, dass die Trennung von Familien an sich nach amerikanischem Recht nicht illegal sei. Er betonte noch einmal, dass Palantir mit dem harten Durchgreifen an der Grenze nichts zu tun hatte, wies aber auch darauf hin, dass das Unternehmen vertraglichen Verpflichtungen gegenüber den Bundesbehörden, einschließlich ICE, nachzukommen habe. Es stehe einem Unternehmen frei, nicht mit dem Staat zusammenzuarbeiten, aber wenn man sich darauf einlasse, könne man seinen Vertrag nicht einfach kündigen, nur weil man einen Präsidenten nicht möge oder mit bestimmten Maßnahmen nicht einverstanden sei. Trump sei unter anderem mit dem Versprechen gewählt worden, hart gegen illegale Einwanderung vorzugehen. Würde Palantir sich entscheiden, nicht mehr mit ICE zusammenzuarbeiten, würde es sich dem Willen der Wähler widersetzen und damit den demokratischen Prozess untergraben, was Karp schlicht nicht wolle. Mit diesem Argument begründete Karp im Sommer 2019 seine Entscheidung, den Vertrag zwischen Palantir und ICE zu verlängern – ein Deal, der Palantir die nächsten drei Jahre über 50 Millionen Dollar einbringen würde.

Während unseres Gesprächs in Vermont deutete Karp auch an, dass die Beendigung der Zusammenarbeit mit ICE auch Palantirs wichtige Arbeit mit anderen staatlichen Stellen gefährdet hätte, insbesondere dem Militär. Würde Palantir sich von ICE abwenden, so sein Argument, stünde das Unternehmen womöglich beim amerikanischen Soldaten als unzuverlässiger Partner da. »Warum«, so meinte er eher rhetorisch, »sollte ein Kombattant nicht auf den Gedanken kommen, man könnte ihm mitten im Gefecht dasselbe antun?« (Andere bei Palantir teilten Karps Besorgnis nicht. Mehrere seiner Kollegen sagten mir, die Entscheidung des Unternehmens, den Vertrag mit ICE zu beenden, habe keinerlei Auswirkungen auf das Geschäft mit dem Militär.) Karp behauptete, er hätte sich womöglich gesträubt, hätte ICE Palantirs Technologie erst nach Trumps Amtsantritt angefordert. »Ich weiß nicht so recht, ob ich mich dafür hätte erwärmen können«, sagte er mir. »Wir hätten den Vertrag wahrscheinlich nicht abgeschlossen. Aber das ist was anderes, als den Stecker zu ziehen.«

Doch nicht den Stecker zu ziehen, hatte seinen Preis. Normalerweise waren Karp und seine Kollegen stolz darauf, das einzige Unternehmen zu sein, das nicht vor Kontroversen zurückschreckte oder sich vor moralisch komplizierten Verpflichtungen drückte. »Unser Produkt wird gelegentlich zur Tötung von Menschen verwendet«, sagte Karp 2020 in einem Interview mit *Axios*, und sein sachlicher Ton verriet, dass er damit kein Problem hatte. Was ICE anbelangte, tat Karp sich da nicht so leicht: Kinder ihren Eltern wegzunehmen, war abscheulich, und selbst wenn Palantir nicht direkt an diesen Aktionen beteiligt sein mochte, war es ein Fiasko für die Öffentlichkeitsarbeit des Unternehmens, mit der Behörde in Verbindung gebracht zu werden, die sich solcher Übergriffe schuldig machte. Im September 2020, am Vorabend von Palantirs Börsengang, veröffentlichte Amnesty International einen 15-seitigen Bericht über die Beziehung des Unternehmens zu ICE. Es bestehe ein hohes Risiko, heißt es darin, »dass Palantir zu schweren Menschenrechtsverletzungen an Migranten und Asylsuchenden durch den amerikanischen Staat beiträgt«.

Im Dezember 2015 berichtete der britische *Guardian*, dass ein Unternehmen des geheimnisvollen amerikanischen Hedgefonds-Milliardärs Robert Mercer namens Cambridge Analytica die persönlichen Daten von Facebook-Nutzern gesammelt hatte, um damit »psychografische« Profile von Wählern zu erstellen. Diese Daten lieferte ein von Aleksandr Kogan, einem Dozenten der Universität Cambridge, erarbeitetes Persönlichkeitsquiz. Dessen Ergebnisse, so versprach man Teilnehmern, würden »nur zu Forschungszwecken« verwendet und »anonym und sicher« bleiben. Was schlicht gelogen war: Nicht nur unterließ es Cambridge Analytica, die Informationen zu anonymisieren, man verkaufte sie zudem an die Präsidentschaftskampagne von Ted Cruz, vermutlich, um ihm bei der gezielten Wähleransprache zu helfen. Zu dieser Zeit unterstützte Mercer Cruz. Darüber hinaus gaben Personen, die an dem Persönlichkeitsquiz teilnahmen, Cambridge Analytica unwissentlich Zugang zu persönlichen Informationen ihrer Facebook-Freunde. Cambridge Analytica erstellte Profile von über 50 Millionen Amerikanern.

Nachdem Cruz' Kandidatur für das Weiße Haus gescheitert war, stellte Mercer sich – wie Thiel – hinter Trump. Steve

Bannon, ein hochrangiger Trump-Berater, stand der Familie Mercer nahe und saß im Board von Cambridge Analytica. Die Daten, die Cambridge Analytica an Cruz lieferte, wurden später an die Trump-Kampagne weitergegeben. Ans Licht kam das alles in einer investigativen Serie, die im März 2018 in der *New York Times* und zwei britischen Zeitungen, *The Guardian* und *The Observer*, erschien. Ein Großteil der Informationen stammte von einem Mitbegründer von Cambridge Analytica namens Christopher Wylie, der zum Whistleblower geworden war. Ihm zufolge nutzte das Unternehmen die gesammelten Informationen zur selektiven Ansprache individueller Wähler mit digitaler Werbung, die gezielt ihre Ängste, ihre Wut und ihren Fanatismus ansprach. Es ist unmöglich, festzustellen, inwieweit Cambridge Analytica 2016 der Trump-Kampagne geholfen hat, aber späteren Studien zufolge hatten Online-Falschinformationen eine bedeutende, vielleicht sogar entscheidende Rolle bei Trumps Sieg über Hillary Clinton gespielt.

Die Kontroverse um Cambridge Analytica war ein Debakel für Facebook, das für sein Versagen beim Schutz von Nutzerdaten scharf kritisiert wurde. Alsbald jedoch geriet auch Palantir in den Strudel des Skandals. Der *Times* zufolge hatte ein Londoner Palantir-Mitarbeiter namens Alfredas Chmieliauskas, der mit dem Team von Cambridge Analytica zusammenarbeitete, die Idee zur Entwicklung der Handy-App, mit der die Facebook-Daten abgegriffen wurden. Laut Dokumenten, die der *Times* zugespielt wurden, begann Chmieliauskas bereits 2013 mit Wylie zu korrespondieren. Von der *Times* überprüfte E-Mails zeigten überdies, dass eine ungenannte Führungskraft von Palantir Gespräche mit Cambridge Analytica über eine mögliche Zusammenarbeit bei anderen Wahlkampagnen führte – obwohl eines der Geschäftsprinzipien Palantirs jedwede Einmischung in Wahlkämpfe verbot.

Zunächst stritt Palantir jede Verbindung zu Cambridge Analytica ab. Als Reporter Palantir mit Beweisen für Chmieliauskas' Aktivitäten konfrontierten, zog das Unternehmen sein Dementi zurück und gab eine neue Erklärung heraus: »Wie wir heute erfahren haben, hatte ein Mitarbeiter von 2013 bis 2014 privat Kontakt zu Personen mit Verbindungen zu Cambridge Analytica. Wir gehen dem nach und werden entsprechende Maßnahmen ergreifen.« Doch als Wylie am selben Tag, an dem die *Times* ihren Artikel über Palantir brachte, vor dem britischen Parlament aussagte, behauptete er, »hochrangige Palantir-Mitarbeitende« hätten auch mit Cambridge Analytica zu tun gehabt. Er sagte, dass »Palantir-Mitarbeitende regelmäßig ins Büro kamen und an den Daten arbeiteten«. In einem Interview mit der *Times* sagte Wylie, er und Cambridge Analyticas CEO, Alexander Nix, hätten die Londoner Dependance von Palantir besucht.

Es war nicht das erste Mal, dass Palantir ein Fehlverhalten des Unternehmens auf den Alleingang eines Mitarbeiters schob; Gleiches hatte man schon im Fall der HBGary-Federal-Affäre getan. Ob nun zu Recht oder nicht: Der Umstand, dass sich Palantirs anfängliches Dementi als unwahr herausstellte, erweckte den Eindruck, das Unternehmen sei nicht transparent. Im Übrigen war das Unternehmen in sensiblen Bereichen tätig; dass ein Mitarbeiter nebenbei für eine zwielichtige »Klitsche« wie Cambridge Analytica tätig war, machte einen schlechten Eindruck. Dass dieser Nebenjob Sammeln und Missbrauch personenbezogener Daten involvierte, etwas, von dem sich Palantir immer wieder entschieden distanziert hatte, machte die Sache noch schlimmer. Ausgerechnet mit Facebook in so etwas verwickelt zu sein, war besonders peinlich.

Einige Wochen nach Erscheinen des Artikels in der *Times* wurde Facebook-CEO Mark Zuckerberg vor den Justizausschuss des Senats geladen, um Fragen zu dem Skandal zu beantworten. Senatorin Maria Cantwell, eine Demokratin aus Washington, nutzte die ihr zustehende Zeit, um Zuckerberg zu Palantir zu befragen – »Stanford Analytica«, wie man das Unternehmen ihrer Behauptung zufolge inzwischen nannte. Zuckerberg sagte, dass ihm Palantir bekannt sei, dass er aber nichts von den Anschuldigungen gegen das Unternehmen bezüglich der missbräuchlichen Verwendung von Facebook-Daten wisse. Wie er Cantwell sagte, sei er »nicht wirklich damit vertraut, was Palantir macht«, was eine fragwürdige Behauptung zu sein schien. Wahrscheinlicher ist, dass es sich bei seiner Bemerkung um einen Seitenhieb im Gewand der Ahnungslosigkeit handelte, eine Art, zu sagen, dass Palantir zu klein und unbedeutend sei, um seine Aufmerksamkeit zu erregen. Nachdem Karp jahrelang auf ihn eingedroschen hatte, bot die Anhörung im Senat Zuckerberg die Gelegenheit zurückzuschlagen, und es sah ganz so aus, als nutzte er sie.

Für alle, denen Palantir fragwürdig erschien, war die Cambridge-Analytica-Affäre nur ein weiterer Beweis dafür, dass man dem Unternehmen nicht über den Weg trauen könne. Die Assoziation mit dem Skandal passte überdies in eine übergreifende Erzählung, der zufolge Palantir im Dienst von Thiels politischer Agenda stand. Man sah bereits die Einwanderungsfrage in diesem Licht, und nun war Palantir in einen Plan verwickelt, Millionen von Menschen dahingehend zu manipulieren, dass sie ein Kreuzchen für Thiels Kandidaten machten. In der Zwischenzeit hatte Thiel im Gegenzug für seine Unterstützung Trumps großen Einfluss in Washington gewonnen. Mehrere seiner Gefolgsleute bekamen leitende Positionen in der Regierung Trump. Michael Kratsios, Thiels ehemaliger Stabschef, wurde Chefberater für Technologie im Weißen Haus. Kevin Harrington, ebenfalls ehemaliger Mitarbeiter, landete im Nationalen Sicherheitsrat. Einige Leute in Thiels Umfeld bezeichneten ihn als den »Schattenpräsidenten«. Und als Palantir lukrative Pentagon-Verträge an Land zu ziehen begann, fragten sich viele Beobachter, ob auch das Unternehmen von Thiels Spende an Trump profitierte.

Drei Wochen vor dem Bekanntwerden des Cambridge-Analytica-Skandals erteilte die Army Palantir und Raytheon einen 10-Jahres-Auftrag über 876 Millionen Dollar für die Entwicklung einer Plattform, die D-sigs ersetzen sollte. Es war dies ein überraschender Abschluss von Palantirs langem, kostspieligem Ringen mit dem Pentagon, und es war nicht der einzige Auftrag, den das Unternehmen während Trumps erster Präsidentschaft von der Army erhielt: Ein Jahr darauf bekam man einen Auftrag im Wert von 440 Millionen Dollar zur Entwicklung von Vantage, einer Datenbank, die sowohl die Bereitschaft der Truppe als auch den Nachschub erfassen sollte. Außerdem zog Palantir einen 80-Millionen-Dollar-Auftrag an Land, die Logistik der Navy auf Vordermann zu bringen.

Palantirs Führungskräfte sträubten sich gegen jedwede Unterstellung, das Weiße Haus schanze dem Unternehmen Verträge zu. »Donald Trump wüsste nicht einmal, wie man Palantir buchstabiert«, sagte einer. Doug Philippone zufolge waren die Vorwürfe der Vetternwirtschaft völlig unbegründet. Das Beschaffungsverfahren im Pentagon war nicht ohne Makel – niemand wusste das besser als er –, aber aufgrund der strengen Regeln für die Auftragsvergabe und der üblichen Trägheit seiner Bürokratie (mit über drei Millionen Mitarbeitenden ist das US-Verteidigungsministerium die größte Bürokratie der Welt) ist sie durch eklatante politische Einmischung kaum zu manipulieren. »So läuft das einfach nicht«, sagte Philippone. Auch Karp wies die Vorstellung zurück, dass Palantir von Thiels Verbindungen zu Trump profitiere. Er bezeichnete das als »völlig lächerlich« und beklagte die »Unfairness uns gegenüber, die uns daraus erwächst«. Seine Opposition gegen den Präsidenten, so Karp, gleiche die Gunst, die Thiel bei Trump genieße, mehr als aus. »Ich denke, meine Ansichten sind im Weißen Haus längst bekannt«, sagte er. »Natürlich sitzt Peter dem Board vor, aber Leiter des Unternehmens bin ich, und ich habe keine engen Beziehungen zur Regierung Trump.«

Konkrete Anschuldigungen bezüglich der Aufträge vom Militär, die Palantir bekam, gab es nicht. Und sicherlich hätte sich schwer darlegen lassen, das Unternehmen habe den Auftrag, D-sigs zu ersetzen, nicht erfüllt, wo seine Technologie sich im Feld doch als derart überlegen erwies. Dennoch warfen Thiels Verbindungen zum Weißen Haus einen Schatten auf alle Aufträge, die Palantir aus dem Pentagon erhielt. Außerdem unterstellte 2019 eine Klage Amazons gegen das Pentagon, Trump habe den Beschaffungsprozess tatsächlich korrumpiert.

Amazons Klage zufolge hatte das Pentagon das Unternehmen bei der Ausschreibung eines Cloud-Computing-Auftrags mit dem Militär im Wert von 10 Milliarden Dollar auf Trumps Drängen hin übergangen. Der Präsident hatte Amazons Gründer und CEO Jeff Bezos wiederholt angegriffen und öffentlich erklärt, er wolle nicht, dass das Unternehmen den Auftrag erhalte. Angeblich hatte er das auch privat zum Ausdruck gebracht: Amazons Klageschrift zitiert einen Kommentar von Verteidigungsminister James Mattis' ehemaligem Redenschreiber, dem zufolge Trump dem Pentagon-Chef persönlich befohlen habe, »Amazon zu bescheißen«. Als Microsoft den Auftrag erhielt, beschloss Amazon zu klagen. Im Mai 2020 ordnete der US Court of Federal Claims – das gleiche Gericht, das Palantirs Klage gegen die Army stattgegeben hatte – an, den Vertrag bis zur Entscheidung über Amazons Fall auszusetzen. Ein gutes Jahr später gab das Pentagon die Annullierung des Vertrags bekannt. Das Ausschreibungsverfahren, so hieß es, würde neu eröffnet. Begründet wurde die Entscheidung mit »Entwicklungen hinsichtlich der Anforderungen, verbesserter Cloud-Governance und Fortschritten in der Branche«. Microsoft jedoch wies in einer Pressemitteilung darauf hin, das Verteidigungsministerium habe den Vertrag aus Angst vor einem »jahrelangen Rechtsstreit« gekündigt. Amazon begrüßte in einer entsprechenden Erklärung die Aufhebung, bezeichnete die Vergabe des Auftrags jedoch noch einmal als Ergebnis einer »Einflussnahme von außen, die im öffentlichen Beschaffungswesen nichts zu suchen« habe. Letztendlich teilte das Militär den neuen Vertrag unter vier Anbietern – Amazon, Microsoft, Oracle und Google – auf.

Interessanterweise verdankte Palantir den wohl bedeutendsten militärischen Auftrag, den das Unternehmen während Trumps erster Präsidentschaft erhielt, unterm Strich Google. Das Pentagon hatte 2017 ein Programm namens Project Maven ins Leben gerufen, das darauf abzielte, künstliche Intelligenz und maschinelles Lernen für den Einsatz auf dem Gefechtsfeld – mit besonderer Beachtung der Zielerfassung von Drohnen – zu integrieren. Google erhielt einen Vertrag über 10 Millionen Dollar für die Unterstützung des Verteidigungsministeriums beim Aufbau dieser Fähigkeit. Für einen Rüstungsauftrag war dies ein eher karger Betrag, aber bei Google ging man davon aus, dass er zu lukrativeren Geschäften führen werde. Googles Belegschaft jedoch lehnte die Zusammenarbeit des Unternehmens mit dem Pentagon ab. Tausende von Google-Mitarbeitenden hielten den Einsatz von KI als Waffe für von Grund auf falsch. Außerdem widersprach er ihrer Ansicht nach Googles Ethos, das seinen Ausdruck in dem berühmten Motto »Don't be evil!« fand. Eine Handvoll Mitarbeitender kündigte aus Protest. Fast ein Jahr lang wurde Google von internen Protesten erschüttert. Im Juni 2018 gab das Unternehmen seinen Rückzug aus dem Maven-Projekt bekannt.

Karp nahm die Kontroverse um Maven als Gelegenheit, einen Teil der gegen Palantir gerichteten Schmähungen auf

Google umzudirigieren, und griff den Suchmaschinenriesen scharf an. Er bezeichnete Google als »geradezu feige« und die Mitarbeitenden, die protestiert hatten, abschätzig als »superwoke Ingenieure«. Thiel schloss sich der Kritik an. In einer Ansprache auf einer konservativen Tagung in Washington wies er darauf hin, dass Google zwar aus dem Vertrag mit dem Pentagon ausgestiegen sei, aber in China ein KI-Labor eingerichtet habe, das mit ziemlicher Sicherheit für das chinesische Militär arbeiten werde. Googles Verhalten, sagte er, grenze an Landesverrat. Er äußerte sogar die Vermutung, ausländische Agenten hätten das Unternehmen infiltriert, und forderte CIA und FBI auf, diese Möglichkeit auf »alles andere als übertrieben sanfte Weise« zu untersuchen.

Im September 2019 ritt Karp in einem Meinungsbeitrag in der *Washington Post* eine vernichtende Attacke gegen Google und das Silicon Valley wegen ihres Verrats, wie er es nannte, am US-Militär und damit an der amerikanischen Demokratie. Googles Entscheidung, aus Maven auszusteigen, so behauptete er, habe die nationale Sicherheit ebenso untergraben wie den Willen der Wähler. »Die US-Marine dient, die Executives aus dem Silicon Valley laufen davon«, schrieb Karp und fügte hinzu: »Das ist falsch.« Palantir, so merkte er an, habe im Gegensatz dazu allen Protesten zum Trotz an seinem Vertrag mit ICE festgehalten, weil es von gewählten Vertretern getroffene Entscheidungen nicht unterlaufen wolle. Es gehe nicht an, dass Tech-Unternehmen sich ein Vetorecht über Entscheidungen einer Regierung anmaßten. »So sollten folgenreiche politische Entscheidungen schlicht nicht getroffen werden«, argumentierte Karp. »Ich glaube nicht, dass mir das zustehen sollte.« Politik, so schrieb er, gehöre in die Hände politischer Entscheidungsträger, nicht in die von »nicht gewählten Ingenieuren, die vom edlen Winkel eines privilegierten Bundesstaats aus Weltunternehmen führen«.

Als ich Karp ein paar Wochen später in Vermont besuchte, schimpfte er immer noch über Google. Seiner Ansicht nach war Maven nichts weniger als das Manhattan-Projekt des 21. Jahrhunderts – wie im Fall der Atombombe würde die Nation, die mit KI einen militärischen Vorsprung erlange, »morgen die Weltordnung bestimmen«, wie er es ausdrückte. In Anspielung auf China sagte Karp, die Optionen könnten klarer nicht sein: »Wollen Sie, dass die Weltordnung in erster Linie von Menschen geprägt wird, die sich nicht ernsthaft den Menschenrechten verpflichtet fühlen? Es ist eine alternative Weltsicht, aber sie beinhaltet weder Redefreiheit noch Rechtsstaatlichkeit noch Schutz von Minderheiten noch eine unabhängige Justiz und schon gar keinen Sinn für radikale Freiheit.« Karps Antwort – Palantirs Antwort – darauf sei ein entschiedenes Nein; das Unternehmen sei voll dabei, was die Verteidigung des Westens angehe. »Wir machen die westlichen Institutionen stark und in einigen Fällen sogar dominant«, sagte er. »Das ist unsere Story. Nun, im Valley ist die wahrscheinlich nicht sehr populär. Im übrigen Amerika ist das eine ausgesprochen populäre Story. Und wie sieht Googles Story aus? Wir zerstören die Medien, wir spalten das Land, wir nehmen euch die Arbeit weg, wir werden reich, und übrigens, wenn das Land uns braucht, sind wir nirgends zu finden.« Falls sich, so fügt er hinzu, »der Google-Standard durchsetzt, nimmt das unseren Kombattanten den größten strategischen Vorteil aus der Hand, den Amerika hat, nämlich unsere Fähigkeit, Softwareplattformen zu produzieren. Und das bringt de facto unsere Gegner in eine viel stärkere Position.«

Zu diesem Zeitpunkt war unklar, ob ein anderes Tech-Unternehmen Googles Rolle bei Maven übernommen hatte. Das Pentagon hatte keinen Ersatz benannt, zumindest nicht öffentlich. Doch als ich Karp so zuhörte, kam mir ein Gedanke in den Sinn: Sollte etwa Palantir Google ersetzt haben? Nichts von dem, was Karp gesagt hatte, deutete darauf hin, dass Palantir mit Maven beschäftigt war. Vielleicht waren es nur die besondere Vehemenz seiner Worte – er war grundsätzlich lebhaft, aber dieses Thema brachte ihn besonders auf – und die Tatsache, dass Maven genau die Art von Projekt war, die Palantir vorschwebte. Als wir die Langlaufloipe entlangspazieren, fragte ich ihn, ob Palantir für Google einspringen würde. »Nun, dazu kann ich mich nicht wirklich äußern«, antwortete Karp. Ich nahm das als indirektes Ja und sah mich später bestätigt, dass Palantir nun tatsächlich an Maven beteiligt war. Über die Neuigkeit bezüglich Maven hinaus erfuhr ich an dem Nachmittag in Vermont noch etwas anderes: Mir wurde klar, dass Karps Tiraden gegen Google nicht nur ein strategischer Schachzug waren – der Mann streitet auch einfach gern.

Doch falls er mit seinen wiederholten Angriffen auf Google den Druck von Palantir ablenken wollte, so hat das jedenfalls nicht funktioniert: Das Unternehmen blieb Gegenstand der Verachtung und des Misstrauens. Dieses Gefühl war, wie selbst viele Palantirianer einräumten, zu einem nicht geringen Teil auf Thiel zurückzuführen. »Peter ist unser größtes Problem«, sagte mir ein Palantir-Manager. Und das galt nicht nur für Thiels Engagement für Trump und dessen hartes Vorgehen gegen Einwanderer. Einen Monat nachdem ich Karp in Vermont gesehen hatte, nahm ich an einer Tagung in Washington teil, auf der er einer der Keynote-Speaker war. Während seines Vortrags wurde Karp nach der Technologie zur Gesichtserkennung gefragt und gab eine eindeutige Antwort: Sie sollte seiner Ansicht nach von der Polizei nur zu Entlastungszwecken eingesetzt werden, um also Menschen zu entlasten, die eines Verbrechens verdächtigt oder fälschlicherweise beschuldigt wurden. Einige Monate später berichtete die *New York Times*, dass Thiel insgeheim ein Startup namens Clearview AI unterstützt hatte, dessen Gesichtserkennungs-App landesweit von der Polizei eingesetzt wird, um Personen vor Gericht zu bringen. Thiels Investition in Clearview AI stand im Widerspruch zu Karps Position und ließ – nicht zum ersten Mal – Zweifel aufkommen an der Aufrichtigkeit der von Thiel geäußerten Ansichten über bürgerliche Freiheiten und Datenschutz.

Die Trump-Jahre rückten die Beziehung zwischen Karp und Thiel in den Blickpunkt der Öffentlichkeit. Lange Zeit hatten sich ihre politischen Differenzen zum Vorteil von Palantir ausgewirkt, legten sie doch nahe, dass das Unternehmen intern ein breites Spektrum an Ansichten beherbergte und darüber hinaus eine Arbeit von so kritischer Bedeutung leistete, dass Parteigrenzen keine Rolle spielten. Der Umstand, dass mit Karp ein erklärter Progressiver CEO des Unternehmens war, trug dazu bei, etwaige Bedenken hinsichtlich Thiels Beteiligung an Palantir zu zerstreuen. Aber das war vor Trump. Jetzt fragten sich einige Palantirianer, wie Karp, der eigenen Aussagen zufolge nichts so sehr fürchtete wie den Faschismus, es ertragen konnte, dass sein Mitbegründer so offen zum Rechtspopulismus stand. Auch Karps Angehörige standen vor einem Rätsel. Sie verstanden, dass Karp und Thiel Freunde waren – aber wie viele Freundschaften waren wegen Trump zerbrochen? Und dann war Thiel natürlich kein gewöhnlicher Trump-Fan. (Jedes Mal, wenn er hörte, wie sein Bruder über den »Wokeismus« herzog, konnte Ben Karp nicht anders, als sich zu fragen, ob man so daherreden musste, um Teil des sogenannten Thielverse zu sein.)

Und wenn man Karp beim Wort nehmen wollte, arbeiteten er und Thiel jetzt mit entgegengesetzter Zielsetzung. Karps Überzeugung zufolge bestand ein Teil von Palantirs Mission darin, die Rechtsextremen von der Macht fernzuhalten. Doch der Vorsitzende von Palantirs Board nutzte mittlerweile seinen Reichtum und seinen Einfluss zur Förderung der extremen Rechten, und das war kein Hegelscher Widerspruch, der sich einfach ausbügeln ließ. Palantir hatte sich der Verteidigung des Westens verschrieben, nur schienen sich Thiels und Karps Auffassungen darüber, was das bedeutete, zu unterscheiden – anders gesagt, was der Verteidigung wert war. Ausgehend von dem, was er geschrieben und gesagt hatte – von den Kandidaten, die er unterstützte, ganz abgesehen –, konnte man davon ausgehen, dass Thiel den Westen hauptsächlich im Sinne einer kulturellen Identität sah – als Gruppe von Nationen, die durch ihr jüdisch-christliches Erbe und, in unterschiedlichem Maße, durch ein Bekenntnis zum freien Unternehmertum verbunden waren. Für ihn ging es bei der Verteidigung des Westens darum, diese Grundpfeiler des westlichen Lebens zu schützen. Das beinhaltete ganz offenbar nicht die Bewahrung einer ethnisch diversen, pluralistischen Demokratie. Karp mag mit dem sich verändernden Erscheinungsbild Amerikas einverstanden gewesen sein, Thiel dagegen war es offensichtlich nicht, da er eine rigorose Anti-Einwanderungspolitik unterstützte.

Thiel erkannte, dass er für Palantir zum PR-Problem geworden war, und sagte Karp kurz nach Trumps Amtsantritt 2017, dass er, falls Karp dies wünsche, aus dem Board ausscheiden würde. Aber Karp hatte nicht das geringste Interesse an einem Rücktritt Thiels. Wie er mir später erklärte, profitierte er enorm von Thiels Rat und hielt seinen Verbleib bei Palantir unerlässlich. »In meinen Augen ist Peter eine geistige Ressource von unschätzbarem Wert«, sagte Karp. »Als solche ist er unersetzlich.« Außerdem sei Thiel ein geschätzter Freund. Er werde auf keinen Fall zulassen, dass eine Welle negativer Schlagzeilen zwischen sie kam. Außerdem fühle er sich Thiel verpflichtet. »Peter hat mich ins Spiel gebracht«, »Peter hat mich ins Spiel gebracht«, sagte Karp, »niemand sonst hätte mich als Mitbegründer genommen, niemand sonst hätte mich als CEO unterstützt.«

Als ich Karp gegenüber andeutete, dass die Diskussion um Palantir womöglich etwas anders verlaufen wäre, hätte Thiel nichts mit dem Unternehmen zu tun gehabt, wies er dies zurück. Ich hätte seiner Ansicht nach besser fragen sollen: Wo wäre Palantir *ohne* Thiel gewesen? Karps Ansicht nach hatte Palantir nicht nur von Thiels Geschäftssinn profitiert, sondern auch von seiner Prominenz – inklusive der Kontroversen um ihn. Karp hatte aufgrund seiner Führungsrolle im Unternehmen, aber auch aufgrund seiner markanten Persönlichkeit und seines Aussehens offensichtlich mehr als jeder andere zum Aufbau der Marke Palantir beigetragen. Das heißt aber nicht, dass Thiels Bekanntheitsgrad und sein Ruf nicht hilfreich gewesen wären.

Darüber hinaus interpretierten die Leute Karps Ansicht nach viel zu viel in Thiels Engagement für Trump hinein. Während unseres Gesprächs in Vermont deutete er an, dass Thiel Trump 2016 unterstützt habe, weil es eine Gelegenheit war, das Establishment zu schockieren – *pour épater les bourgeois.* »Peter ist ein Provokateur«, sagte mir Karp. Thiels Engagement für Trump reflektiere dieselben Impulse, die ihn als Chefredakteur der *Stanford Review* geleitet hätten. Karp konnte sich nicht vorstellen, dass Thiel sich zu den dunkleren Aspekten des Trumpismus hingezogen fühlte, insbesondere zu der Art von Bigotterie, die seine Kandidatur beflügelt hatte. Ein Jahr nach meinem Besuch bei Karp in Vermont, am Vorabend der Präsidentschaftswahlen 2020, hörte man in den Nachrichten, dass Thiel sich während des Wahlkampfs 2016 mit mehreren bekannten White Nationalists getroffen hatte. Als ich Karp auf diese Behauptungen ansprach, tat er sie als bedeutungslos ab und führte den Umstand, dass er – ein Jude gemischter ethnischer Herkunft – der CEO von Palantir sei, als Beweis dafür an, dass Thiel kein White Nationalist sei. »Ich wäre wohl nicht in dieser Position, wenn das wahr wäre, oder?«, sagte er.

Trumps Präsidentschaft führte dazu, dass man Palantirs Zusammenarbeit mit den Polizeibehörden noch genauer als bisher unter die Lupe nahm. Zu den Befürchtungen hinsichtlich der bürgerlichen Freiheiten kam jetzt noch die Sorge, man könnte die Polizei zur Unterstützung des Kampfs gegen die Einwanderung heranziehen. So ganz aus der Luft gegriffen waren diese Befürchtungen nicht: 2019 veröffentlichte die ACLU of Northern California die Ergebnisse einer von ihr durchgeführten Untersuchung, der zufolge allein in dieser Region rund 80 Polizeidienststellen Daten aus automatischen Nummernschildlesegeräten an das ICE weitergegeben hatten. Laut *Bloomberg BusinessWeek* nahm ICE in Chicago mindestens zwei Einwanderer fest, weil ihre Namen in einer Banden-Datenbank der Polizei standen, obwohl keiner der beiden Männer einer Bande angehörte. Chicago sei eine »Zufluchtsstadt«; wie das ICE an die fehlerhaften Informationen gelangt sein könnte, sei nicht klar. *Bloomberg BusinessWeek* nannte eine Möglichkeit: Palantir hatte einen Vertrag mit dem Cook County Sheriff's Office; das Unternehmen sollte die Dienststelle bei der effektiveren Auswertung ihrer Daten unterstützen. Dazu gehörte auch die Bereitstellung der Listen mit den Bandenmitgliedern, die von Polizeidienststellen in ganz Illinois zusammengestellt wurden.

Was jedoch während Trumps Präsidentschaft die Gemüter der Öffentlichkeit wirklich erregte, war Palantirs Zusammenarbeit mit dem New Orleans Police Department. Wie im Fall von ICE bestand diese Beziehung schon vor Trumps Amtsantritt. Sie hatte 2012 begonnen; vermittelt hatte sie James Carville, der Demokrat aus Louisiana, der weltweit als politischer Berater tätig war. In dem Bemühen, mehr Aufträge der öffentlichen Hand zu bekommen, hatte Palantir Carville als Berater engagiert. Es war eine merkwürdige Paarung: Carville war ein politischer Strippenzieher, der 1992 die Präsidentschaftskandidatur Bill Clintons gemanagt hatte. Er hatte keinerlei Erfahrung im Tech-Sektor, war aber in politischen Kreisen ausgesprochen beliebt, sodass er Palantir möglicherweise in Washington einige Türen öffnen könnte.

Am Ende verhalf er Palantir zu einem Auftrag in seiner Heimatstadt New Orleans. Carville war entsetzt über die Gewalt, die New Orleans zu dieser Zeit plagte. Die Stadt hatte sich zwar weitgehend von den Verwüstungen durch Hurricane Katrina erholt, kämpfte aber mit der höchsten Pro-Kopf-Mordrate im ganzen Land. Das war schon seit Jahren so, allen Bemühungen zum Trotz, die Mordstatistik in den Griff zu bekommen. Carville war jedoch der Meinung, dass Palantirs Technologie dort von Nutzen sein könnte, wo menschliche Bemühungen gescheitert waren. Einen Versuch wert schien es allemal, und so arrangierte er ein Treffen zwischen dem Bürgermeister der Stadt, Mitch Landrieu, Spross einer politischen Dynastie Louisianas, und Karp. Sie unterhielten sich etwa eine Stunde. Am Ende sagte Karp, er glaube, Palantir könne der Stadt helfen, und bot die kostenlose Nutzung der Software des Unternehmens an, was Landrieu akzeptierte.

Als Herausforderung präsentierte sich New Orleans erwies sich als harte Nuss. Einerseits waren sich die Wissenschaftler weitgehend einig, dass datengestützte Polizeiarbeit, die auf von Menschen entwickelten Algorithmen beruht, bestehende Vorurteile widerspiegelt und verstärkt – dass mit anderen Worten zwangsläufig Praktiken des Racial Profiling miteingebaut sind und diese oft sogar noch potenziert werden. Andererseits waren in New Orleans 90 Prozent der Mordopfer und 90 Prozent ihrer Mörder schwarz. Wenn die Aufgabe darin bestand, die Mordrate in der Stadt zu senken, konnte man nicht übersehen, dass es sich dabei in erster Linie um ein Problem von Gewalt zwischen Schwarzen handelte. Und zumindest einigen Leuten aus Karps Umfeld zufolge beruhte seine Entscheidung, den Auftrag aus New Orleans anzunehmen, zu einem gewissen Grad auf seiner eigenen Identität: er wollte helfen; er sah eine schwarze Gemeinschaft in Not.

Palantir stellte New Orleans seine Technologie unter der Bedingung zur Verfügung, dass sie nicht für die vorausschauende, sondern nur für die präventive Polizeiarbeit verwendet werden durfte. Das mag wie Haarspalterei anmuten (und nach Ansicht vieler Bürgerrechtler war es das auch), aber es gibt da schon einen Unterschied. Bei der vorausschauenden Polizeiarbeit geht es in erster Linie darum, Örtlichkeiten – sogenannte »Hotspots« – zu ermitteln, an denen die Wahrscheinlichkeit, dass dort ein Verbrechen begangen wird, besonders hoch ist. In der Hoffnung, Raubüberfälle und Morde zu vereiteln, wird anschließend die Polizeipräsenz dort erhöht. Bei der präventiven Polizeiarbeit hingegen verwendet man Daten, um bereits in einem früheren Stadium intervenieren zu können. Es geht hier darum, Personen zu identifizieren, bei denen aufgrund ihres Wohnorts, ihres Umgangs oder ihres früheren Verhaltens das Risiko größer ist, ein Gewaltverbrechen zu begehen oder Opfer eines solchen zu werden. Die Polizei versucht in solchen Fällen, diese Personen von potenziellen Problemen wegzuführen, indem sie zum Beispiel jemandem mit Verbindungen zu einer Gang Anreize bietet, dieser den Rücken zu kehren. Courtney Bowman, Leiter der Abteilung für Datenschutz und Bürgerrechte bei Palantir, sagte, präventive Polizeiarbeit verfolge »eher einen fürsorglichen als einen strafenden« Ansatz.

Zwischen 2012 und 2015 ist die Mordrate in New Orleans um 25 Prozent gesunken. Jeff Asher zufolge, der von 2013 bis 2015 als Kriminalanalyst für die Stadt New Orleans tätig war, hatte dies jedoch mit Palantir herzlich wenig zu tun. Ein Großteil der Gewalt in New Orleans fiel in den Bereich der Bandenkriminalität, und Asher, ein ehemaliger CIA-Analyst, arbeitete bei der Multi-Agency Gang Unit, wie man die Einheit nannte. In dieser Funktion nutzte Asher häufig Gotham, die Plattform, die Palantir der Stadt zur Verfügung gestellt hatte. Da er bei der CIA mit Analyst's Notebook gearbeitet hatte, tat er sich mit Gotham nicht schwer, betonte aber, niemanden sonst in der Einheit gekannt zu haben, der Palantir benutzt hätte. Zwar funktionierte die Software gut, aber ihre Bedienung erforderte ein gewisses Maß an technischen Kenntnissen und eine Einführung. »Sie war durchaus intuitiv«, sagte Asher, »aber nicht für Polizisten.« Die Polizisten, mit denen er arbeitete, hätten zwar an Tutorials mit Palantir-Ingenieuren teilgenommen, die Software aber nicht wirklich für ihre Arbeit gebraucht und überdies Schwierigkeiten im Umgang damit gehabt. »Man hätte das genauso gut seinem Großvater beibringen können«, scherzte er. Seiner Ansicht nach verdankte man den Rückgang der Mordrate vor allem dem Erfolg bei der strafrechtlichen Verfolgung von Bandenmitgliedern wegen Zugehörigkeit zu einer kriminellen Vereinigung, die zumindest eine Zeit lang eine abschreckende Wirkung hatte. Als Palantirs wesentliches Problem in New Orleans bezeichnete er den Umstand, dass die Polizei dort kein spezielles Team für Kriminalanalyse gehabt habe, nur ihn. Eine größere Abteilung mit mehr Analysten, in der man datengestützte Polizeiarbeit ernster genommen hätte, wäre für Palantir besser geeignet gewesen und umgekehrt.

Im Jahr 2018, drei Jahre nachdem Asher bei der Polizei gekündigt hatte, brachte das Online-Tech-Magazin *The Verge* einen Artikel, dem zufolge das New Orleans Police Department mithilfe von Palantir ein geheimes Programm zur Verbrechensbekämpfung betreibe. New Orleans sei für das Unternehmen ein Versuchsgelände für die Entwicklung von Predictive-Policing-Technologie. Der Artikel litt unter einigen irrtümlichen Behauptungen. Auch wenn einige Offizielle aus der Stadtverwaltung nichts von der Beziehung mit Palantir gewusst haben wollen, war diese ein offenes Geheimnis: Palantirs Jahresbericht von 2015 enthielt eine Erläuterung der Arbeit des Unternehmens in New Orleans, und auch das Büro des Bürgermeisters wies auf einer Website, die ihren Bemühungen zur Bekämpfung der Gewaltkriminalität gewidmet war, auf Palantirs Beteiligung hin. Die Unterstellungen von *The Verge* bezüglich prädiktiver Polizeitechnologie fußten auf einem Patent, das Palantir 2014 für ein sogenanntes System zur Prognose von Kriminalitätsrisiken angemeldet hatte. Bowman zufolge bezog sich das Patent jedoch auf eine Software, die Palantir zusammen mit einer europäischen Strafverfolgungsbehörde entwickelt hatte. Mit der Arbeit des Unternehmens in New Orleans hätte sie nichts zu tun gehabt.

Darüber hinaus bestritt Palantir die Behauptung von *The Verge*, dem Einsatz vorausschauender Polizeiarbeit in New Orleans Tür und Tor geöffnet zu haben. In einer siebenseitigen Antwort auf den Artikel auf Palantirs hauseigenem Blog betonte Bowman, dass das Unternehmen während seiner Zusammenarbeit mit der Stadt New Orleans »*keinerlei* prädiktive Überwachungsalgorithmen oder -fähigkeiten entwickelt oder eingesetzt«, ja sogar eine diesbezügliche Anfrage der Polizeibehörde abgelehnt habe. Er verwies auf einen in dem Artikel von *The Verge* zitierten E-Mail-Austausch mit einem Kriminalanalysten des Departments (nicht Asher), der eine »Scorecard für Bandenmitglieder« ausgearbeitet hatte. Auf dieser waren die Personen anhand der Anzahl der Vorfälle mit Schusswaffen, in die sie zuvor verwickelt waren, geordnet. In einer E-Mail äußerte Bowman dem Analysten gegenüber »ernsthafte Bedenken gegen die Einführung einer Rangliste oder eines numerischen Scoring-Ansatzes«; dabei »tritt der schöne Schein quantitativer Gewissheit eines undurchsichtigen Bewertungsalgorithmus an die Stelle eines ganzheitlicheren, qualitativen Urteils und menschlicher Schuldhaftigkeit«. Wie Bowman mir sagte, erbat der Analyst Hilfe bei der Integration der Scorecard in den Datenpool, den Palantir für die Polizeibehörde erstellt hatte. Er habe die Anfrage jedoch abgelehnt, weil Palantir nicht bereit sei, etwas zu unterstützen, das den Beigeschmack vorausschauender Polizeiarbeit habe.

Der Artikel in *The Verge* sorgte jedoch für einen Aufschrei unter New Orleans' Bürgerorganisationen, und nur wenige Tage nach seinem Erscheinen kündigte die Stadt an, die Zusammenarbeit mit Palantir beenden zu wollen. Die Kontroverse brachte Karp derart auf, dass er, als ich ihn einige Jahre später darauf ansprach, immer noch sauer war. »Bis zu meinem letzten Atemzug«, sagte er, »werde ich in der Kritik an unserer Arbeit in New Orleans nichts anderes sehen als eine abgrundtiefe Blamage für die, die sie vorgebracht haben.« Ashers Ansicht zum Trotz blieb er dabei, dass Palantirs Software zur Senkung der Mordrate beigetragen habe. Die Kritiker des Unternehmens, so erklärte er, seien »völlig außer Takt mit den Menschen, die zu schützen sie vorgeben«.

Im Widerspruch zu dem, was mir einige seiner Kollegen gesagt hatten, bestritt Karp, dass seine eigene Identität bei seiner Entscheidung, New Orleans zu helfen, eine Rolle gespielt habe. So gerne er dabei helfe, »den Völkermord von Schwarzen an Schwarzen zu stoppen«, sagte er mir, sei es dennoch nur eine humanitäre Geste gewesen, etwas, das er auch für jede andere Community getan hätte. Er könne es noch immer nicht fassen, dass man etwas, das so gut gemeint und – zumindest seiner Ansicht nach – effektiv gewesen sei, als etwas so Abscheuliches dargestellt habe. »Wie kann man das Retten von Leben als etwas anderes darstellen als das, was es war?«, fragte er. »Es will mir nicht in den Kopf, dass die Verfechter der Menschenrechte so theologisch an ihrer Sichtweise hängen, dass sie lieber den Völkermord fortgesetzt sehen, als durch eine sachte Intervention einzugreifen, bei der es weitgehend darum geht, sich mit Freunden von Menschen zu treffen, die gewalttätig werden könnten, um sie zu beruhigen. Ich bin sicher, dass die Beendigung des Programms seither Hunderte von Menschenleben gekostet hat.«

Für Karp stand der Eklat von New Orleans sinnbildlich für den Abstieg der Linken in blinde Dogmatik. Viele Liberale, so sagte er, schienen jetzt »jede Art von Quantifizierung abzulehnen. Und ich verstehe nicht, was an der Ablehnung jeglicher Quantifizierung irgendwie progressiv sein soll.« Diese Leute schienen seiner Ansicht nach mehr an der Pose an sich interessiert als daran, das Leben der Menschen, denen sie angeblich helfen wollten, zu verbessern. Er sei der wahre Progressive. »Wenn man für eine Ideologie eintritt, deren logische Konsequenz darin besteht, dass im Laufe der Zeit Tausende und Abertausende von Menschen, die man zu verteidigen vorgibt, getötet, verstümmelt und ins Gefängnis gesteckt werden – wie kann das, was ich sage, nicht fortschrittlich sein, wenn das, was die sagen, zu einem Kreislauf der Armut führt?«

Er räumte jedoch ein, dass die Partnerschaft mit örtlichen Polizeibehörden, zumindest in den Vereinigten Staaten, zu kompliziert sei. »Die Polizei ist ein schwieriger Fall, weil es hier eine Überschneidung mit legitimen ethischen Bedenken gibt«, sagte Karp. »Außerdem würde ich sagen, dass wir eine Politisierung legitimer ethischer Probleme zum Nachteil der ärmsten Bewohner unseres städtischen Umfelds haben.« Darüber hinaus räumte er ein, dass die Einkünfte aus der Polizeiarbeit angesichts der damit verbundenen Belastung nicht hoch genug seien. Und genau genommen hatte sich das Ganze auch nicht wirklich rentiert; Tatsache war, dass Palantirs Technologie bei der amerikanischen Polizei nicht mehr eingesetzt wurde. Das NYPD hatte seinen Vertrag mit Palantir 2017 gekündigt und die Software des Unternehmens durch ein eigenes Tool zur Datenanalyse ersetzt. Und 2021 hatte auch das LAPD seine Geschäftsbeziehung mit Palantir, zum Teil auf wachsenden Druck der Öffentlichkeit hin, beendet. (Palantir hatte nach wie vor Verträge mit Polizeibehörden in einigen europäischen Staaten.)

Doch so belastend Trumps erste Amtszeit für Palantir war, sie brachte dem Unternehmen den wohl bedeutendsten Einsatz seiner Geschichte ein. Die amerikanischen Behörden benutzten Palantirs Software während der Covid-19-Pandemie sowohl zur Verfolgung der Ausbreitung der Krankheit als auch zur Verteilung persönlicher Schutzausrüstung (PSA) wie Handschuhe und Masken. Außerdem war Palantirs Technologie integraler Bestandteil beim Rollout des Impfstoffs. Die Pandemie war Palantirs Nagelprobe, der ultimative Proof-of-Concept und ein transformatives Ereignis in der Geschichte des Unternehmens. Unterstrichen wurde dies durch Karps Entscheidung, mit Palantir ausgerechnet auf dem Höhepunkt des globalen Gesundheitsnotstands an die Börse zu gehen.

Kapitel 8
PROOF OF CONCEPT

An einem Wochenendmorgen Ende Februar 2020 war Karp in der Nähe seines Anwesens in New Hampshire auf der Loipe. Einer der Norweger begleitete ihn, aber eine richtige Unterhaltung kam nicht auf. Überhaupt ist Karp beim Langlaufen gern mit seinen Gedanken allein, und an diesem Tag ging ihm so allerhand durch den Kopf. Ein neuartiges Coronavirus, das ein paar Monate zuvor in China aufgekommen war, verbreitete sich rasant über die ganze Welt. In Europa und Nordamerika berichtete man von ersten Todesfällen, und den Daten zufolge schien die Verdopplungsrate – die Zahl der Tage bis zur Verdoppelung der Fallzahlen – immer kleiner zu werden, was auf eine zunehmend beschleunigte Vermehrung des Virus wies. Nach reiflicher Überlegung kam Karp zu dem Schluss, dass die Ausbreitung von Covid-19 zu einer weltweiten Pandemie nicht mehr zu verhindern war.

Kaum war er wieder zurück, rief er Kollegen aus Palantirs Führungsriege an, um ihnen mitzuteilen, dass er die Dependancen des Unternehmens auf unbestimmte Zeit zu schließen gedenke und dass die Mitarbeitenden von zu Hause aus arbeiten sollten. Karp war in Begleitung von zwei seiner österreichischen Assistenten, Gabriel und Günter, sowie von mehreren Bodyguards nach New Hampshire gekommen. Als Mysophobiker verlangte Karp schon damals, dass alle Mitarbeitenden chirurgische Masken trugen und Abstand voneinander hielten – vor allem von ihm. Nun teilte er ihnen mit, dass sie sich möglicherweise für einige Zeit in New Hampshire würden einigeln müssen. Er schickte Mitglieder seines Sicherheitsteams zum nächsten Supermarkt, um Lebensmittelkonserven für mehrere Monate zu kaufen, die nach einer Reinigung mit Desinfektionsmitteln im Keller des Hauses eingelagert wurden. Aus Sorge vor möglichen Unruhen ließ Karp auch einen Munitionsvorrat anlegen. »Wir haben eine Menge Patronen gekauft«, sagt er.

Am selben Wochenende nahm Deborah Birx in Johannesburg an einer AIDS-Konferenz teil. Die Medizinerin leitete damals als weltweite AIDS-Koordinatorin der USA das amerikanische AIDS-Hilfe-Programm PEPFAR (President's Emergency Plan for AIDS Relief). Dieses 100 Milliarden Dollar schwere Programm, 2003 unter Präsident George W. Bush ins Leben gerufen, finanzierte AIDS-Behandlung und -Prävention sowie einschlägige Forschung in Afrika und anderen Entwicklungsländern. Doch auch wenn AIDS vorgeblich im Mittelpunkt der Johannesburger Tagung stand, behielten Birx und andere Teilnehmer Covid-19 genau im Auge. Noch während ihres Aufenthalts in Südafrika erhielt sie einen Anruf von Matt Pottinger, einem Berater des Weißen Hauses, der im Nationalen Sicherheitsrat arbeitete (er war früher bei den Marines gewesen und hatte zusammen mit General Michael Flynn den »Fixing Intel«-Bericht verfasst, der Doug Philippones Interesse geweckt hatte). Birx und Pottinger waren befreundet, aber der Anruf war nicht privat: Er fragte sie vielmehr, ob sie bereit wäre, die Leitung des Corona-Krisenstabs im Weißen Haus zu übernehmen – eine Position, die eigens geschaffen wurde, um die Regierung Trump bei der Bewältigung eines Problems zu unterstützen, das rapide zu einer weltweiten Krise zu werden versprach.

Birx willigte ein und flog nach Washington, um ihre neue Aufgabe zu übernehmen. Sie wusste, dass die einzige Hoffnung, das Virus einzudämmen, im Sammeln von Daten bestand – so vieler Daten wie möglich, so schnell wie möglich. »Man kontrolliert Pandemien durch die Nutzung von Daten«, sagte sie. »So und nicht anders.« Aber so einfach war das nicht. Die Vereinigten Staaten mögen die wohlhabendste und technologisch fortschrittlichste Nation der Welt sein, aber ihre Gesundheitsdaten verwalten sie im Rube-Goldberg-System – jeder Bundesstaat handhabt die öffentliche Gesundheit auf eigene Art, und angesichts veralteter, nicht vernetzter Meldesysteme, einer inkonsistenten oder unvollständigen Datenerfassung sowie enormer Unterschiede in der Art und Weise, wie Daten gesammelt, formatiert und gespeichert werden, würde es alles andere als einfach sein, die Ausbreitung des Virus genau zu verfolgen. Ein Artikel der *New York Times* über einen Covid-Fall in Alaska unterstrich das Problem:

> *»Nachdem man die Frau getestet hatte, übermittelte ihr Arbeitgeber ihren Nasenabstrich an das staatliche Labor in Fairbanks. Dort übertrug man die wichtigsten Informationen händisch in einen elektronischen Laborbericht und suchte in einer staatlichen Datenbank nach Adresse und Telefonnummer der Frau. Das staatliche Labor gab den Fallbericht dann weiter an die epidemiologische Abteilung des staatlichen Gesundheitsamtes, wo dieselben Informationen erneut in eine Datenbank eingegeben werden mussten, die wiederum die Bundesdatenbank für epidemiologische Überwachung des Zentrums für Krankheitskontrolle und Prävention (CDC) speist. Ein Mitarbeiter loggte sich ein und klickte sich durch mehrere Bildschirme in einer weiteren staatlichen Datenbank, um festzustellen, dass die Frau ungeimpft war, und aktualisierte dann manuell ihre Datei. Die epidemiologische Abtei-*

lung trug den Fall der Frau dann in eine Tabelle mit mehr als 1500 anderen an diesem Tag erfassten Fällen ein. Diese ging an ein Team von Kontaktverfolgern, die telefonisch weitere wichtige Informationen über die Frau sammelten und diese dann in eine weitere Datenbank eintrugen. Das Ergebnis war ein reichhaltiger Eintopf von Informationen, aber da die Datenbank der Kontaktverfolger nicht mit der Datenbank der Epidemiologen kompatibel war, ließen ihre Informationen sich weder auf Landes- noch auf Bundesebene so ohne Weiteres teilen. Als die Kontaktverfolger beispielsweise einige Tage später erfuhren, dass man die Frau mit Covid ins Krankenhaus eingeliefert hatte, mussten sie die epidemiologische Abteilung per E-Mail informieren, und die Epidemiologen erhielten die Bestätigung des Krankenhauses per Fax.«

Wir sprechen hier von einem einzigen Fall in einem dünn besiedelten Bundesstaat, in dem ein Virus auftrat, an dem in den USA Millionen von Menschen erkranken sollten.

Nach der Bekanntgabe von Birx' Ernennung bot Julie Bush, die bei Palantir für das Gesundheitsgeschäft zuständig war, ihr per E-Mail die Unterstützung des Unternehmens an. Bush und Birx kannten sich, weil Palantir PEPFAR seine Technologie unentgeltlich zur Verfügung gestellt hatte; PEPFAR analysierte damit die Wirksamkeit seiner Arbeit bis hinunter auf die Ebene einzelner Kliniken. Birx hielt Palantir für eine wertvolle Ressource und vereinbarte ein Treffen mit Bush. Sie trafen sich am 7. März im Old Executive Office Building gleich neben dem Weißen Haus, wo Matt Pottinger zu ihnen stieß. Birx sprach Klartext: Sie brauchte Hilfe, und zwar dringend. Die Centers for Disease Control and Prevention (CDC) versuchten, dem Virus auf die Spur zu kommen, aber die so marode wie schludrig geführte Dateninfrastruktur im amerikanischen Gesundheitswesen – die Systeme der CDC nicht ausgenommen – machte die Ermittlung genauer Zahlen so gut wie unmöglich. (Innerhalb des öffentlichen Gesundheitswesens kursierte der Witz, CDC stehe für »Can't Do Computers«.) Die Situation war so schlimm, dass Birx und Kollegen zu dem Schluss kamen, mit Open-Source-Informationen besser bedient zu sein. »Ich beziehe meine Daten von CNN«, sagte Birx zu Bush.

Einige Tage später kam Bush wieder ins Old Executive Office Building, diesmal in Begleitung zweier Kollegen: Aki Jain, der mittlerweile bei Palantir die Aufsicht über das Geschäft mit der öffentlichen Hand hatte, und Hirsh Jain (weder verwandt noch verschwägert), ein Forward-Deployed Engineer. Die drei Palantirianer trafen sich mit Birx und ihrem in aller Eile zusammengestellten Team. Eine der Personen, die sie rekrutiert hatte, war Amy Gleason, eine ehemalige Krankenschwester, die für den United States Digital Service tätig war. Der USDS ist eine Sparte der Exekutive, die von der Regierung Obama nach dem Pfusch bei der Einführung von healthcare.gov, dem Online-Portal für Obamacare, eingerichtet wurde. Der USDS berät Bundesbehörden in Sachen Informationstechnologie und wurde zum Teil mit externen Experten besetzt, die einige Jahre lang im Staatsdienst tätig sein sollten, bevor sie in die Privatwirtschaft zurückkehrten.

Gleason war Spezialistin für Datentechnologie im Gesundheitswesen mit Schwerpunkt Interoperabilität; sie war mit anderen Worten zuständig für die Erleichterung von Datenbeschaffung und Datenaustausch für alle Beschäftigten des Gesundheitswesens. Für sie war es auch ein persönliches Anliegen: Ihre Tochter hatte eine seltene Krankheit, für deren Behandlung sie ein Dutzend Ärzte in sechs verschiedenen Gesundheitssystemen in drei Bundesstaaten aufsuchen musste. Es waren die Schwierigkeiten dieser Ärzte beim elektronischen

Informationsaustausch, die Gleason zu ihrem Berufswechsel veranlasst hatten. Sie war sich also der datentechnischen Herausforderung der Pandemie sehr wohl bewusst. Gleason hatte noch nie von Palantir gehört und war, wie sie selbst gesteht, »äußerst skeptisch«, als sie zu dem Meeting mit Bush und ihren Kollegen kam. Palantirs Erfahrungen im Gesundheitswesen waren begrenzt, und es handelte sich hier um eine Jahrhundertpandemie in einem Land, das nicht mit medizinischen Daten umzugehen verstand. Gleason hatte mittlerweile gesehen, dass selbst grundlegende Informationen, wie etwa die Gesamtzahl der Betten eines Krankenhauses, nicht ohne Weiteres abrufbar waren. »Wir hatten schlicht keine Möglichkeit, etwas über unser Gesundheitssystem in Erfahrung zu bringen«, sagte sie. Das Selbstvertrauen der Palantirianer verstärkte ihre Skepsis nur. »Egal, was ich fragte«, sagt sie, »immer hieß es: ›Ja, das können wir‹ und ›Klar doch, das schaffen wir‹. Und ich dachte mir: Nein, das ist unmöglich.«

Doch das Palantir-Team hatte nicht zu viel versprochen. Mithilfe von Foundry machten sich rund 60 Palantirianer an die Aggregation der Daten, die Birx' Team benötigte, um entstehende Hotspots auszumachen und dort Ressourcen zur Verfügung zu stellen. Zu den Daten, die sie mit einbezogen, gehörten die Anzahl der Fälle, die Anzahl der Tests, die Anzahl der Krankenhausaufnahmen, die Verfügbarkeit von Krankenhausbetten sowie die Versorgung mit Beatmungsgeräten, persönlicher Schutzausrüstung und therapeutischen Behandlungen. Die Palantirianer teilten sich in Teams auf – eine Gruppe für Fälle, eine andere für Fragen rund um die Versorgungskette – und arbeiteten rund um die Uhr (Mitarbeitende in Australien und Europa steuerten zu ihren Bemühungen bei). Die meisten arbeiteten übers Netz, nur Julie Bush und Hirsh Jain waren mit Birx' Team vor Ort – zunächst in der Zentrale der Bundesagentur für Katastrophenschutz (FEMA), später im Gesundheitsministerium (HHS). Bush, die zu dieser Zeit schwanger war, sagt, es sei eine einzige Quälerei gewesen. »Wir wussten vieles nicht über das Virus, es gab noch keinen Impfstoff – es war zum Fürchten«, sagt sie. Um voneinander Abstand zu halten, kommunizierten sie über Mikrofone.

Das aus allen 3000 Landkreisen der USA zusammengetragene Datenrohmaterial war oft in einem chaotischen Zustand und obendrein uneinheitlich erfasst. Die Daten kamen als Excel-Tabellen, PowerPoint-Dateien und PDFs. Die Ingenieure von Palantir glichen die Daten ab und vereinheitlichten sie zu einer standardisierten Struktur. »Technisch war das eine der größten Herausforderungen, die ich je erlebt habe«, sagt Hirsh Jain. All diesen Schwierigkeiten zum Trotz hatte Palantir innerhalb weniger Tage ein Dashboard entwickelt, das später den Namen HHS Protect bekam und Birx und ihrem Team täglich umfassende Updates lieferte. Binnen drei Wochen waren grob geschätzt zwei Milliarden Datenelemente aus rund 300 verschiedenen Quellen in ihrem System integriert, womit der aktuellste und zuverlässigste – staatliche wie privatwirtschaftliche – Indikator für die Ausbreitung des Virus und die Bemühungen um seine Eindämmung geschaffen war. Gleason war nicht nur von Palantirs Effizienz beeindruckt, sondern auch von der »Intelligenz« der Software an sich. Es kamen viele schlechte Daten herein, die oft nur das Ergebnis von Tipp- oder Schreibfehlern waren. »Ständig hat sich jemand bei der Zahl der täglichen Fälle vertan«, sagt Gleason. Foundry markierte Zahlen, die nicht korrekt zu sein schienen, was von kritischer Bedeutung für die Gewährleistung korrekter Gesamtzahlen war.

Diese Arbeit fand hinter den Kulissen statt. Was die Öffentlichkeit zu sehen bekam, war eine tägliche Chaosveranstaltung beim Presse-Briefing im Weißen Haus. Präsident Trump, umgeben von Mitgliedern der Covid-Einsatzgruppe, darunter auch Birx, spielte dort den Ernst der Pandemie herunter und versprach, dem Virus mit allerlei Humbug zu Leibe zu rücken: UV-Licht zum Beispiel (»das tötet es im Handumdrehen ab«) und einer Wurmkur für Pferde und anderes Nutzvieh. Am 24. April 2020 kam es bei einem dieser Briefings, sehr zu Birx' Leidwesen, zu einer der Sternstunden der Covid-Krise, als Trump sie persönlich aufforderte, doch untersuchen zu lassen, ob sich dem Virus nicht vielleicht durch Injizieren von Desinfektionsmitteln beikommen ließ. Birx saß auf einem Stuhl am Rande des Podiums, und der gequälte Ausdruck auf ihrem Gesicht ging viral. Zu diesem Zeitpunkt hatte Birx die Daten, die sie für eine wirksame Antwort auf die Pandemie benötigte. Was fehlte, war eine kompetente Führung im Weißen Haus.

Es war allgemein bekannt, dass der Staat Palantirs Software zur Verwaltung der Pandemie einsetzte. Allerdings war die Berichterstattung darüber mitunter unvollständig oder von vornherein falsch. So hieß es zum Beispiel, Palantir sei auf Trumps Geheiß hinzugezogen worden und der Auftrag damit ein weiteres Geschenk an Thiel. Das stimmte nicht – es war Birx, die Palantir um Hilfe anging, und es war allein ihre Entscheidung. (Gleason zufolge sei sie damit bei den Beamten sogar auf einen gewissen Widerstand gestoßen; sie habe von einer Handvoll Kollegen E-Mails erhalten, in denen man sie und ihr Team bekniete, Palantir nicht einzusetzen, weil man das Unternehmen, nicht zuletzt wegen der ICE-Kontroverse, für nicht ganz koscher hielt.) Einige Kritiker wiesen darauf hin, dass Palantir die beiden Verträge für die Unterstützung bei der Bekämpfung der Pandemie, die sich auf insgesamt 25 Millionen Dollar beliefen, nicht im Rahmen einer öffentlichen Ausschreibung bekommen hatte. Da ist natürlich etwas dran – das Land befand sich in einer noch nie dagewesenen gesundheitlichen Ausnahmesituation, und es fehlte die Zeit für ein normales Vergabeverfahren. Tatsache ist, man holte Palantir zunächst auf der Basis einer 30-tägigen Probezeit an Bord, und Birx' Team zog mehrere andere Softwareanbieter in Betracht, bevor es sich für Palantir entschied. Inzwischen äußerten Einwanderungsaktivisten die Befürchtung, die durch die Palantir-Software geschleusten Patientendaten könnten zum Ausspionieren von Arbeitnehmern ohne Papiere dienen. Das geschah nicht und war auch gar nicht möglich, da die Covid-Daten anonymisiert waren.

Inmitten des Trubels um Trumps Verrücktheiten (und der damit verbundenen Aufmerksamkeit für Palantir) wurden die Bemühungen, das Virus zu verfolgen und einzudämmen, immer weiter verfeinert. All den mitunter kaum hilfreichen Verlautbarungen aus dem Weißen Haus zum Trotz attestiert Hirsh Jain den Beamten des Gesundheitsministeriums und anderer Behörden, die hinter den Kulissen mit Palantirs Technologie zugange waren, ein anhaltendes Niveau an »operativer Exzellenz«. Dies galt insbesondere für das Rollout von Impfstoffen, an dem Palantir ebenfalls beteiligt war und das sich als durchschlagender Erfolg erwies. Im Juni 2020 beauftragte man das Unternehmen mit dem Aufbau eines Dashboards für die Operation Warp Speed, einem öffentlich-privaten Joint Venture zur beschleunigten Entwicklung eines Covid-Impfstoffs. Wie bei HHS Protect war Foundry die Grundlage für das Impfstoff-Dashboard, das unter dem Namen Tiberius allen 50 Bundesstaaten zur Verfügung gestellt wurde, um sie bei der Verwaltung und Verteilung der Impfstoffe sowie beim Erfassen der Impfquote zu unterstützen.

Die USA waren nicht das einzige Land, das während der Pandemie mit Palantirs Software arbeitete. Das Unternehmen stellte Foundry rund einem Dutzend weiteren Nationen zur Verfügung, den meisten davon anfänglich sogar kostenlos. Was beileibe keine rein altruistische Geste war, sondern auch ein kluger Schachzug, um inmitten der Krise das Geschäft anzukurbeln. So stellte Palantir dem britischen National Health Service (NHS) für die Software 1 Pfund Sterling in Rechnung. Die Briten nutzten sie zum selben Zweck wie ihre Kollegen in den USA: zur Überwachung der Ausbreitung des Virus, zur Erfassung von Test- und Krankenhausdaten und zur Unterstützung bei der Verteilung wichtiger Hilfsgüter. Und auch die Briten nutzten Palantirs Technologie für ihr Impfprogramm. (Die britische Regierung belohnte Palantir später mit einem Auftrag in Höhe von fast 600 Millionen Dollar zur Erneuerung der Dateninfrastruktur des NHS.)

Palantir spielte auch eine zentrale Rolle bei der wichtigsten humanitären Maßnahme während der Pandemie überhaupt. Anfang 2019 unterzeichnete das Welternährungsprogramm (WFP) mit Palantir einen Fünfjahresvertrag über 45 Millionen US-Dollar. Die Zusammenarbeit entstand aus einem Pilotprojekt, das Palantir mit dem WFP durchgeführt hatte und bei dem es um ein Tool zur Optimierung von Lieferketten ging. Nach Angaben des WFP führte das Programm zu Einsparungen in Höhe von fast 30 Millionen Dollar, und dieser Erfolg war denn auch die Basis für einen langfristigen Vertrag über die Nutzung von Palantirs Technologie für alle seine Operationen. Einige Hilfsorganisationen freilich verurteilten den Deal mit dem Verweis auf die Wurzeln von Palantir in der CIA und auf die Verbindung zu Peter Thiel. Auch äußerte sich ein tiefes Misstrauen gegenüber Palantir in der Frage, ob die Daten auch tatsächlich anonym bleiben würden. So mancher argwöhnte, dass das durch die ICE-Kontroverse angeschlagene Unternehmen durch die Zusammenarbeit mit dem WFP seinen Ruf zu retten versuchte.

Doch die Offiziellen des WFP ließen sich nicht beirren. Pierre Guillaume Wielezynski, dem Digitalisierungsleiter beim WFP, zufolge konnten er und seine Kollegen deutlich erkennen, dass Palantir wirklich daran gelegen war, ihnen bei ihren Hilfsmaßnahmen zur Seite zu stehen. Wielezynski war seit über zehn Jahren beim WFP und hatte die Zusammenarbeit mit mehreren anderen Organisationen durchexerziert. Aufgrund seiner Erfahrung hatte er ein gutes Gespür dafür entwickelt, ob potenzielle Partner nur nach PR-Punkten schielten. »Wir hatten Angebote von Leuten, denen es nur um eine Pressemitteilung, einen Tweet oder ein Foto ging«, sagt Wielezynski. »Aber bei Palantir standen derlei Ziele nie im Raum. Sie haben uns nie um eine PR-Kampagne gebeten oder darum, sich mit uns sehen zu lassen.«

Die Software von Palantir erwies sich beim Ausbruch der Pandemie als entscheidendes Plus. Als die Weltwirtschaft zum Stillstand kam, traf dies auch die Versorgungsketten, was den Lieferstopp lebenswichtiger Güter wie Weizen und Mais nach sich zog. Es bestand die große Sorge, dass die Pandemie in weiten Teilen Afrikas eine Hungersnot auslösen würde. Doch durch den Einsatz von Foundry hatte das WFP einen umfassenden Überblick darüber, wo es Lebensmittelvorräte gab, wo sie am dringendsten benötigt wurden und wie sie am schnellsten dorthin zu schaffen waren. Und nicht nur das: Die Fähigkeit des WFP zur Nothilfe war so robust, dass die Weltgesundheitsorganisation (WHO) sich ihrer bediente, um medizinisches Personal in ganz Afrika mit persönlicher Schutzausrüstung zu versorgen. Es lässt sich zwar unmöglich berechnen, wie viele Menschenleben das WFP während des Covid-Einsatzes gerettet hat, doch die Zahl ist enorm, und Palantir hat sich für diese Bemühungen als unverzichtbar erwiesen. »Ohne Palantir hätten wir das nicht geschafft«, sagt Wielezynski. Im Oktober 2020 erhielt das WFP für seine Arbeit zur Bekämpfung des Hungers den Friedensnobelpreis. Als einen der Gründe für seine Entscheidung nannte das Nobelpreiskomitee die Reaktion des WFP auf Covid.

Während all dessen lebte Karp isoliert im Wald. Er hatte zwar persönliche Assistenten und sein Sicherheitspersonal dabei, aber in seinen Gedanken war er praktisch allein. Er leitete sein Unternehmen nicht gern aus der Ferne – das widersprach seinem Führungsstil, der ganz auf Erreichbarkeit ausgelegt war (deshalb war er auch 300 Tage im Jahr unterwegs). Doch bei Palantir lief alles wie geschmiert, auch wenn alle 3500 Mitarbeitenden von zu Hause aus arbeiteten.

So schrecklich die Pandemie für die meisten Menschen war, Karp empfand sie als herrliche Auszeit. Ihm war klar, dass Millionen Menschen litten, und er fühlte mit ihnen (und war stolz auf Palantirs Hilfe). Aber er genoss die Pause, die ihm Covid verschaffte, ebenso wie die Stille. »Am Anfang war nicht klar, ob nicht alle sterben würden«, sagt er. »Aber als ich wusste, ich würde nicht sterben, war ich im Himmel. Es war das Beste, was ich als Erwachsener erlebt habe. Ich war so was von zufrieden, außerdem fühlte ich mich in der Überzeugung bestätigt, dass ich ein zutiefst introvertierter Mensch bin.« Hätte er sich nicht so sehr mit seinen Kollegen und dem Unternehmen verbunden gefühlt, er hätte sich in seiner Abgeschiedenheit zur Ruhe gesetzt.

Doch noch während er in seiner Abgeschiedenheit schwelgte, kam Karp zu dem Schluss, dass es an der Zeit war, herauszufinden, was Palantir wirklich wert war – und vor allem, was dem Markt die Arbeit des Unternehmens wert war. Es war dies ein Schritt, der Karp aller Wahrscheinlichkeit außergewöhnlich reich machen würde, der aber auch das Risiko einer Veränderung der Unternehmenskultur in sich barg. Palantir war ein ausgesprochen eigenwilliges Unternehmen, das nach Karps Vorstellungen aufgebaut und dessen unkonventionelle Art wohl seine größte Stärke war. Jetzt jedoch war Karp bereit, das alles aufs Spiel zu setzen.

Anfang April 2020, als Covid einen Großteil des Planeten in seinen Klauen hatte, berief Palantir eine virtuelle Board-Sitzung ein. Kaum war diese vorbei, rief Karp Palantirs De-facto-Finanzchef Dave Glazer an. In typischer Manier schenkte Karp sich die Artigkeiten und kam gleich zur Sache. »Oh, hey«, sagte er, »wir werden in zwei Monaten an die Börse gehen müssen.« Glazer, vor seiner Zeit bei Palantir ein auf Börsengänge spezialisierter Anwalt, unterdrückte den Drang, laut aufzulachen, und sagte Karp, dass das so schnell nicht gehe. »Gut, was ist mit drei Monaten?«, fragte Karp. Auch das sei unmöglich, erklärte Glazer und fügte hinzu, dass über das Timing letztendlich die Börsenaufsicht (SEC) entscheiden würde, wann Palantir reif für die Börse sei. Doch zu dem Zeitpunkt war Glazer längst klar, dass Karp, nach all der Zeit, die er sich gegen den Gedanken gewehrt hatte, plötzlich bereit war, mit Palantir an die Börse zu gehen.

Karp war der Gedanke gekommen, die Pandemie könnte eigentlich der ideale Zeitpunkt für einen solchen Schritt sein. Ihm war klar, dass es sich bei seinem Unternehmen um eine Kuriosität handelte: Es erwirtschaftete über 50 Prozent seiner Einnahmen mit Regierungsaufträgen, und ein Großteil seiner Arbeit umfasste Sachverhalte, die nicht für die Öffentlichkeit bestimmt waren. Darüber hinaus tat sich die Wall Street immer noch schwer, Palantir zu verstehen und zu entscheiden, ob es sich wirklich um ein Tech-Unternehmen handelte oder um eine als solches getarnte Consulting-Firma. Dem nicht genug, war Palantir nun seit 17 Jahren im Geschäft und noch immer nicht in den schwarzen Zahlen. Unter normalen Umständen wäre es womöglich schwer gewesen, mit einer solchen Firma an die Börse zu gehen. Aber Karp hatte sich überlegt, dass andere Unternehmen, die mit dem Gedanken an einen Börsengang spielten, diesen wahrscheinlich bis nach der Pandemie aufschieben würden und dass Investoren angesichts des

Mangels an neuen Notierungen vielleicht eher geneigt wären, zu übersehen oder herunterzuspielen, was ihnen an Palantir nicht gefiel. »Unter diesen Umständen waren unsere Schönheitsfehler ja vielleicht etwas weniger wichtig«, wie Glazer es ausdrückte. (Wie sich herausstellte, sahen auch andere in der Covid-Krise ihre Chance, was in der zweiten Hälfte des Jahres 2020 zu einem ganzen Schwung von Börsengängen führte.)

Ein weiterer Faktor war die Präsidentschaftswahl in diesem Jahr. Vor dem Hintergrund von Thiels Engagement für Trump und der Kontroverse um ICE hatte Palantir den Zorn so einiger Menschen auf der Linken auf sich gezogen, darunter Prominente wie die US-Senatorin Elizabeth Warren und die US-Abgeordnete Alexandria Ocasio-Cortez. Entsprechend gab es Bedenken, dass Palantirs Geschäft unter einer demokratischen Regierung Schaden nehmen könnte. (Am Vorabend von Palantirs Börsengang forderte Ocasio-Cortez die Börsenaufsicht schriftlich auf, das Börsendebüt zu verschieben und eine ganze Reihe von Problemen unter die Lupe zu nehmen, die sie bei dem Unternehmen festgestellt haben wollte. Die Börsenaufsicht kam ihrer Bitte nicht nach.) Im Juni 2020 wies die News-Website *The Intercept* darauf hin, dass in einer Online-Biografie von Joe Bidens außenpolitischer Beraterin Avril Haines von ihrer Beratertätigkeit für Palantir keine Rede mehr war – was implizierte, dass Palantir mittlerweile so toxisch war, dass Demokraten Angst hatten, mit dem Unternehmen in Verbindung gebracht zu werden. Noch vor der Wahl an die Börse zu gehen, schien sich also anzubieten in Anbetracht des Rückschlags, den Palantir erleiden könnte, sollten die Demokraten ins Weiße Haus zurückkehren.

Doch Palantir hatte auch einige Pluspunkte aufzuweisen. Das Geschäft mit der öffentlichen Hand boomte: Mit all den Aufträgen im Rüstungsbereich und angesichts seiner Rolle an vorderster Front im Kampf gegen Covid versprach Washington für das Unternehmen eine Goldgrube zu werden. Und auch das kommerzielle Geschäft lief mit der Vertiefung der Beziehungen zu Airbus und BP. Palantir näherte sich 2020 einem Jahresumsatz von fast 1 Milliarde Dollar und wurde als Unternehmen in Privatbesitz immer noch mit rund 20 Milliarden Dollar bewertet. Mit anderen Worten: Es war ein florierendes, wenn auch immer noch nicht profitables Unternehmen. Einen bedeutenden technologischen Durchbruch erzielte Palantir darüber hinaus mit der Einführung einer Software namens Apollo, die das Unternehmen in die Lage versetzte, seine Technologie aus der Ferne sowohl einzusetzen als auch zu aktualisieren, womit man die Notwendigkeit, Ingenieure vor Ort zu schicken, reduzierte oder gar völlig überflüssig machte. Apollo war bereits vor Covid in der Entwicklung, aber das Rollout erfolgte während der Pandemie, als die meisten Unternehmen geschlossen waren und es schwierig war, FDEs vor Ort einzusetzen. Doch Apollo löste nicht nur das Problem, das durch den Covid-bedingten Lockdown entstanden war, es sah auch ganz nach der passenden Entgegnung auf eine langjährige Kritik an Palantir aus: dass seine Produkte nicht skalierbar seien.

Dennoch stand Karps Entscheidung zum Börsengang für einen ausgesprochen abrupten Sinneswandel. Noch wenige Monate zuvor hatte er sich gegen die Idee gesträubt. Im September 2019, als ich an dem Palantir-Artikel für das *New York Times Magazine* arbeitete, traf ich mich mit Karp in Paris, wo das Unternehmen eine Konferenz für seine europäischen Firmenkunden veranstaltete. Eines Nachmittags spazierten wir gemeinsam vom Hotel Bristol, in dem er wohnte, zum Jardin du Luxembourg, wo er seine Tai-Chi-Übungen machen wollte. Auf dem Weg durch die Tuilerien erklärte mir Karp, warum er immer noch zögerte, mit Palantir an die Börse zu gehen. Er befürchtete, dass dies den egalitären Geist des Unternehmens untergraben würde, der seiner Ansicht nach ein wesentliches

Element seines Erfolgs war. »Meine Hauptsorge ist, ob sich das machen ließe, ohne Palantirs Kultur zu schaden«, sagte er.

Praktisch von der Gründung des Unternehmens an hatte Karp seinen Mitarbeitern de facto einen Kompromiss abverlangt – im Gegenzug für die Möglichkeit, an etwas Wichtigem zu arbeiten, bekamen sie weniger, als sie bei anderen Tech-Unternehmen hätten verdienen können. Es lag jedoch auf der Hand, dass ein Börsengang für Karp und andere Führungskräfte lukrativ sein würde, und er befürchtete, dass dies den Sinn für das gemeinsame Ziel, der bisher immer ganz oben gestanden hatte, beeinträchtigen würde. Überdies befürchtete Karp, dass ein Börsengang die Mitarbeiter ablenken könnte, würden sie doch unweigerlich auf die täglichen Schwankungen des Aktienkurses achten, worunter womöglich Palantirs Arbeit litt.

Privat hatte Thiel sich seit mehreren Jahren für einen Börsengang ausgesprochen; in der Öffentlichkeit jedoch bekundete er seine Solidarität mit Karp. Einige Monate nach meinem Treffen mit Karp in Paris besuchte ich Thiel in seinem Büro in Los Angeles. Er sagte, es sei immer noch zu früh für Palantir, einen Börsengang in Betracht zu ziehen. »Die Frage ist immer, wer davon profitiert«, sagte er mir. »Die Investmentbanker profitieren massiv, desgleichen all die Leute, die ihnen bei dem Prozess helfen. Dann profitieren sicherlich die frühen Investoren und die frühen Mitarbeitenden, aber wenn man dann an das Unternehmen selbst als Rechtspersönlichkeit oder als Person denkt – vielleicht ist das jetzt zu anthropozentrisch, aber wenn man überlegt, was tatsächlich im Interesse des Unternehmens ist, dann ist ganz und gar nicht klar, dass Börsengänge die beste Wahl sind.«

Thiel räumte ein, dass ein Börsengang durchaus Vorteile habe, und zwar nicht nur in Form einer potenziellen finanziellen Belohnung: Er verpflichte Unternehmen zu einem höheren

Maß an Transparenz und zu einer besseren Praxis hinsichtlich Management und Governance. Ein Börsengang, so Thiel, sei erst dann sinnvoll, »wenn man eine gewisse Größenordnung erreicht, wenn man eine feste Kundenbasis hat und das Geschäft stetig wächst«. Palantir hingegen befinde sich noch in der Innovationsphase und sei »weit davon entfernt«, seinen potenziellen Marktanteil zu erreichen. Er wies außerdem darauf hin, dass Palantir nicht das einzige Tech-Unternehmen sei, das den Börsengang hinausgezögert habe: In den zwei Jahrzehnten seit der Dotcom-Pleite seien die Unternehmen viel vorsichtiger damit gewesen, an die Börse zu gehen. Sie konnten die benötigten Mittel privat aufbringen und ihre Unternehmen reifen lassen, ohne sich den Anforderungen vierteljährlicher Gewinnzyklen zu unterwerfen.

In der Tat ist die Zahl der öffentlich gehandelten Unternehmen in den USA seit den 1990er-Jahre um mehr als die Hälfte zurückgegangen – von einem Höchststand von etwa 7500 im Jahr 1997 auf etwa 3500 im Jahr 2020. Dieser Rückgang erfolgte, obwohl sich die Größe der US-Wirtschaft im gleichen Zeitraum verdoppelt hatte. Einige Unternehmen hatten zugemacht, andere waren durch Fusionen und Übernahmen geschluckt worden. Und dann stand hinter dem Rückgang auch die wachsende Anziehungs- und Finanzkraft privaten Kapitals. Außerbörsliche Beteiligungen waren zu einem 4-Billionen-Dollar-Business geworden, eine Verachtfachung seit den frühen 2000er-Jahren, und die amerikanische Risikokapitalbranche verwaltete ein Vermögen von rund 1 Billion Dollar. Startups, selbst bereits ausgereifte Unternehmen wie Palantir, kamen mittlerweile problemlos an benötigte Mittel, ohne die strengen regulatorischen Anforderungen öffentlicher Aktienmärkte erfüllen zu müssen oder den Analysten der Wall Street Rede und Antwort zu stehen. Viele junge Unternehmen zogen es deshalb vor, länger in Privatbesitz zu bleiben, ein Gesinnungswandel, den die sinkende Zahl von IPOs reflektiert. Mitte/Ende der 1990er-Jahre gab es in den USA zwischen 500 und 600 Börsengänge im Jahr. Rückblickend betrachtet waren das wohl viel zu viele, ein Nebenprodukt des Dotcom-Booms und des irrationalen Überschwangs jener Zeit. Bis Ende der 10er-Jahre war die Zahl der IPOs auf weniger als 200 jährlich zurückgegangen, und was einst ein geschätzter Ritus für Unternehmen war, ein Symbol für die anhaltende Vitalität des amerikanischen Kapitalismus, war jetzt fast eine Option der letzten Instanz.

Zumindest in dieser Hinsicht war Palantir also kein Ausreißer. Aber Karp wusste, dass sich ein Börsengang nicht weiter hinauszögern ließ. Die Investoren, die das Unternehmen unterstützt hatten, drängten auf einen solchen, und obwohl seine Mitbegründer Karps Entscheidung, Palantir privat zu halten, generell unterstützt hatten, würden sie nicht ewig warten wollen. Auch die Mitarbeitenden von Palantir wollten nicht ewig warten, vor allem nicht diejenigen, die schon lange dabei waren. »Wenn ein Unternehmen 20 Jahre besteht, werden die Leute zappelig, wenn es um Equity und den Eigenkapitalwert des Unternehmens geht«, sagte Karp an jenem Nachmittag in Paris. »Und was mir persönlich besonders am Herzen liegt, ist, wie man sicherstellen kann, dass die Leute, die Palantir jetzt aufbauen, fair entlohnt werden, und das setzt wirklich ein Liquiditätsereignis voraus.« Er verstand, warum seine Kollegen so erpicht auf einen Börsengang des Unternehmens waren. »Wie erklären Sie Ihrem Kind, dass es nicht auf das College seiner Wahl gehen kann, weil Karp nicht an die Börse will?«

Karp hatte natürlich keine Kinder und war anscheinend damit zufrieden, ein – relativ gesehen – unterbezahlter CEO und Papiermilliardär zu sein. Für ihn war die Vorstellung einer »Ausstiegsstrategie« – die Idee, dass das eigentliche Ziel eines Startups der Börsengang oder eine Übernahme sei – ein Gräuel. Palantir war sein Lebenswerk, es war der einzige Arbeitsplatz, den er sich vorstellen konnte, und er hatte nicht den Wunsch, sich auszahlen zu lassen und weiterzuziehen. Außerdem schien die Aussicht, ein Plutokrat zu werden, nicht zu seinem Selbstbild als rauflustigem Outsider zu passen (oder zu seinem Wunsch, als solcher gesehen zu werden), und zu seinen politischen Neigungen passte sie schon gleich gar nicht. Als wir die Tuilerien hinter uns ließen, kam plötzlich direkt vor uns Hektik auf: Einige Straßenhändler versuchten krampfhaft, ihre Gucci- und Dior-Plagiate einzupacken, weil offenbar die Polizei im Anmarsch war. Mit einem Blick auf die hastig hantierenden Händler bemerkte Karp leise: »Ich bin auf ihrer Seite.«

Doch nur sieben Monate später, im April 2020, erkannte Karp, dass es nun doch an der Zeit sei, mit Palantir an die Börse zu gehen. Die Geldgeber waren begeistert, ebenso Thiel. Als wir uns 2023 wieder unterhielten, meinte er, Karps früherer Widerstand gegen den Gedanken hätte »eigentlich etwas Charismatisches« gehabt, hätte sich doch darin Palantirs Entschlossenheit gezeigt, seinen eigenen Weg zu gehen. Jetzt jedoch räumte er ein, dass es seiner Meinung nach mit dem Börsengang denn doch zu lange gedauert habe. Er sei zu der Überzeugung gelangt, dass Palantir von der Disziplin profitieren werde, die sich aus der Rechenschaftspflicht gegenüber den Aktionären ergebe. Außerdem glaubte er, der Börsengang werde der Bilanz des Unternehmens guttun. Thiel argwöhnte, dass der eine oder andere Kunde gezögert habe, größere längerfristige Verträge mit Palantir einzugehen, weil er sich Sorgen um das Durchhaltevermögen des Unternehmens gemacht habe. Eine Börsennotierung werde Palantir zusätzliche Legitimität verleihen.

Die großen Investmentbanken hatten seit Langem gehofft, einen Börsengang von Palantir zu erleben. Doch obwohl zwei von ihnen, JP Morgan Chase und Credit Suisse, Kunden von Palantir waren, hasste Karp die Wall Street, eine Animosität, die auf die frostige Aufnahme zurückging, die Palantir seitens der Venture-Capital-Community des Silicon Valley erfahren hatte. Karp kam nicht über den Groll darüber hinweg, wie man ihn abgefertigt hatte, und dies prägte seine Sicht auf Investmentbanker und institutionelle Anleger ganz allgemein. Mehrere Investmentbanken legten Pitchbooks für Palantirs Börsengang vor, aber keiner ihrer Prospekte kam bei Karp an. Er behauptete sogar, einen davon verbrannt zu haben, weil er sich nicht von dem Dealbook für WeWork zu unterscheiden schien, der skandalgeplagten Office-Sharing-Firma, die ihren Börsengang angesichts der Skepsis der Investoren hatte stornieren müssen. »Ich hab's nicht so mit Bücherverbrennen, schließlich komme ich aus einer progressiven jüdischen Familie«, sagte er. »Genau genommen habe ich nur zweimal in meinem Leben ein Buch verbrannt. Ich nahm den Entwurf der Banker, ging rüber zu meinem großen Kamin hier und schmiss ihn rein.«

Karp entschied sich schließlich dafür, mit Palantir nicht per IPO, sondern per DPO (Direct Public Offering) an die Börse zu gehen. Bei einem DPO legt ein Unternehmen keine neuen Aktien auf, sondern ermöglicht der Öffentlichkeit den Erwerb bestehender Anteile. Spotify war 2018 per DPO an die Börse gegangen und Slack im Jahr darauf. Investmentbanken spielen eine beratende Rolle bei DPOs, verdienen aber weit weniger – Millionen weniger – an Gebühren als bei IPOs. Karp traf noch eine weitere wichtige Entscheidung: Nachdem er jahrelang kein gutes Haar am Silicon Valley gelassen hatte, entschloss er sich, den Börsengang als Gelegenheit zu nutzen, Palantirs Hauptsitz von Palo Alto nach Denver zu verlegen.

Der Fußabdruck des Unternehmens in Palo Alto war ohnehin schon kleiner geworden. Mitte der 2010er-Jahre hatte Palantir Flächen in sieben verschiedenen Gebäuden angemietet und war der größte Einzelmieter der Stadt. (»In downtown Palo Alto sehen Sie das Palantir-Logo öfter als das von Patagonia«, sagte ein lokaler Risikokapitalgeber 2016 einem Reporter von CNBC.) Doch mit dem Ausbruch der Pandemie waren New York, Washington und London zu den Dreh- und Angelpunkten des Unternehmens geworden, während Palantir in Palo Alto nur noch ein einziges Bürogebäude nutzte. Die Verlegung des Hauptsitzes nach Denver und nicht etwa nach Washington oder New York war aber auch ein Statement, ein Zeichen dafür, dass Palantir sich in einer Weise mit dem bodenständigen Amerika verbunden fühlte, die dem Rest des Silicon Valley abhandengekommen war (auch wenn Denver eine durchaus progressive Enklave in einem Bundesstaat mit einem demokratischen Aufwärtstrend war). Thiel selbst zog 2018 von der Bay Area nach Los Angeles, weil er von der »Monokultur« des Silicon Valley frustriert war (auch wenn Los Angeles ebenfalls eine liberale Hochburg war). Mit dem Umzug nach Denver kehrte nun auch Palantir Nordkalifornien den Rücken.

Intern liefen die Bemühungen um den Börsengang unter dem Kürzel »GN«, was angeblich für »Go Now« stand. Doch wie Karp mehreren seiner Kollegen gegenüber sagte, stand es für *goyim naches*, eine jiddische Phrase, die wörtlich »Vergnügungen für Nichtjuden« bedeutet, aber im Prinzip für oberflächlichen weltlichen Zeitvertreib steht. Er wollte damit die gemischten Gefühle ausdrücken, die ihm Palantirs Börsengang bescherte. Die eigentliche Arbeit für die Vorbereitung darauf fand im Sommer in Karps Haus in New Hampshire statt. Eine Reihe von Mitarbeitenden quartierte sich dort ein, um Strategien zu entwickeln und den notwendigen Papierkram aufzusetzen. Dave Glazer, der seine Familie mitbrachte, spricht von einer »Art Kibbuz«; in den Pausen nutzte er Karps Vorgarten als Driving-Range.

Mit ganz obenan standen Überlegungen, die Aktien so zu strukturieren, dass Karp, Thiel und Stephen Cohen eine Mehrheitsbeteiligung behielten. Diese Praxis hatte sich bei Tech-Unternehmen eingebürgert. Im Silicon Valley waren die Gründer Könige, und die meisten waren der Ansicht, dass sie auch nach einem Börsengang in der Lage sein sollten, ihre Unternehmen nach eigenem Gutdünken weiterzuführen. Vor seinem Börsengang im Jahr 2004 richtete Google für seine Mitbegründer Larry Page und Sergey Brin Aktien mit unterschiedlichem Stimmrecht ein, um sicherzustellen, dass sie von anderen Aktionären nicht überstimmt werden konnten. Facebook tat dasselbe für Mark Zuckerberg, bevor die Plattform 2012 an die Börse ging. Palantir jedoch verfügte bereits über eine besondere Kategorie, die sogenannten B-Aktien, deren Inhaber das zehnfache Stimmrecht normaler Papiere besaßen. Zwar hielten die meisten dieser B-Aktien Karp, Thiel und Cohen, aber da auch andere aus Palantirs Führungsriege und einige externe Investoren welche bekommen hatten, hielten die drei Mitbegründer zusammen nur 30 Prozent aller ausstehenden Aktien des Unternehmens.

So schuf Palantir im Vorfeld des Börsengangs eine dritte Kategorie von Aktien ausschließlich für Karp, Thiel und Cohen. Diese sogenannten F-Aktien verfügten über eine variable Anzahl von Stimmen – im Wesentlichen sollten sie die drei Eigner mit genügend Stimmrecht ausstatten, um zu jedem beliebigen Zeitpunkt sicherzustellen, dass sie, egal was zur Abstimmung kam, 49,999999 Prozent der Gesamtstimmen hatten (und ja, es waren tatsächlich sechs Neunen hinter dem Komma). Das waren zwar nicht ganz 50 Prozent, aber genug, um zu garantieren, dass die drei nie eine Abstimmung verlieren würden (und Thiel besaß zusätzlich zu den Palantir-Aktien, die er persönlich hielt, noch Anteile über Clarium Capital, seinen Hedgefonds, und Founders Fund, einen seiner Risikokapitalfonds).

An dieser Struktur sollte sich bis zum Tod des letzten der drei nichts ändern, und ihr Stimmrecht sollte selbst dann entscheidend bleiben, wenn ihr Gesamtanteil an Palantir-Aktien auf einen niedrigen einstelligen Wert sänke. Insider bezeichneten die F-Aktien scherzhaft als »Fuck-you-Shares«.

Die F-Aktien waren umstritten. Michael Weisbach, Professor am Fisher College of Business der Ohio State University, äußerte die Vermutung, Palantir sei auf alle Vorteile eines börsennotierten Unternehmens erpicht, ohne die damit verbundenen Pflichten in Kauf nehmen zu wollen. Aber wie andere Kommentatoren auch glaubte er offenbar, dass bei Palantir nicht Karp, sondern Thiel den Ton angab. »Die haben das so eingerichtet, dass Peter Thiel Palantir, bei allen Vorteilen, an der Börse zu sein, immer noch wie ein privates Unternehmen führen kann«, sagte Weisbach gegenüber Bloomberg. Darüber hinaus wirkte die Einrichtung der F-Aktien wie ein weiterer Seitenhieb an die Adresse der Wall Street – ein Statement, dass Palantir seine eigenen Regeln macht. (Nach Palantirs Börsengang reichte ein verärgerter Aktionär in Delaware, wo das Unternehmen als Kapitalgesellschaft registriert ist, eine Klage ein, in der er die Rechtmäßigkeit der F-Aktien anzweifelte und behauptete, die Aktienstruktur mache Karp, Thiel und Cohen zu »Kaisern auf Lebenszeit«. Der Fall wurde 2022 beigelegt: Palantir erklärte sich bereit, seine Satzung dahingehend zu ändern, dass jeder künftige Verkauf des Unternehmens sowie bestimmte Transaktionen, an denen die Mitbegründer beteiligt sind, von anderen Mitgliedern des Boards und einer Zweidrittelmehrheit aller Aktionäre des Unternehmens zu genehmigen sind.)

Alles in allem wurde der Prozess von Palantirs Börseneinführung zu einem einzigen ausgestreckten Mittelfinger. Im Einklang mit seiner ausgesprochen männlich geprägten Unternehmenskultur hatte das Unternehmen immer ein rein männliches Board. Doch müssen nach kalifornischem Recht börsennotierte Unternehmen mit Sitz in diesem Bundesstaat mindestens eine Frau im Board haben, und da Palantir zum Zeitpunkt des Handelsstarts seiner Aktie immer noch seinen Hauptsitz in Palo Alto hätte, brauchte das Unternehmen eine Frau im Board. Im Juni 2020 gab das Unternehmen die Aufnahme von Alexandra Wolfe Schiff in sein Board bekannt, Reporterin für das *Wall Street Journal* und Tochter des Schriftstellers Tom Wolfe. Außerdem war sie eng mit Thiel befreundet und hatte ein Buch über das Silicon Valley geschrieben, in dem er sich über den grünen Klee gelobt sah. Laut Thiels Biograf Max Chafkin sprach jemand aus Thiels Umfeld ihn nach der Nominierung von Schiff für das Board an – und er antwortete mit einem Zwinker-Emoji.

Als Vorstufe zum Börsengang hatte Palantir ein sogenanntes S-1-Formular einzureichen, um die Aktien des Unternehmens offiziell bei der Börsenaufsicht zu registrieren. Karp bot das S-1 eine Gelegenheit, Palantirs Weltanschauung darzulegen, und er und sein Team sahen in dem, was sie da entwarfen, einen kanonischen Text. In Inhalt und Tonfall war es mit Sicherheit das ungewöhnlichste S-1, das jemals eingereicht wurde. »Unsere Arbeit und die Nutzung unserer Software werfen schwierige Fragen auf«, heißt es darin. »Die Entwicklung von Softwareplattformen, die dem Staat eine effektivere Überwachung seiner Gegner ermöglichen oder Soldaten beim Angriff unterstützen, wirft zahllose Fragen auf. Diese betreffen das Spannungsfeld und die notwendigen Kompromisse zwischen unserer kollektiven Sicherheit und der Privatsphäre des Einzelnen, die Macht der Maschinen und die Art von Leben, die wir sowohl führen wollen als auch führen sollten. Die ethischen Herausforderungen, die sich daraus ergeben, sind ebenso beständig wie unerbittlich. Wir haben uns der Komplexität angenommen, die sich aus der Arbeit in Bereichen ergibt, in denen oft sehr viel auf dem Spiel steht und es keine perfekten Lösungen gibt. Die entscheidende Frage aber ist, bei wem die Autorität zur Beantwortung solcher Fragen liegen sollte – mit anderen Worten, wer entscheiden sollte, wie und von wem Technologie genutzt werden darf.«

Palantir kündigte in diesem S-1-Formular an, seinen Hauptsitz nach Denver zu verlegen, und nahm dabei das Silicon Valley ins Visier: »Unsere Gesellschaft hat die Entwicklung von Software, die unsere Lebensweise ermöglicht, an eine kleine Gruppe von Ingenieuren in einem abgelegenen Winkel des Landes ausgelagert. Die Frage ist, ob wir auch die Entscheidung über einige der bedeutendsten moralischen und philosophischen Fragen unserer Zeit auslagern wollen. Mag sein, dass die technologische Elite im Silicon Valley mehr von der Softwareentwicklung versteht als praktisch irgendjemand sonst auf der Welt. Aber dasselbe gilt nicht für die Frage, wie unsere Gesellschaft organisiert sein sollte oder was Gerechtigkeit impliziert.« Palantirs S-1 enthielt sogar eine Breitseite gegen Facebook und Google: »Von Anfang an haben wir wiederholt Angebote abgelehnt, Daten zu verkaufen, zu sammeln oder auszuwerten. Genau darauf haben andere Tech-Unternehmen, darunter einige der größten der Welt, ihr ganzes Geschäft aufgebaut … Für viele Internetunternehmen sind unsere Gedanken und Neigungen, unser Verhalten und unsere Surfgewohnheiten das von ihnen verkaufte Produkt. Slogans und Marketing vieler der größten Tech-Unternehmen im Valley versuchen, diese einfache Tatsache zu verschleiern.«

Weiter behauptete man in dem Formular, dass Palantirs Interessen und Werte sich in weit höherem Maß mit denen Amerikas deckten, als es bei anderen Tech-Unternehmen (zum Beispiel Facebook und Google) der Fall sei: »Das Arrangement zwischen der Öffentlichkeit und dem Technologiesektor ist größtenteils einvernehmlich, da der Wert der verfügbaren Produkte und Dienstleistungen die Eingriffe in die Privatsphäre, die ihren Aufstieg ermöglichten, zu überwiegen scheint. Die Amerikaner werden die Eigenheiten und Exzesse des Valleys nur in dem Maße tolerieren, in dem Tech-Unternehmen etwas Substanzielles entwickeln, das dem öffentlichen Interesse dient (...) Unsere Software wird eingesetzt, um Terroristen ins Visier zu nehmen und Soldaten zu schützen. Wenn wir jemanden bitten, sich für uns in Gefahr zu begeben, haben wir unserer Ansicht nach auch die Pflicht, ihm zu geben, was er zur Erledigung seiner Arbeit braucht. Wir haben uns für eine Seite entschieden, und wir wissen, dass unsere Partner Engagement zu schätzen wissen. Wir stehen ihnen zur Seite, gleich ob es opportun ist oder nicht.«

Der Börsengang führte nicht nur dazu, dass man das Unternehmen noch genauer unter die Lupe nahm, er offenbarte auch eine beträchtliche Kluft unter seinen Kritikern. Viele Beobachter – Einwanderungsaktivisten, Bürgerrechtler oder Politiker wie Ocasio-Cortez – hielten Palantirs Technologie für tatsächlich so effektiv, wie Karp sie darstellte, und genau das machte das Unternehmen für sie so gefährlich. Sie betrachteten die Börsennotierung des Unternehmens als einen unheilvollen Indikator dafür, dass der Kapitalismus im Begriff war, die Herausbildung des Überwachungsstaats zu konkretisieren. Andere Kritiker hingegen behaupteten, dass Palantirs Software nicht so effektiv sei wie angepriesen und das Unternehmen im Grunde Hokuspokus verkaufe. Einige Wochen vor dem Börsengang veröffentlichte das *New York Magazine* einen Artikel, der Palantir geradezu als Schwindelfirma darstellte. In einem Blogbeitrag bezeichnete Scott Galloway, Professor an der New York University und ein einflussreicher Podcaster, Palantir als eine »beschissene« Firma und sagte, es habe »alle Kosten von Facebook (skalierte Soziopathie), aber nichts von dessen Nutzen (Gewinne)«. Später sagte er gegenüber CNN, Palantir sei »Dreck, mit dem man im Einhorn-Zoo Touristen bewirft«.

Am 30. September 2020 ging Palantir an die Börse und eröffnete mit einem Kurs von 10 Dollar pro Anteilschein. Der Börsengang hatte einen unglücklichen Start (der nicht einer gewissen Ironie entbehrte): Der Handel mit Palantir-Aktien verzögerte sich wegen einer Softwarepanne um mehrere Stunden. Allerdings hatte die Störung nichts mit Palantir zu tun; der Fehler lag bei einer von Morgan Stanley betriebenen Online-Handelsplattform. Trotz der Panne und des Umstands, dass die Aktie am ersten Tag mit 9,50 Dollar leicht im Minus schloss, war ihr Debüt ein Triumph für Karp und seine Führungsriege. Man hatte sich in Deutschland zusammengefunden, wo Karp an einer Tagung teilnahm, und feierte mit Champagner. Shyam Sankar sagte später, er sei sich das erste Mal in seinen fast 20 Jahren bei Palantir so richtig sicher gewesen, dass das Unternehmen überleben würde.

Karp selbst sah sich durch den Börsenauftritt bestätigt; er hatte recht behalten. Die Börse verlieh Palantir Legitimität – das Unternehmen ließ sich nicht mehr als Startup bezeichnen, ein Etikett, das unweigerlich das Risiko des Scheiterns impliziert. Man hatte es tatsächlich zum etablierten Unternehmen gebracht. Die Börsennotierung konnte auch als Erfolg für Karps doch recht eigenen Ansatz gelten. Als wir uns 2019 zum ersten Mal unterhielten, war unter dem Mantel seiner Zuversicht auch ein Hauch von Besorgnis zu spüren. So sehr er von seiner Eignung als interner Leiter des Unternehmens überzeugt war, befürchtete er doch, dass er als dessen Gesicht eher eine Belastung als ein Gewinn sein könnte. Er war eindeutig kein herkömmlicher CEO, was seiner Ansicht nach nicht gut für Palantir war. »Wir sind ein Unternehmen mit Unternehmen als Kunden«, sagte er. »Glauben Sie, es ist hilfreich, wenn in Ihrem Büro eine schillernde Gottesanbeterin auftaucht und

Ihnen etwas über deutsche Philosophie erzählt? Glauben Sie, dass das hilfreich ist? Ist es nicht, das kann ich Ihnen sagen.« Freimütig gestand er, dass Palantir aus der Image- und Kommunikationsperspektive betrachtet mit einem konventionelleren CEO besser dran gewesen wäre – mit jemandem, der tatsächlich wie ein Industriekapitän aussah und auftrat.

Seine Lebensweise verstärkte seine Befürchtungen. Er sah sehr wohl, wie unorthodox er war; fast schien er sich dafür zu entschuldigen. Bei einem unserer ersten Gespräche gestand er, er wünschte, »normgerechter« sein zu können. Auf die Frage, was genau das bedeute, antwortete er: »Na, so wie ich Ihr Leben sehe.« Touché – ich führe tatsächlich ein recht bürgerliches Leben, wohne in der Vorstadt mit Frau, zwei Kindern und einem Hund. Ob er glaube, je ein Leben wie meins führen zu können? Er schüttelte den Kopf. »Ich habe mir vorgestellt, normgerecht zu sein, aber ich weiß nicht, wie das geht«, sagte er in einer erstaunlich offenen und ungeschönten Erklärung. »Ich weiß einfach nicht, wie man das macht, ich weiß nicht, wie es funktioniert, ich wüsste nicht, wie das gehen soll, nicht normwidrig zu sein. Ich versuche es. Ich gebe mir wirklich Mühe, wirklich, aber es funktioniert einfach nicht.«

Doch mit Palantirs Börsengang verschwand Karps Bedürfnis, sich für sein unkonventionelles Naturell zu entschuldigen. Seine Lebensweise passte zu ihm, und er war zu der Überzeugung gekommen, dass sie auch zu Palantir passte – er sah sie nicht länger als Last für das Unternehmen; sie war ein Gewinn. Karp war nun davon überzeugt, dass Palantir mit einem herkömmlicheren CEO nicht so erfolgreich gewesen wäre; der Job verlangte einem zu viel ab, als dass ihn jemand mit einem erfüllten Leben außerhalb des Büros erledigen könnte – und wenn, dann jedenfalls so gut.

Desgleichen wusste er jetzt, dass seine unverwechselbare Persönlichkeit gut für die Marke Palantir war. Das wurde ihm in den Monaten nach dem Börsengang klar. Während die Analysten an der Wall Street weiterhin Zweifel an Palantir zum Ausdruck brachten, stürzten sich Privatanleger nicht zuletzt einer plötzlichen Vernarrtheit in Karps Person wegen auf das Papier. Die User des Subreddits wallstreetbets fanden Karp besonders unterhaltsam und begannen, ihn als »Daddy Karp« und »Papa Karp« zu bezeichnen. Palantir wurde zu einer sogenannten »Meme«-Aktie – einem Papier, dessen Wert dank der sozialen Medien nach oben schießt. In den ersten drei Handelsmonaten stieg der Kurs fast um das Vierfache und erreichte Ende Januar 2021 einen Höchststand von 35 Dollar pro Aktie. Karp fand Gefallen an den Spitznamen und freute sich über die Bewunderung (und deren Auswirkungen auf Palantirs Kurs). Dass die wallstreetbets-Gemeinde seine Verachtung für die professionelle Investment-Community teilte, war das Tüpfelchen auf dem i. Karp sah Palantir als eine Art Piratenschiff, und der Umstand, dass der Aktienkurs dank all der Kleinanleger in die Höhe geschnellt war, die sich stolz als Bilderstürmer sahen, trug zu diesem Bild bei. Für Karp bestätigte dies auch, dass der Mann auf der Straße im Gegensatz zu den Analysten der Investmentbanken Palantir sehr gut verstand: Es war das Unternehmen, das Amerika und den Westen verteidigte.

Der Börsengang machte Karp offiziell zum Milliardär, und bei aller Genugtuung über den plötzlichen populistischen Appeal – den er durchaus in Szene setzte – freute er sich auch über seinen gestiegenen Stellenwert in erlauchteren Kreisen. Seit Mitte der 2010er-Jahre hatte er gewissenhaft an der alljährlichen Allen & Company-Konferenz in Sun Valley, Idaho, teilgenommen, einer Zusammenkunft von Medien- und Tech-Mogulen, die auch gern mal als »Sommerlager für Milliardäre« bezeichnet wird. Doch 2022 spürte er dort, dass die anderen Magnaten ihn ganz anders wahrnahmen als früher (im Jahr zuvor war die Konferenz covidbedingt ausgefallen).

Nicht dass er sich bislang wie ein Eindringling vorgekommen wäre, er merkte nur einfach, dass man ihn nun als einen der Ihren wahrnahm. Außerdem war er plötzlich ein Objekt der Neugier in einem Maß, wie dies vorher nie der Fall gewesen war. Andere Stammgäste in Sun Valley schienen erpichter darauf, seine Bekanntschaft zu machen, oder suchten das Gespräch mit ihm.

Der größte Luxus, den er sich nach Palantirs Börsengang leistete, war ein eigenes Flugzeug, eine Bombardier Global 7500, für die er über 50 Millionen Dollar bezahlte. Er hatte jahrelang einen Businessjet geleast, bevor er sich zum Kauf einer eigenen Maschine entschloss. Außerdem nutzte er seinen Geldsegen aus dem Börsengang zur Erweiterung seiner Sammlung an Häusern. Er erstand eines in Boulder, um in der Nähe von Palantirs neuem Hauptsitz zu sein, und ein weiteres in der Nähe der Bundeshauptstadt. Außerdem erwarb er ein Haus in der Nähe von Anchorage und eines in Sun Valley (die Gegend hatte es ihm angetan), und dem Grundstück in New Hampshire fügte er 1500 Hektar Grund hinzu. Aber keines der Häuser war ein Palast – die meisten waren eher bescheiden. Und auch an der eher schlichten Zweckmäßigkeit seines bisherigen Lebens änderte der enorme Reichtum nichts. Es war also nicht so, dass er plötzlich Picassos und Renoirs kaufte, ebenso wenig erwarb er einen Weinberg in Napa oder eine eigene Insel. Abgesehen von seinem Flugzeug zeigte er wenig Interesse an den üblichen Milliardärstrophäen, was niemand, der ihn kannte, überraschte. Seinem Cousin Mat Johnson zufolge habe Karp »nie auch nur die Spur von materieller Besessenheit« gezeigt, und er meinte scherzhaft, sein enormer Reichtum sei völlig verschwendet an ihm.

Aber auch wenn Karp nicht unbedingt so raffgierig ist wie andere Milliardäre, moralische Skrupel wegen seines extremen Reichtums sind ihm nicht anzusehen. Dass die Intelligenz und andere liberale Eliten Milliardäre im Allgemeinen mit Geringschätzung strafen, steigerte bei Karp nur die Befriedigung, die er aus seinem wirtschaftlichen Status zog; es verstärkte seine angeborene Querköpfigkeit. Als Palantirs Board ihm 2020 eine Gesamtvergütung von 1,1 Milliarden Dollar zusprach, was ihn in dem Jahr zum höchstdotierten CEO eines börsennotierten Unternehmens machte, hatte er seine helle Freude an der dadurch losgetretenen Kontroverse. (Ein Vergütungspaket in Höhe von einer Milliarde Dollar war an sich schon ungewöhnlich, aber angesichts einer weltweiten Pandemie schien es geradezu provokant.) Es trug zu seinem Selbstbild als eigenwilliger Ausreißer bei. Und auch wenn er nie mit seinem »Nettowert« prahlte, entdeckte er im Zuge des Börsengangs ein neues Lieblingswort: *tendies.* Dieser von wallstreetbets popularisierte Begriff bedeutet im Wesentlichen Gewinne, Profite, *Reibach.* Karp verguckte sich in den Begriff und begann, ihn ausgiebig zu verwenden.

Im Gegensatz zu anderen frischgebackenen Milliardären gründete Karp auch keine wohltätige Stiftung. Die philanthropische Phase seines Lebens, so ließ er seine Mitarbeitenden wissen, hole er schon irgendwann nach. Privat war er jedoch großzügig mit seinem Geld. Im Laufe der Jahre hatte er zahlreiche Palantir-Aktien an seine Eltern und seinen Bruder verschenkt, und nach der Börsennotierung des Unternehmens richtete er für alle drei Treuhandfonds ein. Ganz besonders kümmerte er sich um seine Mutter, die nie wieder heiratete. Er kaufte ihr eine Wohnung in einem Vorort von Philadelphia. Abgesehen von den finanziellen Vorteilen hatte Palantirs Börsengang für Leah noch eine weitere Dividende gebracht. Sie sah jeden Morgen nach dem Kurs der Palantir-Aktie – nicht so sehr, weil sie wissen wollte, wie es um das Unternehmen stand, sondern weil sie dachte, dass auch Alex nach dem Kurs sehen würde, und die Vorstellung, dieses tägliche Ritual mit ihm zu teilen, gab ihr ein Gefühl der Verbundenheit mit ihrem Sohn. »So fühle ich mich ihm näher«, sagte sie.

Karp bot der Reichtum aus Palantirs Börsengang auch die Möglichkeit, einige Schulden aus der Vergangenheit zu begleichen. Aus Dankbarkeit gegenüber den Freunden der Familie, die Leah und Ben bei sich aufnahmen, nachdem Bob sich geweigert hatte, für eine Wohnung für die beiden aufzukommen, leistete Karp im Namen der Familie eine anonyme Spende an eine Universität im Raum Philadelphia. Leah und Ben kamen schließlich an eine eigene Wohnung, weil ein Vermieter Nachsicht mit ihr hatte, obwohl sie kein ausreichendes Einkommen vorweisen konnte. Der Vermieter besaß ein Juweliergeschäft in Bryn Mawr, einer Kleinstadt in der Nähe von Philadelphia, und das Geschäft war noch immer im Besitz der Familie. Zum Dank für die Güte seiner Mutter gegenüber schickt Karp einmal im Jahr einen Assistenten in das Juweliergeschäft mit der Anweisung, dort ordentlich einzukaufen. Sein Reichtum kam ihm auch bei einer ungewöhnlichen Bitte an die Bewohner des Hauses am Lincoln Drive in Mount Airy, in dem er aufgewachsen war, zugute. Rosita, Karps Hündin aus seiner Kindheit, war dort im Garten begraben, und er wollte sie auf sein Grundstück in New Hampshire umbetten. Die Hausbesitzer, beide College-Professoren, sträubten sich zunächst, ließen ihn Rosita dann aber doch exhumieren, als Karp der Universität, an der einer von ihnen lehrte, eine Spende zukommen ließ.

Etwas, was Karps finanzieller Erfolg ihm nicht verschaffen konnte, war eine Einladung zu einer Ansprache an unserer Alma Mater. In all den Jahren am Ruder von Palantir hatte man ihn nicht ein einziges Mal zu einem Vortrag nach Haverford gebeten, und jetzt, wo er das Unternehmen an die Börse gebracht hatte, wurde ihm die offensichtliche Unlust des Colleges, seine Leistungen offiziell anzuerkennen, zu einem Quell massiver Frustration für ihn. Er machte zwar Scherze darüber, aber eine gewisse Bitterkeit war deutlich zu spüren. »Vielleicht kriegen sie für die Abschlussfeier nächstes Jahr die Bibliothekarin der Northwestern«, bemerkte er bei einem unserer Gespräche sarkastisch.

Er ging davon aus, dass Haverford ihn mied, weil Palantir der Fakultät und vielen Studenten ein Dorn im Auge war. (Karp besuchte Haverford im Sommer 2022; er war bei seiner Mutter gewesen, die gleich die Straße hinauf wohnt, und schaute vorbei, um sich umzusehen. Er begegnete seinem alten Professor Mark Gould, aber ansonsten schien niemand von ihm Notiz zu nehmen.)

Haverfords Zurückhaltung gegenüber Karp trug zu seiner wachsenden Desillusionierung mit der Linken bei – ihrer Neigung zur Zensur, wie er das sah, ihrer Weigerung, Themen wie Einwanderung und Grenzsicherheit ernst zu nehmen, und ihrer Fixierung auf die Identitätspolitik. Gleichzeitig schien sein Verhältnis zu seiner eigenen Identität im Gefolge des Börsengangs noch komplizierter zu werden. Die Medien listeten ihn nun regelmäßig unter den schwarzen Milliardären der Welt, aber er hatte kein Interesse daran, den Vertreter von Amerikas schwarzer Erfahrung zu geben. Er sagte mir, er sei stolz auf das Erbe seiner Mutter und würde sich »gerne von der schwarzen Gemeinschaft für sich beanspruchen lassen«, wenn dieser danach sein sollte. Er glaube jedoch nicht, dass die Schwarzen ihn als einen der ihren sehen. Was zum Teil an seinem Aussehen liege: Er sehe »überwiegend jüdisch mit einer Spur Sonne« aus, wie er es ausdrückte, und habe einen jüdischen Nachnamen, sodass man unweigerlich seine Authentizität infrage stellen würde. Außerdem glaubte er, die Leute würden vermuten, dass er seine schwarze Identität annahm, »um Vorteile daraus zu ziehen, die ich nicht verdiene. Ich denke schon, dass Nachkommen von Sklaven aus der Unterschicht unseres Landes besondere Vorteile verdienen, aber ich?«, sagte er und fügte hinzu: »Würde ich da rausgehen und sagen: ›Ja, ich bin ein Schwarzer‹, wäre Schwarzen das unangenehm, und das zu Recht. Das wäre, als würde ich quasi behaupten, dass ich das Gleiche durchmache wie die schwarze Gemeinschaft, aber das tue ich nicht.«

Seine mangelnde Bereitschaft, sich entschlossener und mit etwas mehr Begeisterung zu seinem Schwarzsein zu bekennen, gibt seinem Bruder zu denken. Anfang 2023 war Karp in Davos auf dem Weltwirtschaftsforum, wo er von David Rubenstein, dem milliardenschweren Gründer der Carlyle Group, interviewt wurde. Rubenstein machte eine scherzhafte Bemerkung über Karps Haartracht. »Kämmen Sie die so hin oder sind die einfach so?«, fragte er. »Die sind einfach so«, antwortete Karp. »Von Natur aus.« Rubenstein, offenbar nicht bereit, es dabei zu belassen, fragte ihn, ob seine Mutter ihn je angerufen habe, um ihm zu sagen, dass er sich kämmen solle. Karp ließ die Frage unbeantwortet; er sagte stattdessen, seine Eltern hätten ihn beide lieber als Akademiker gesehen. Ben Karp, der das Interview verfolgte, war der Ansicht, sein Bruder hätte einfach sagen sollen, seine Haare seien so, weil *seine Mutter schwarz sei.* Was Karp sehr wohl ansprach, war sein deutsch-jüdisches Erbe, worauf Rubenstein ganz locker – von Milliardär zu Milliardär sozusagen – meinte, »ein sehr, sehr kluger Deutscher, Albert Einstein, hatte eine Frisur, die der Ihren nicht unähnlich war«.

Ben hatte überdies gehofft, seinen Bruder zu einem Gastauftritt in der beliebten PBS-Sendung *Finding Your Roots* des Harvard-Professors Henry Louis Gates bewegen zu können. Angesichts der Bekanntheit von Karp bestand kaum ein Zweifel daran, dass er eine Einladung zu der Sendung hätte deichseln können, und angesichts der reichen Geschichte ihrer Familie auf beiden Seiten hielt Ben Alex für einen besonders interessanten Gast. Ihre Geschichte mütterlicherseits war besonders fesselnd und zutiefst amerikanisch. Karp war der Nachkomme eines Sklaven: sein Urgroßvater, William Alonzo Janes, stammte aus Tennessee und war als Sklave nur knapp einem Lynchmord entgangen, bevor er sich nach seiner Befreiung in Illinois niederließ. Außerdem spielte er ganz ausgezeichnet »Fiedel« und Banjo; einige Songs aus seiner Feder wurden später in der Fassung von Mel Dunham populär, einem renommierten Blue-Grass-Musiker, der mit Janes befreundet war. Aber Alex hatte keine Lust auf Gates' Sendung, und obwohl er seiner Mutter näherstand als seinem Vater, interessierten ihn seine deutsch-jüdischen Wurzeln weit mehr als sein afroamerikanisches Erbe. »Für ihn hört das irgendwie bei unserer Mutter auf«, sagte Ben.

Ben hat noch Kontakt zu einigen der schwarzen Freunde seines Bruders aus Haverford, während Alex keinerlei Neigung zeigt, sie wiederzusehen. Nicht dass das zu Spannungen zwischen ihnen geführt hätte – Ben will nur einfach nicht in den Kopf, warum Alex die eine Hälfte seines Stammbaums auf Distanz hält. Diese abweisende Haltung steht nicht nur im Widerspruch zu Bens eigener, sondern auch zu der ihres Cousins Mat Johnson – ebenfalls Sohn einer schwarzen Mutter und eines weißen Vaters –, der für seine scharfsinnige Sondierung von ethnischer Zugehörigkeit und Identität in Romanen wie *Loving Day* (eine Anspielung an die Entscheidung des Obersten Gerichtshofs der USA von 1967, die das Verbot von Ehen zwischen Paaren unterschiedlicher Hautfarben aufhob) und *Drop* bekannt geworden war. Im Laufe der Jahre haben sich Alex und Ben immer wieder offen über Fragen ethnischer Identität ausgetauscht. Alex' Ansicht nach hat Ben einen legitimeren Anspruch auf das Schwarzsein, schon weil er weit mehr über afroamerikanische Geschichte und die schwarze Kultur wisse als er. Doch irgendwann sagte er ihm, dass Identität doch wohl nicht weniger eine Frage der persönlichen Entscheidung als der Abstammung sei. »Nur dass du dabei das Schwarzsein überbetont hast«, sagte er zu Ben. »Ich hab's zurückgefahren.«

Kapitel 9
DER VOLL DURCH-GEKNALLTE CEO

Es war ein kühler Märzmorgen in der Bundeshauptstadt im Jahr 2022. Auf der anderen Seite der Welt war ein Krieg ausgebrochen, und Karp konnte nicht anders, als seinem Triumph darüber nachzugeben. So entsetzt er über den russischen Überfall auf die Ukraine war, eine gewisse Genugtuung darüber konnte er nicht verhehlen. Zum einen bestätigte es die Richtigkeit seiner vor Jahren schon getroffenen Entscheidung, keine Geschäfte in Russland oder mit russischen Unternehmen zu machen, sondern in Russland einen Feind des Westens zu sehen. Und dann war da noch der Überschwang darüber, mit seiner Technologie den Ukrainern dabei helfen zu können, sich der russischen Offensive zu erwehren. »Schlechte Zeiten sind gut für Palantir«, hatte er bei einem Earnings-Call erst einige Wochen zuvor gesagt. Und prompt waren sie gekommen, die schlechten Zeiten, was Karp an diesem Morgen einen gewissen Schwung verlieh.

In seinem Standardaufzug – Skihose, Skijacke mit dem Abzeichen des norwegischen Langlaufteams Veidekke, dessen Kleidung er so gerne trägt – war Karp kurz nach Tagesanbruch im Büro aufgetaucht, in das nach zwei Jahren Homeoffice endlich wieder Leben kam. Karp konnte es kaum erwarten, seine Kollegen zu sehen. Der erste Punkt auf seiner Tagesordnung war jedoch der letzte Schliff an einer Breitseite gegen alle, die an Palantir gezweifelt hatten. Karp plante eine öffentliche Erklärung in dem Sinne, dass der Fall Ukraine der Beweis dafür sei, dass 1989 nicht das Ende aller Geschichte gewesen und es vielmehr an der Zeit sei, endlich aufzuwachen aus dem Irrglauben, dass gutes Zureden und weiche Macht unweigerlich siegen würden – und dass er und Palantir im Grunde mit allem recht gehabt hätten.

Kaum war er im Büro, rief Karp seinen üblichen Ghostwriter Nick Zamiska aus dem Großraumbüro. Zamiska, ein Anwalt, der bei Palantir für Corporate Affairs zuständig ist, schnappte sich seinen Laptop und eilte durch den Raum, einen schlaksigen Mann, halb Brite, halb Schweizer, im Schlepptau. Den hatte Karp einige Monate zuvor in der Züricher Dependance kennengelernt und, von seinem Talent für elegante Formulierungen beeindruckt, für Schreibarbeiten rekrutiert. Nur seinen Namen konnte er sich nicht merken, sodass er ihn immer nur als »unser Schweizer Freund« oder »unser Yeats« bezeichnete. Während Zamiska den letzten Entwurf des Briefs vorlas, saß Karp mit hängenden Schultern in seinem Sessel und hörte aufmerksam zu. Die Morgensonne erfüllte den Raum; durch eines der Fenster war das Washington Monument zu sehen.

Der Brief war ein merkwürdiges Dokument – einerseits die Art Manifest, wie es ein altgedienter Diplomat unter Pseudonym in einer hochseriösen Fachzeitschrift für internationale Beziehungen veröffentlicht haben könnte, andererseits hatte er aber auch einen Touch Unabomber. Zwischen pauschalen Statements (»Der Krieg in Osteuropa ist das Ergebnis einer kollektiven Aufhebung der Ungläubigkeit bei all denen, deren übermäßiges Vertrauen in die schiere Kraft ihrer Ideale in den letzten Jahrzehnten die Verschiebung des Kräftegleichgewichts in Europa ermöglicht hat«) klopfte man sich selbst auf die Schulter: »Unser langfristiger Erfolg beruht eben darauf, weder geliefert zu haben, was der Markt zu wollen meinte, noch der fehlgeleiteten Fantasie eines allwissenden Staats erlegen zu sein.« Außerdem gab es, in Form von Max Webers – auf Deutsch zitiertem – Diktum über *das Monopol legitimer physischer Gewaltsamkeit*, einen Hinweis auf Karps akademischen Hintergrund. Der bemerkenswerteste Teil des Briefes war der drittletzte Satz, der lautete: »Unsere Software kämpft in der Ukraine.«

Nachdem Zamiska den Brief vorgelesen hatte, meinte Palantirs Kommunikationschefin Lisa Gordon, er sei zu lang. Karp hielt sofort dagegen, bezeichnete die Länge und den düsteren Ton der Erklärung als Vorzüge und sah darin eine weitere Möglichkeit, sich von der Konkurrenz abzuheben. »Wir setzen auf einen neuen Rahmen«, erklärte er. »Der letzte stammt von Elon [Musk] und Trump. Er ist kurz. Er besteht aus Tweets. Wir machen etwas Einzigartiges: lang, dicht, einzigartig und nicht zu kopieren – das ist in der Wirtschaft wertvoll.« Er wies Zamiska an, den Brief noch am selben Morgen auf Palantirs Website zu veröffentlichen und ihn per E-Mail an Journalisten in den USA und Europa zu schicken.

Kurze Zeit später musste Karp etwas aus seinem unweit des Büros gelegenen Hotel holen. (Er hatte zu dem Zeitpunkt noch kein Haus in Washington.) Als wir am C&O-Kanal entlanggingen, gefolgt von seinen Leibwächtern, hoffte ich ihn über die Ukraine und die genaue Rolle, die Palantir dort spielte, befragen zu können. Aber Karp hatte etwas anderes auf dem Herzen: Haverford. Er sagte mir, dass sich endlich jemand von der Spenderbetreuung gemeldet habe, aber die Kontaktaufnahme sei »so lahm« ausgefallen, dass es ihm lieber gewesen wäre, sie hätten es gar nicht erst versucht. Zu dem Zeitpunkt hatte er unsere Alma Mater so gut wie aufgegeben. »Ich möchte noch nicht mal auf deren Abschlussfeier sprechen«, sagte er. »Aber wie dämlich müssen die denn sein, mich nicht einzuladen?« Um ihn bei Laune zu halten, sagte ich, ein bisschen verrückt sei das schon. »Von wegen verrückt«, fiel er mir ins Wort, »es ist der reine Selbstmord.«

Zurück im Büro sah ich, dass man Karps Erklärung auf Palantirs Website eingestellt hatte, wenn auch mit einem abgeänderten Verweis auf die Ukraine. Statt »Unsere Software kämpft in der Ukraine« hieß es jetzt »Unsere Software kämpft auf der ganzen Welt«. Es war eine reine Vorsichtsmaßnahme: Zu diesem Zeitpunkt lag es weder im Interesse der Ukraine noch der Vereinigten Staaten, alle Welt wissen zu lassen, welche Mittel gegen die Russen im Einsatz waren. Aber Karps Wunsch, Palantirs Rolle in dem Konflikt auszuposaunen, war verständlich. Es war das erste Mal seit Langem, dass Palantirs Arbeit auf dem Gebiet der nationalen Sicherheit und der Verteidigung nicht mit Kontroversen oder Unklarheiten belastet war. Die gescheiterten Kriegsanstrengungen im Irak und in Afghanistan, gepaart mit Menschenrechtsverletzungen und der Sorge um Datenschutz und bürgerliche Freiheiten, hatten den Kampf gegen den Terrorismus in Misskredit gebracht. Die Trump-Jahre waren für Palantir so fruchtbar wie problematisch gewesen. Im Fall der Ukraine jedoch gab es (bis dato) keine komplizierenden Faktoren – es ging um Gut gegen Böse, und Palantir stand eindeutig auf der Seite des Guten.

Karp war auch noch aus einem anderen Grund so erpicht darauf, über Palantirs Rolle in der Ukraine zu sprechen – weil sich damit von dem sinkenden Aktienkurs des Unternehmens und der zunehmenden Skepsis der Wall Street ablenken ließ. Nachdem Palantirs Aktienkurs Anfang 2021 noch bei 45 Dollar gelegen hatte, war er stetig abgerutscht, und als Russland in die Ukraine einmarschierte, lag er gerade mal um Haaresbreite über der Marke von 10 Dollar. Natürlich wurde die Aktie von einem allgemeinen Ausverkauf von Tech-Aktien mit in den Abgrund gezogen, aber andererseits sah der Markt Palantir einfach nicht als attraktive Investition an. Eine Schlagzeile der *Financial Times* nahm Karps Worte auf und verwendete sie gegen das Unternehmen: »Palantir: Für schlechte Zeiten gebaut (aber vielleicht nicht für diese schlechten Zeiten)«. Die Kluft zwischen der Bedeutung der von Palantir geleisteten Arbeit und dem Wert, den der Markt ihr beimaß, war groß – und für die Palantirianer mehr als ärgerlich.

Aus Karps Sicht bot der Krieg in der Ukraine auch eine Gelegenheit zur Mobilisierung der eigenen Truppe. Das Unternehmen war nach wie vor voller fleißiger, ehrgeiziger Leute, aber zwei Jahre covidbedingter Lockdown, ganz zu schweigen von all den Kontroversen, hatten die Moral doch geschwächt – so empfand es jedenfalls Karp. Deutlich wurde die Herausforderung an dieser Front bei einem Townhall-Meeting, das er noch am selben Nachmittag in Washington einberief. Da die Pandemie immer noch allenthalben für Erkrankungen sorgte, traf man sich in einem Zelt im Innenhof von Palantirs Dependance. Während seine Kollegen zu Mittag aßen, improvisierte Karp per Handmikrofon über eine ganze Reihe von Themen, nicht zuletzt über sich selbst. »Alle denken, ich sei wahnsinnig«, sagte er, eine Einschätzung, die sogar zum Erfolg von Palantir beigetragen habe. »Mit einem, den man für plemplem hält, legt man sich nicht gern an.« In diesem Sinne ging es etwa 40 Minuten lang weiter. Seine Bonmots zeitigten höfliche Heiterkeit, aber eine wirkliche Verbindung zu seinem Publikum schufen sie nicht. Es war zwar Anfang März und etwas kühl für einen Lunch im Freien, was die Resonanz gedämpft haben könnte (die beiden Heizstrahler im Zelt jedenfalls halfen nicht). Aber alles in allem konnte man sich des Gefühls nicht erwehren, dass zwischen Karp und der Basis eine gewisse Distanz entstanden war, was er in seiner Rede auch einräumte. »Wir haben uns zwei Jahre nicht gesehen«, sagte er. »Es ist ausgesprochen schwierig, eine Kultur aufzubauen und zu pflegen, wenn man keinen persönlichen Umgang hat.« Er fügte hinzu:

»Wir müssen einfach zusehen, im Büro wieder zusammenzufinden.« Während der Pandemie hatte sich viel verändert: Das Unternehmen war an die Börse gegangen, die Arbeitsgewohnheiten hatten sich geändert, und Karp war jetzt offiziell Milliardär. Außerdem war er mittlerweile viel älter als die meisten seiner Mitarbeitenden. Konnten sie noch etwas miteinander anfangen – er mit ihnen, sie mit ihm?

Drei Jahre vor dem russischen Einmarsch in die Ukraine begann Palantir mit der Arbeit an Project Maven, dem KI-Programm des Pentagons, das Google ablöste. Laut Doug Philippone hatte sich das Verteidigungsministerium der Turbulenzen wegen, die Palantir damals umgaben, zunächst an andere Tech-Unternehmen und erst in letzter Instanz an die Palantirianer gewandt. Philippone war seinerseits skeptisch gewesen, sich mit Maven einzulassen. So eindeutig sich die Zukunft der Kriegsführung um künstliche Intelligenz drehte, Tatsache war, dass es sich bei Maven um einen kostspieligen Reinfall handelte – die KI-Technologie, die man dabei einsetzte, war einfach nicht gut genug. Philippones Angaben nach wurden die Algorithmen, die beispielsweise von einer Drohne überwachte Objekte zu identifizieren hatten, der Aufgabe schlicht nicht gerecht: Sie konnten ein Schaf auf der Weide nicht von einem Menschen unterscheiden. »Das schmutzige Geheimnis von Maven war, dass der Mist einfach nicht funktionierte«, sagt Philippone.

Nicht dass Palantir das KI-Problem löste – diese Aufgabe fiel anderen an Maven beteiligten Unternehmen zu. Palantir füllte jedoch andere Lücken. Als Erstes trug man zum Projekt ein ausgeklügeltes neues Mapping-Tool namens Gaia bei. Wenig später kam Philippone und einigen seiner Ingenieure der Gedanke, dass womöglich Foundry, Palantirs jüngste Kreation, die noch fehlenden Analyse- und Datenintegrationsfunktionen für Maven liefern könnte. Was denn auch tatsächlich der Fall war, und so wurde Foundry zu Mavens Betriebssystem. Philippone zufolge baute Palantir »die Infrastruktur, die es der KI ermöglichen würde, auch wirklich von Nutzen zu sein«, und verschaffte damit den mit der Leitung von Maven beauftragten Leuten eine »Atempause«, bis die KI-Technologie tatsächlich funktionsfähig war.

Als Russland in die Ukraine einmarschierte, hatte sich Maven bereits zu einem beachtlichen Instrument entwickelt, das das Lagebewusstsein des Militärs auf dem Gefechtsfeld drastisch verbesserte und die sogenannte Kill-Chain oder Angriffskette, mit anderen Worten die Zeit zwischen der Erfassung eines Ziels und dessen Zerstörung beziehungsweise Liquidierung, erheblich beschleunigte. Die Regierung Biden wollte der Ukraine helfen, ohne die Vereinigten Staaten in einen direkten Konflikt mit Russland zu verwickeln, und Maven war ein wesentlicher Bestandteil dieser Strategie. Von einem geheimen – intern nur als »The Pit« bezeichneten – Standort in Deutschland aus setzte das 18th Airborne Corps der Army unter der Leitung von Lt. General Christopher Donahue (der später die Evakuierung des Flughafens von Kabul leiten sollte) Maven zur Verfolgung russischer Truppenbewegungen ein. Das System erfasste und analysierte riesige Mengen an Satelliten- und Drohnenbildern, um aufzuzeigen, wo die russischen Kräfte angriffen oder zur Vorbereitung einer Offensive aufmarschierten, wo sich russische Munitionsdepots befanden und so weiter und so fort. Die USA gaben diese Informationen an die Ukrainer weiter, was denen, gerade in den ersten Kriegsmonaten, bei ihrem unerwartet effektiven Widerstand half.

Über Foundry konnte Maven jedoch mehr als nur eine Vogelperspektive des Schlachtfelds liefern. Palantirs Technologie ermöglichte es Donahues Team sogar, Handydaten zu erfassen. Wie sich herausstellte, nutzten viele russische Soldaten – darunter auch kommandierende Offiziere – ihre persönlichen Mobiltelefone zur Kommunikation vor Ort, weil die vom Militär ausgegebenen nichts taugten. Das ermöglichte es den Amerikanern, deren genauen Standort zu ermitteln und diese Informationen dann an die Ukrainer weiterzugeben. »Es war wie ein neuer Krieg gegen den Terror«, sagt Philippone. »Ich meine, das eine, worauf wir uns verstehen, ist, dich überall auf der Welt ausfindig zu machen und zu töten. Die Terroristen, die gelernt haben, ohne ihr Telefon auszukommen, haben überlebt. Wer das nicht konnte, hat nicht überlebt.« In dem Versuch, den ins Stocken geratenen Angriff wieder in Fahrt zu bringen, schickte Moskau eine Reihe russischer Generäle an die Front – die ukrainischen Streitkräfte töteten über ein Dutzend von ihnen in den ersten Monaten des Konflikts. Man ortete sie nicht zuletzt auch mithilfe von Maven, nur ging das amerikanische Militär bei der Informationsübermittlung recht clever vor. Man übermittelte den Ukrainern Koordinaten und sagte ihnen, praktisch wörtlich, das Resultat würde sie freuen.

Karp selbst war nicht ganz so umsichtig. »Palantir«, so sagte er bei einer von seinem Unternehmen ausgerichteten Tagung in Palo Alto, »ist fast für das gesamte Targeting in der Ukraine verantwortlich.« Karp war es leid, diskret über etwas schweigen zu müssen, worin er Palantirs wichtigste Arbeit sah. Früher hatte er sich nur vage zu den Terroranschlägen geäußert, bei deren Vereitelung Palantir angeblich mitgewirkt hatte. Dass er nie konkrete Angaben machen durfte, führte dazu, dass das Unternehmen nie die Anerkennung erfuhr, die ihm seiner Ansicht nach zustand. Er sprach von »zwanzig Jahren Frustration«. Jetzt jedoch, zwei Monate nachdem er in seiner öffentlichen Erklärung die Anspielung auf Palantirs Engagement in der Ukraine gestrichen hatte, schien Karp der Augenblick gekommen, sein Unternehmen ins verdiente Rampenlicht zu rücken: Die Welt sollte wissen, dass Palantir der Ukraine half.

(Das Pentagon war von seiner Offenheit ganz und gar nicht begeistert und forderte ihn schließlich auf, sich etwas zurückzuhalten, was er denn auch tat.)

Im Mai traf ich mich mit Karp im Rahmen des Weltwirtschaftsforums in Davos. Normalerweise findet das WEF im Januar statt, aber 2022 hatten die Organisatoren beschlossen, es ins Frühjahr zu verschieben, in der Hoffnung, dass die Pandemie bis dahin abgeklungen sein könnte. Es waren hektische Tage für Karp – er hatte einige Vortragstermine, eine Reihe privater Treffen mit aktuellen und potenziellen Kunden und einen Auftritt in der Sendung *Squawk Box* von CNBC. Bei früheren Besuchen in Davos konnte er sich entspannen, indem er auf eine der nahe gelegenen Langlaufloipen flüchtete. Im Mai jedoch lag nur noch auf den Gipfeln der Schweizer Alpen genügend Schnee.

Die Ukraine war das dominierende Thema in Davos. Obwohl mittlerweile bereits Anfang neunzig, war wie jedes Jahr auch George Soros wieder angereist, um seine Jahresansprache zur Weltlage zu halten, und seine Botschaft lautete unterm Strich: Kriecht unters Bett! Russischen Regierungsvertretern und Geschäftsleuten war die Teilnahme am WEF untersagt, und das Russia House, das Gebäude an der Hauptstraße, das als De-facto-Konsulat des Kremls in Davos gedient hatte – ein Ort, an dem die Mitglieder des russischen Kontingents beim Wodka Geschäfte machten –, hieß jetzt, von einem ukrainischen Tycoon namens Wiktor Pintschuk gemietet, Russian War Crimes House. Es enthielt nun eine schauerliche Fotoausstellung, die mutmaßlich von russischen Truppen während ihres ersten Angriffs begangene Gräueltaten dokumentierte.

Karp traf sich in Davos mit mehreren ukrainischen Offiziellen. Hinterher sagte er mir, eher beiläufig, dass er mit dem Gedanken eines Besuchs in der Ukraine spiele, und obwohl es ihm sichtbar ernst damit war, dachte ich, er meinte, wenn die Lage sich etwas beruhigt hätte. Wie sich jedoch herausstellte, beabsichtigte er schon früher nach Kiew zu reisen. Wenige Tage nach dem WEF war er in Kiew, wo er sich mit dem ukrainischen Präsidenten Wolodymyr Selenskyj traf. Die Reise in die Ukraine wurde zu einer Odyssee. Um dorthin zu gelangen, flog Karp nach Polen und fuhr von dort in einem Dreier-Konvoi nach Kiew. Die Fahrt in die ukrainische Hauptstadt dauerte etwa zehn Stunden. Obwohl Karp seine elektronischen Geräte zu Hause gelassen hatte und über seine eigenen Bodyguards hinaus von einer Gruppe ukrainischer Soldaten begleitet wurde, ging er davon aus, dass die Russen von seiner Anwesenheit wussten, und gab zu, dass die Fahrt nach Kiew nervenaufreibend war. »Ich war ziemlich beunruhigt«, sagte er.

Louis Mosely, der Leiter von Paladins Londoner Dependance, hatte die Reise organisiert und begleitete Karp. Wie er sagte, kam die Einladung von den Ukrainern, mit denen Karp in Davos gesprochen hatte, und so vertrauenswürdig sie ihm auch schienen, hätte er doch seine Bedenken gehabt, ob sie das versprochene Treffen mit Selenskyj tatsächlich zuwege bringen könnten. Seine Sorge wuchs, als sie in Kiew ankamen und erfuhren, dass der Präsident Karp an diesem Tag nicht empfangen konnte. Karp hatte nicht vorgehabt, über Nacht zu bleiben; er wollte sofort nach dem Treffen nach Polen zurückkehren. Er erklärte sich jedoch bereit, bis zum nächsten Tag zu bleiben. Er und Mosley nächtigten in einem Hotel im Zentrum von Kiew. Da in der Stadt eine Ausgangssperre herrschte, konnten sie nicht ausgehen. Karp verbrachte einen Teil der Zeit mit Tai-Chi und schien nicht sonderlich besorgt über die Verzögerung. Mosley jedoch war gestresst. Er hatte Karp gewissermaßen in Gefahr gebracht, und wenn die Begegnung mit Selenskyj nicht zustande kam, wie stünde er dann da? Am nächsten Morgen erfuhr er von seinen ukrainischen Gesprächspartnern, dass das Treffen stattfinden würde. Eine Gruppe von Sicherheitsbeamten kam ins Hotel und brachte Karp und Mosley an einen speziell gesicherten Ort.

Karp und Selenskyj unterhielten sich etwa eine Stunde lang. So unterhaltsam Karp sein kann, schließt er normalerweise nicht gleich Freundschaft mit seinem Gegenüber – so gewinnend er auch sein mag, man hat nie das Gefühl, dass ihm an einer echten Beziehung liegt. Doch im Fall von Selenskyj spürte er aufgrund ihrer jüdischen Herkunft eine Seelenverwandtschaft. Er sah in dem ukrainischen Führer eine erkennbare Figur – den »schroffen, aber liebenswürdigen jüdischen Geschäftsmann, wie man ihm in der Synagoge begegnet«, wie er es ausdrückte. Karp fühlte sich auch deshalb zu Selenskyj hingezogen, weil er in ihm die Verkörperung des »Toughen Juden« sah, der sich keine Illusionen über den Lauf der Welt macht und auch vor einem Kampf nicht zurückschreckt (so wie Karp sich selbst sah). Außerdem war er von Selenskyjs Intelligenz beeindruckt: Später sagte er, der ukrainische Staatschef habe genau die Art von flinkem Verstand, die ihn selbst zu einem erfolgreichen Unternehmer gemacht habe.

Auf der Rückfahrt nach Polen glaubte Karps Sicherheitsteam einmal, sie würden verfolgt, was für einige nervenaufreibende Augenblicke sorgte. Es stellte sich jedoch als falscher Alarm heraus, und sechs Stunden nach ihrer Abfahrt in Kiew (auf der Rückfahrt kamen sie besser voran) war Karp wieder in Polen. Zu diesem Zeitpunkt hatte die Nachricht von seiner Reise – und Fotos von seiner Unterredung mit Selenskyj – bereits weltweit für Schlagzeilen gesorgt. Mit seinem Besuch in Kiew wollte Karp einerseits Palantirs Unterstützung der Ukraine herausstellen und andererseits ausdrücken, dass sich das Unternehmen zur Verteidigung der liberalen Demokratie bekannte. Der Westen stand auf der Seite der Ukraine, und Palantir stand auf der Seite des Westens. Der unausgesprochene Grund für die Reise war, dass alle Welt wissen sollte, dass Palantir tatsächlich am Kampf in der Ukraine beteiligt war. (Noch im selben Jahr fand Karp einen weiteren Weg, um Palantirs Bekenntnis zur Ukraine zu demonstrieren, als das Unternehmen den ukrainischen Tennisstar Elina Switolina zu sponsern begann.)

Einige Wochen nach Karps Abstecher gewährte Palantir den Ukrainern die kostenlose Nutzung seiner Technologie. (Was jedoch angesichts der Dauer des Krieges zum Problem für das Unternehmen zu werden begann; schließlich taten sich vier europäische Nationen zusammen und zahlten dem Unternehmen im Namen der Ukraine 55 Millionen Dollar pro Jahr.) Die Ukrainer setzten die Software für eine Reihe von Aufgaben ein, so etwa zum eigenständigen, von den Amerikanern unabhängigen Targeting auf dem Gefechtsfeld. Darüber hinaus nutzten sie sie zum Aufspüren von Landminen, zum Sammeln von Beweisen für russische Kriegsverbrechen, bei der Umsiedlung von durch den Krieg vertriebenen Zivilisten sowie beim Versuch, die Schulen des Landes offen zu halten und die Schüler trotz des anhaltenden Konflikts zu beschützen. »Es ist eine Art Superpower«, beschrieb ein ukrainischer Offizieller die Software von Palantir gegenüber *Time*.

Louis Mosely reiste schließlich jeden Monat in die Ukraine. Das Unternehmen schickte überdies mehrere Palantirianer, um den Ukrainern den Umgang mit der Software beizubringen. Darüber hinaus stellte man Einheimische ein. Die Ukraine verfügt über ein großes Reservoir an technischem Talent, sodass es nicht weiter schwer war, Softwareingenieure zu finden, die einen Beitrag zu den Kriegsanstrengungen leisten wollten, ohne sich direkt in Gefahr zu begeben, auch wenn man denn doch so sicher nicht war: In mehreren Fällen sahen sich Palantirianer in ukrainischen Militäranlagen, als russische Raketen einschlugen (es kam keiner zu Schaden). Die Russen nahmen Palantir aber auch direkt aufs Korn. So wurde Palantir einige Monate später Opfer einer Spear-Phishing-Attacke, die das Unternehmen nach Russland zurückverfolgte; dabei wurde eine Handvoll Konten kompromittiert.

Mit seinem Besuch in Kiew schlüpfte Karp zwangsläufig in die neue und in gewisser Hinsicht einzigartige Rolle des CEO als Staatsmann. Als er das Baltikum bereiste, um sich mit Staatsoberhäuptern zu treffen, bekam er Polizeieskorten. Vor dem Hintergrund der Befürchtung, der russische Präsident Wladimir Putin könnte es auf ihre Staaten abgesehen haben, waren die baltischen Republiken ausgesprochen interessiert an Palantirs Software. Und auch wenn dies die VIP-Behandlung erklärte, nicht jedem CEO wurde diese Art von Empfang zuteil. Karp wurde klar, dass man ihn jetzt in einem ganz neuen Licht sah, als jemanden, der tatsächlich zählte. Jahrelang hatte er den Sonderling gegeben, fand Gefallen an der Vorstellung, dass die Leute ihn für »total durchgeknallt« hielten, ein Ausdruck, den er regelmäßig benutzte, um zu beschreiben, wie man ihn seiner Ansicht nach betrachtete. Und er empfand das durchaus als Kompliment, als Anerkennung seines Selbstbilds vom verrückten Genie.

Doch nach der Reise nach Kiew beschloss er, die Masche des »total durchgeknallten« CEOs etwas zurückzufahren. Er hatte erkannt, dass sich die Wahrnehmung seiner Person verändert hatte und die aufgesetzte Selbstironie irgendwie nicht mehr passte. Putins Einmarsch in der Ukraine hatte die Welt destabilisiert, und der Augenblick erforderte eine andere Art von öffentlichem Auftritt und Engagement. Was seinem Ruf definitiv nicht schadete, war, dass er einen gewissen Ernst ausstrahlte in einer Zeit, die andere Persönlichkeiten der Tech-Welt zunehmend absurd wirken ließ. Während Karp von Krieg und Frieden sprach, versuchte Mark Zuckerberg die Menschheit in sein Metaversum zu beamen, und Elon Musk war im Rahmen der vorgeschlagenen Übernahme von Twitter in eine

Seifenoper geraten. Sich derart von Musk und Zuckerberg abzuheben, schmeichelte Karp.

Nur bei den vierteljährlichen Earnings-Calls konnte Karp sich nicht dazu durchringen, sein neues Gesicht zu zeigen. Er machte nach wie vor kein Hehl aus seiner Verachtung für die Wall Street und ihre Analysten, und da Palantir nach wie vor keinen Gewinn erwirtschaftete und die Anleger immer skeptischer wurden, sackte der Aktienkurs weiter ab, und das trotz der zentralen Rolle des Unternehmens im größten Landkrieg Europas seit fast hundert Jahren.

Anfang Mai 2022 gab Palantir die Ergebnisse des ersten Quartals bekannt; Karp weilte zum Zeitpunkt des Earnings-Calls in London. Die Telekonferenz war ein Desaster. In cremefarbener Jeans und hautengem weißen Unterhemd gekleidet, wirkte er irgendwie nicht bei der Sache, um nicht zu sagen nervös. Es war noch gar nicht so lange her, dass man seinen legeren Stil und den hier und da mit einem Kraftausdruck gewürzten Bewusstseinsstrom seiner Ausführungen unterhaltsam fand. Aber das war mal. Jetzt wollten die Investoren erfahren, warum sie weiter an Palantir glauben sollten. Was sie stattdessen bekamen, war ein von merkwürdigen Exkursen durchbrochener Exzess frei assoziierter Ideen. »Wir bei Palantir fliegen nicht in eine andere Welt«, sagte Karp, »sei es die Metawelt [ein Seitenhieb auf Facebook] oder eine theologische Welt oder eine Finanzversion einer theologischen Welt oder die Doktorandenversion einer theologischen Welt, die nicht mal wirklich akademisch ist, weil akademisch voraussetzt, dass man mit dem Objekt aus einer theoretischen Perspektive interagiert, sich vom Objekt unterscheidet und nicht etwa eine vorgefasste theologische Version des Objekts in die Theorie einbringt, um diese dann in das Objekt zu reimportieren.« Binnen weniger Minuten fielen die Palantir-Aktien um weitere

2 Dollar und wurden unter 10 Dollar gehandelt, dem Preis, zu dem das Unternehmen im Jahr 2020 sein Debüt gegeben hatte.

Das Tempo von Palantirs Deal-Flow – der Zeit, die für Anbahnung und Abschluss von Geschäften benötigt wird – machte die Investoren nervös. Sie waren überdies besorgt um die Skalierbarkeit und darüber, ob Foundry, das Programm, das nun für Palantirs langfristige Aussichten von zentraler Bedeutung war, wirklich das Zeug zu einem marktbeherrschenden Produkt im Unternehmenssektor hatte. Diese Befürchtungen gingen Hand in Hand mit der immer wiederkehrenden Frage, ob Palantir nun ein Software- oder ein Beratungsunternehmen sei. Wenn die Kundschaft laufende Unterstützung durch Palantirs FDEs benötigte, dürfte Foundry sich schwertun, die Art von Marktdurchdringung zu erreichen, die Karp seinen Investoren versprach. Es machte sich jedoch auch der Eindruck breit, dass die professionellen Investoren von Karp langsam, aber sicher die Nase voll hatten. Während er sich über das Schicksal des Westens ausließ, tat er nichts, um ihre Bedenken hinsichtlich der Art seiner Unternehmensführung zu zerstreuen.

Einige Monate nach dem Londoner Earnings-Call befragte ein Zuschauer Jim Cramer von CNBC nach seiner Meinung über Palantir. Cramer empfahl, die Aktie zu verkaufen, wenn sie wieder über 10 Dollar steigen sollte, und sagte: »Es ist einfach kein Unternehmen, auf das Verlass ist. Wenn die im Fernsehen auftreten, kann ich mich des Gefühls nicht erwehren, dass das alles eine große Lachnummer ist, in die ich nicht eingeweiht bin.« Nach Palantirs Earnings-Call zum dritten Quartal im November 2022 fragte wieder ein Zuschauer nach Palantir. Cramer ließ ihn erst gar nicht ausreden. »Verkaufen!«, brüllte er. Dann nahm er Karp wegen all der Unflätigkeiten bei seinen Earnings-Calls ins Gebet. »Übrigens, man drückt sich nicht so unflätig aus, schon gar nicht, wenn es einem so lausig geht. Hey, machen Sie das doch vielleicht, wenn es Ihnen gut geht. Aber wenn es Ihnen lausig geht, halten Sie die Klappe!«

Cramer sprach damit einem großen Teil der Wall Street aus der Seele. Aber selbst den Anlegern und Analysten, die von Palantir überzeugt waren, stieß Karp mit seinem Verhalten vor den Kopf. Ein Analyst einer großen Investmentbank, der nicht namentlich genannt werden möchte, bezeichnete sich mir gegenüber als ein wahrer Gläubiger, was Palantir anbelangt. Er sei sowohl vom transformativen Charakter der Software überzeugt als auch davon, dass Palantir alles in allem eine Kraft für das Gute sei. »Ich sage den Leuten, das ist wie bei Tesla«, meinte er. »Was die machen, ist so was von anders und einzigartig. So etwas hat man eben noch nie gesehen.« Doch die Arroganz und das kindische Verhalten von Karp und den Seinen stießen ihn zunehmend ab. »Sehen Sie sich das Unternehmen doch an – da haben sie den Auftrag, die Welt zu schützen und all das zu tun, was sonst keiner tun will, aber sie verhalten sich wie Pennäler«, meinte der Analyst. Diese Diskrepanz werde Palantir bei den Investoren zum Verhängnis. Er hatte seinen Hedgefonds-Kunden Palantir als attraktive, langfristige Anlage angepriesen, aber sie lehnten ab. »Die sagen mir: ›Das Managementteam von denen ist doch total verrückt, damit will ich nichts zu tun haben‹«, sagte er. Er konnte nicht verstehen, warum Karp so gar kein Interesse daran haben sollte, etwas gegen diese Wahrnehmung seiner Person zu tun, und meinte, da stelle sich doch die Frage, ob der Börsengang für Palantir überhaupt sinnvoll gewesen sei. »Es ist, als würden die sich mit Insektenspray einsprühen«, sagte er. Vielleicht hatten die Führungskräfte des Unternehmens mit dem Börsengang so viel verdient, dass es ihnen egal war. Wie dem auch sei, der Analyst war erbost. Er verglich Karp mit dem Super-Antihelden Deadpool und schlug vor, dass ein Wechsel an der Spitze Palantir guttun würde – dass die Anleger bei einem »professionellen CEO«, wie er sich ausdrückte, eher bereit wären, sich hinter das Unternehmen zu stellen.

Karp hatte jedoch nicht das geringste Interesse daran, institutionelle Anleger zu beschwichtigen. Seiner Ansicht nach verstanden sie Palantir nicht, und er wollte keine Zeit mehr damit verschwenden, ihnen beim Verständnis des Unternehmens zu helfen. Ihn interessierten nur die Kleinanleger – »meine Fans«, wie er sie manchmal nannte – und die Kunden von Palantir. Er räumte durchaus ein, dass auch einige Kunden von seiner Persona nicht angetan seien. Dennoch seien sie Kunden geblieben, weil die Software von Palantir einfach zu gut sei, um sie aufzugeben. Während eines Earnings-Call 2022 sagte Karp, dass das Unternehmen Kunden habe, die »uns offen gesagt nicht mögen«, aber trotzdem neue Verträge unterzeichnet hätten. »Das Produkt hat sie zurückgebracht«, sagte er.

Es sah ganz so aus, als wäre Palantir schwer zu ersetzen. So hatte ICE 2021 angekündigt, seinen Vertrag mit Palantir nicht zu verlängern, weil man eine eigene, ähnliche Technologie entwickelt habe. Für Palantir war dies ein bitterer Schlusspunkt unter die Einwanderungsaffäre. Doch ein Jahr später machte ICE eine Kehrtwende und unterzeichnete einen neuen Vertrag. Und trotz der Kontroverse um die Zusammenarbeit Palantirs mit ICE nutzte die Regierung Biden die Software des Unternehmens weiter zum Tracking von Covid-19 und zur beschleunigten Verteilung von Impfstoffen. Wann immer Karp Palantirs Unentbehrlichkeit lobte, so bemerkte ein Online-Kommentator, könne man nicht umhin, an Colonel Nathan Jessep zu denken, Jack Nicholsons Figur in *Eine Frage der Ehre* (»… und dass meine Existenz, obwohl sie Ihnen grotesk vorkommt und unverständlich ist, Leben rettet (…) Tief in Ihrem

Inneren (…) wollen Sie, dass ich an dieser Mauer stehe! Sie brauchen mich an dieser Mauer!«)[2]

Über die Frustration ob Karps Haltung hinaus hatte die Wall Street auch berechtigte Bedenken über die Art und Weise, wie Palantir geführt wurde. So kaufte das Unternehmen 2021 100-Unzen-Goldbarren im Wert von rund 51 Millionen Dollar. Shyam Sankar erklärte gegenüber *Bloomberg*, sich damit gegen »Black-Swan-Events«, unvorhersehbare Ereignisse, absichern zu wollen. Zu der Zeit versuchten sich einige Unternehmen an Bitcoin – Tesla kaufte 2021 Bitcoin im Wert von 1,5 Milliarden Dollar und ermöglichte seinen Kunden, in Bitcoin zu zahlen. Obwohl Gold eine weit traditionellere Wertanlage als Bitcoin ist, erschien Palantirs Investition in Goldbarren vielen Beobachtern als grotesk, wenn nicht gar suspekt. »Lassen Sie mich Ihre beste Verschwörungstheorie hören«, bat ein CNBC-Moderator seine Diskussionsrunde. »Also für mich hat das einen Touch von CIA«, antwortete einer. Bei einem Earnings-Call im November 2022 bezeichnete Karp Palantir stolz als »Prepper-Unternehmen«. Ein Kommentar, der bei seinen Kleinanleger-Fanboys sicherlich gut ankam, nicht aber an der Wall Street. Der CEO eines großen Anlageverwalters erschauderte, als ich Palantir erwähnte. »Die sind einfach so was von düster«, meinte er.

Ende 2022 geriet Palantir wegen eines anderen unorthodoxen Manövers ins Rampenlicht, mit dem man furchtbar baden gegangen war. Man hatte im Vorjahr damit begonnen, 450 Millionen Dollar in etwa zwei Dutzend Startups zu investieren, die über spezielle Akquisitionszweckgesellschaften (SPACs) an die Börse gegangen waren. Bei diesen handelt es sich im Wesentlichen um Mantelgesellschaften, die einzig zu dem Zweck

---

2 Rob Reiner, *Eine Frage der Ehre (A Few Good Men)*, 1992. Deutsches Dialogbuch: Jürgen Neu.

gegründet werden, andere Unternehmen aufzukaufen oder mit ihnen zu fusionieren. Palantir gab allen Unternehmen, in die es investierte, kostenlosen Zugang zu seiner Software, unter der Bedingung, dass sie die Technologie schließlich kaufen würden. Zu den Startups gehörten ein deutsches Flugtaxiunternehmen und ein Lebensmittellieferdienst. Das Ganze war als Wachstums-Hacking gedacht, ein Versuch, Palantirs kommerzielles Geschäft oberflächlich anzukurbeln, während das Unternehmen seine Abhängigkeit von Staatsaufträgen zurückzufahren versuchte.

Leider ging dieser Versuch für Palantir nach hinten los: Ende 2023 war eines der Unternehmen pleite und fast bei einem Dutzend anderen wurden die Mittel knapp. Nach Berechnungen von Bloomberg hatte Palantir durch die Investitionen rund 330 Millionen Dollar verloren. Auch wenn niemand Palantir etwas Unrechtes unterstellte, war die Handlungsweise des Unternehmens nach Ansicht einiger Spezialisten für Gesellschaftsrecht zumindest in ethischer Hinsicht fragwürdig, und mehrere aktive Investoren drohten Sammelklagen gegen das Unternehmen an. Als Lisa Gordon erfuhr, dass das *Wall Street Journal* einen Bericht über die SPAC-Investitionen plante, schalteten sie und andere bei Palantir in den Krisenmodus. Peter Thiel schickte sogar seinen eigenen Pressesprecher, Jeremiah Hall, nach New York, um Gordon und ihre Kollegen bei der Ausarbeitung einer Antwort zu unterstützen. Mittlerweile war Thiel der Unfähigkeit von Palantir, Gewinne zu erzielen, überdrüssig geworden und hatte seinen Missmut Karp und anderen Mitgliedern des Boards gegenüber zum Ausdruck gebracht. Der *WSJ*-Artikel erwähnte beiläufig, Leerverkäufer hätten im vergangenen Jahr mit Wetten gegen Palantir mehr als 1 Milliarde Dollar verdient.

Am Abend vor Erscheinen des *WSJ*-Artikels unterhielten Karp und ich uns in seinem New Yorker Büro über das SPAC-

Debakel. Es war kurz nach fünf, und er saß beim Abendessen. Die Situation hatte ihn eher irritiert als aus der Fassung gebracht. Er meinte, er habe in diesem Fall zu viel Verantwortung delegiert, sei seiner Sorgfaltspflicht nicht nachgekommen und habe so die potenziellen Fallstricke dieser Investitionen übersehen. Die »Kehrseite meiner ungewöhnlichen kognitiven Struktur«, sagte er, sei die Neigung, davon auszugehen, dass für ihn offensichtliche Probleme auch für andere deutlich zu sehen seien. Er nehme die Verantwortung für den SPAC-Schlamassel bereitwillig auf sich. »Das ist ein Armutszeugnis für mich«, sagte er.

Karp bemühte sich noch immer, Palantirs Unternehmenskultur nach der Pandemie zu reanimieren, eine Aufgabe, die durch den Börsengang erschwert wurde. Er hatte befürchtet, dass dieser den inneren Zusammenhalt des Unternehmens untergraben könnte. Als Palantir dann bei der Börsenaufsicht den S-1-Wertpapierprospekt einreichte, waren einige Mitarbeitende verärgert zu erfahren, wie hoch die Bezüge des höheren Managements waren. Zwar hatte niemand erwartet, dass die einfachen Ingenieure so viel verdienen würden wie Karp und andere aus der Führungsriege, doch die Kluft zwischen ihren Gehältern und denen aller anderen war schlicht krass. Das galt umso mehr, als diese Kluft der von Karp kultivierten egalitären Atmosphäre zu widersprechen schien. Ein langjähriger Palantirianer, der beim Börsengang in jeder Hinsicht gut abgeschnitten hatte, äußerte sich verbittert über die prallen Lohntüten der Führungsriege. Natürlich war ihm klar, dass sie mehr verdienen würden als er, aber er war überrascht, wie viel mehr Anteile sie erhalten hatten, und gab zu, dass er sich verarscht fühlte.

Jetzt gab es in einer Firma, die immer so stolz auf ihre flache Struktur gewesen war, plötzlich doch eine Hierarchie, und sie war auf Reichtum gebaut. Und das Geld wurde nicht nur zum

Quell der Bitterkeit, es wurde auch zum Knüttel. Im Oktober 2022 befand sich das Londoner Büro von Palantir in Aufruhr, nachdem die Geschäftsleitung vorgeschlagen hatte, einigen britischen Mitarbeitenden den betrieblichen Rentenbeitrag zu kürzen. Als Shyam Sankar den Vorschlag in einer Konferenzschalte mit der Londoner Belegschaft diskutierte, führten einige der Teilnehmer den unerwarteten Geldsegen aus dem Börsengang ins Feld. Aufgrund der zornigen Reaktion – und einer Welle negativer Artikel – ließ Palantirs Management die Idee wieder fallen.

Im Fall von Karp wirkte sich der Wohlstandseffekt noch auf eine andere, eher subtile Art aus. Auch wenn er seinen Lebensstil (abgesehen vom Kauf weiterer Häuser) nicht wirklich geändert hatte, schien sein Nettowert auf seinen Umgang mit untergebenen Kollegen zu wirken. Hatte er früher versucht, Mitarbeitende, die mit dem Gedanken an eine Kündigung spielten, zum Bleiben zu überreden, so hatte man ihm das, auch wenn es nicht immer von Erfolg gekrönt war, als ehrliches Anliegen abgenommen. Die Adressaten seiner Bemühungen wussten: Er war wirklich davon überzeugt, dass ein Verbleib bei Palantir für sie das Beste wäre. Jetzt jedoch spürte er, dass einige seinen Ratschlägen skeptischer gegenüberstanden: »Ach was, der Geldsack will mir sagen, was ich mit meinem Leben anfangen soll«, sagte Karp in einem Versuch zu beschreiben, wie man seiner Ansicht nach jetzt auf ihn reagierte.

Karp räumte die Änderungen in der Unternehmenskultur durchaus ein. Er sprach wehmütig von der »Sektenmentalität«, die er und andere in den Anfangsjahren von Palantir gepflegt hatten, und sagte, dass er sie wieder aufleben lassen wolle. Das Unternehmen hatte geplant, die HobbitCon wieder aufzunehmen, eine jährliche Veranstaltung, bei der Mitarbeitende aus der ganzen Welt zu einem Wochenende mit Partys und Teambuilding-Übungen zusammenkamen. Die letzte Veranstaltung dieser Art hatte vor der Pandemie stattgefunden. Damit machte Karp jetzt Schluss: Bei einem Aktienkurs von unter 10 Dollar und angesichts des wachsendem Drucks auf das Unternehmen, endlich einen Gewinn zu erzielen, konnte er die Ausgaben nicht rechtfertigen; außerdem hätte das Wochenende womöglich weitere Bedenken hinsichtlich der Unternehmensführung aufgeworfen.

Deutlich sichtbar wurde seine Verdrossenheit über die Moral im Unternehmen an einem Wochenende im November 2022, als er in New York war, um die Herausgabe der Quartalszahlen am Montag vorzubereiten. Karp und der Rest von Palantirs Führungsriege arbeiteten dazu das gesamte Wochenende durch. Es war jedoch kaum zu übersehen, dass sie und ihre jeweiligen Mitarbeitenden als Einzige anwesend waren; ansonsten war die Dependance leer. Am Sonntag huschte Karp in einen Konferenzraum auf ein Vorabinterview per Videoschalte. Eben war bekannt geworden, dass Meta 11 000 Mitarbeitende, mit anderen Worten etwa 13 Prozent seiner gesamten Belegschaft, entlassen wollte. Was Karp die Gelegenheit zu einem Seitenhieb gegen Mark Zuckerberg gab. »Es ist kalt im Metaverse«, rief er mit wiegender Stimme auf dem Weg den Flur hinab. (Wenig später sagte Karp mehreren Kollegen, Zuckerberg habe »einen Streit mit uns vom Zaun gebrochen«; er habe da »eine spezielle Operation am Laufen, um Palantir noch verhasster zu machen, damit die Leute sich auf uns konzentrieren und nicht auf ihn. Er hat es Peter [Thiel] gegenüber geleugnet, aber ich weiß es aus sehr guter Quelle.« Karp gab seinen Informanten nicht preis, noch untermauerte er die angebliche Intrige mit Details. Halb im Scherz, halb im Ernst ließ er durchblicken, dass Zuckerberg damit einen großen Fehler gemacht hätte. »Leg dich bloß nicht mit uns an«, sagte er. »Sonst geht's dir wie im Knast, und du kriegst jeden Tag ein Messer ins Kreuz.«)

Karp sprach etwa zwanzig Minuten mit dem Reporter. Danach blieb er auf der Schwelle stehen. Der Mangel an Betrieb im Büro war ihm nicht entgangen, und er war sauer. Seiner Meinung nach zeugten die leeren Schreibtischreihen von unzureichendem Engagement. »Wenn sich die Leute beschweren«, sagte er, »werde ich ihnen sagen, ihr könnt euch beschweren, so viel ihr wollt, aber wie viele Wochenenden habt ihr gearbeitet? Jedes zweite? Drei Wochenenden von vier? Was ist so aufregend daran, mit euren Freunden auszugehen? Ihr könntet hier sein, was viel unterhaltsamer ist.« Karp konnte diesen offensichtlichen Mangel an Karrieredenken schon von einem rein opportunistischen Standpunkt aus nicht verstehen: Warum sollten die Leute an diesem Wochenende nicht im Büro sein wollen? Lisa Gordon warf ein, dass Covid die Vorstellungen über die Vereinbarkeit von Beruf und Privatleben verändert habe. Zudem sei Karp in den letzten drei Jahren die meiste Zeit über nicht im New Yorker Büro gewesen, sodass sich die Mitarbeitenden angewöhnt hätten, nur dann zu erscheinen, wenn er in der Stadt sei. Karp nahm ihr das nicht ab – er fand die schlechte Arbeitsmoral befremdlich, ja beleidigend. »Wir haben hier ein Unternehmen, das seit über 20 Jahren erfolgreich ist, und jeder Einzelne, der es mit aufgebaut hat, ist hier. Was könnte interessanter sein?«

Am nächsten Tag meldete Palantir, dass das Unternehmen erneut keinen Gewinn erwirtschaftet hatte, aber es sollte das letzte Mal sein. Drei Monate später, im vierten Quartal 2022, gab Palantir bekannt, dass das Unternehmen nach fast zwei Jahrzehnten Geschäftstätigkeit endlich profitabel geworden sei. Und es war dies beileibe kein Ausreißer: Palantir erzielte in allen vier Quartalen des Jahres 2023 Gewinne, was den Aktienkurs wieder nach oben trieb. Wichtiger noch: Es beseitigte, was fast zum Stigma des Unternehmens geworden war. Niemand war glücklicher darüber als Karp, wenn auch die Freude über den Erfolg und die damit verbundene Atempause nur von kurzer Dauer sein sollten. Wenig später sah er sich plötzlich in einer – seinem Empfinden nach – weit gefährlicheren Welt wieder.

Kapitel 10
ES GEHT UMS ÜBERLEBEN

Es waren einige Tage vergangen seit dem Massaker der Hamas an 1200 Israelis, und Karp trug sich mit dem Gedanken, eine Erklärung abzugeben, die Palantirs Unterstützung für Israel bekräftigen sollte. Er hatte alle Absicht, darin einen militanten Ton anzuschlagen, und so enthielt der erste Entwurf folgende Zeile: »Bestimmte Spielarten des Bösen lassen sich nur mit Gewalt bekämpfen.« Seine Berater schlugen vor, »Gewalt« durch »Stärke« zu ersetzen – der Gedanke sei derselbe, aber es höre sich nicht gar so blutrünstig an. Karp stimmte der Änderung zu, und kurz darauf erschien die Botschaft auf X, der früher als Twitter bekannten Social-Media-Plattform, die Elon Musk im Vorjahr für 44 Milliarden Dollar gekauft hatte. Obwohl es sich um eine öffentliche Solidaritätserklärung mit Israel handelte, war das Publikum, das Karp eigentlich ansprechen wollte, ein internes: Es war ein Wink mit dem Zaunpfahl an die Palantirianer, die seine Position zu Israel nicht teilten: Behaltet das besser für euch! Der X-Post war, wie er mir später sagte, als »eine Art Leitplanke« gedacht. Er hatte die lebhafte interne Debatte über Palantirs Arbeit mit ICE geduldet, um von Trump verschreckten Mitarbeitern eine Möglichkeit zu geben, ihren Gefühlen Luft zu machen, und weil er ihre Ansicht teilte, dass es hier berechtigte ethische und moralische Bedenken gab. Was jedoch den Terrorschlag gegen Israel anbelangte, war die Situation eindeutig. Er wollte seinen Mitarbeitern klarmachen, er würde in diesem Fall keine abweichenden Meinungen tolerieren. »Wem das nicht passt«, sagte Karp, »dem würde ich sagen, er ist bei Palantir wahrscheinlich fehl am Platz.«

So wichtig der Krieg in der Ukraine für Palantir auch war, das Pogrom vom 7. Oktober 2023 in Israel war Karps Ansicht nach weitaus bedeutender. Definitiv lag der Fall persönlicher. So sehr er Identitätspolitik verabscheut, so sehr identifiziert er sich mit seinem jüdischen Erbe. Nicht dass er besonders religiös wäre, aber die kulturelle Verbindung ist für ihn von größter Bedeutung. Außerdem verfolgt ihn von Kindesbeinen an die fundamentale Unsicherheit der jüdischen Existenz an sich. Er hatte Israel immer nachdrücklich unterstützt, gerade weil es ihm als ein sicherer Hafen für Juden erschien. Er billigte nicht jede Politik oder jeden Premier, aber vor dem Hintergrund seiner Sorge um seinen eigenen Platz in der Welt waren ihm Israels Sicherheit und Wohlergehen äußerst wichtig. »Jemand wie ich erkennt die Gefahr des Faschismus und weiß, wie wichtig ein Zufluchtsort ist«, sagte er. Aber jetzt war Israel der Schauplatz des schlimmsten Massakers an Juden seit dem Holocaust. Für Karp war das so erschütternd wie aufrüttelnd. Einige Tage nach Karps Beitrag auf X schaltete das Unternehmen eine ganzseitige Anzeige in der Sonntagausgabe der *New York Times* mit dem Titel »Palantir steht zu Israel«.

Im Übrigen unterhielt Palantir eine Geschäftsbeziehung mit dem israelischen Staat; der Mossad nutzte die Software des Unternehmens seit fast einem Jahrzehnt. Der Geheimdienst hatte sich zu Karps Überraschung von sich aus an Palantir gewandt. Schließlich verfügt Israel über einen robusten Tech-Sektor, und alle Welt weiß, wie einfallsreich (und tödlich) der Mossad ist. Karp war sich so sicher, dass die Israelis Palantir nicht brauchten, dass er ihnen vorschlug, Gotham doch vor einem Kauf auszuprobieren. Sie meldeten sich zurück und wollten die Software haben, und sie bekamen Rabatt. Einige Mitarbeitende lehnten den Vertrag mit einem Verweis auf Israels Behandlung der Palästinenser ab. Karp tolerierte den Widerstand, weil sich der israelisch-palästinensische Konflikt zu diesem Zeitpunkt in einer relativ ruhigen Phase befand und Karp den israelischen Staat nicht in tödlicher Gefahr wähnte. Doch nach dem 7. Oktober schien, zumindest für Karp, sein Fortbestehen infrage gestellt.

Der Mossad ist das israelische Gegenstück zur CIA – er konzentriert sich auf externe Bedrohungen. Der israelische Inlandsgeheimdienst Schin Bet verfügte zum Zeitpunkt des Hamas-Anschlags ebenso wenig über Palantirs Software wie die Israeli Defense Forces (IDF), das israelische Militär, was im Handumdrehen Auslöser für gegenseitige Schuldzuweisungen war. Einige Wochen nach dem Massaker, bei einem Gedenkgottesdienst in Jerusalem für die Frau des Politikers Dan Meridor, einer der einflussreichsten politischen Persönlichkeiten Israels (ihr Tod stand in keinem Zusammenhang mit dem 7. Oktober), bemerkte einer der Trauergäste gegenüber mehreren hochrangigen israelischen Politikern, dass das Massaker »nicht passiert wäre«, hätten Schin Bet und die IDF über Palantir verfügt. Darüber lässt sich streiten; Tatsache ist, dass nach dem 7. Oktober sowohl Schin Bet als auch das Militär Palantirs Software haben wollten. Die Nachfrage nach Palantirs Unterstützung war so nachdrücklich, dass das Unternehmen von London aus ein Team von FDEs entsandte, um den israelischen Usern bei der Inbetriebnahme zur Seite zu stehen. Palantir musste schließlich eine zweite Etage im Gebäude seiner israelischen Dependance in Tel Aviv anmieten, um dort Einführungskurse für Geheimdienstanalysten zu halten.

Palantirs Software wurde auch von zahlreichen israelischen Ex-Geheimdienstlern verwendet, die sofort nach dem Anschlag ihre Hilfe angeboten hatten. Organisiert wurden diese Ad-hoc-Bemühungen von Joab Rosenberg. Dieser war stellvertretender Leiter des Nachrichtendiensts der IDF gewesen, bevor er das Militär verließ, um ein auf KI-fokussiertes Start-up zu gründen, das teilweise von Mithril Capital, einem von Peter Thiels Investmentfonds, finanziert wurde. Während seiner Zeit bei den IDF hatte Rosenberg 2014 an einem Pilotprogramm mit Gotham teilgenommen. Seinem Fazit nach war die Technologie zwar gut, aber es fehlten bestimmte umfassendere Analysefunktionen, die seiner Meinung nach unverzichtbar waren, weshalb die IDF sich schließlich zur Entwicklung einer internen Software entschieden.

Nun stattete man Rosenberg und seine Mitstreiter (kostenlos) mit Foundry aus, und er war nicht nur beeindruckt davon, wie einfach es zu erlernen und zu bedienen war, sondern auch von den fortschrittlichen Funktionen. Seinen Worten nach war es »eine weit bessere Maschine«. Er und seine Kollegen hatten eine dringliche Aufgabe. In den letzten Jahren hatten die Israelis das Sammeln von Nachrichten aus öffentlich zugänglichen Quellen zurückgefahren. Doch die Hamas-Kämpfer hatten ihren tödlichen Amoklauf mit Handys und GoPros gefilmt und viele der dabei entstandenen Videos in den sozialen Medien veröffentlicht. Diese wurden zu wichtigen Beweismitteln, als die Israelis versuchten, die etwa 250 von der Hamas entführten und nach Gaza verschleppten Menschen zu identifizieren. Auch auf Websites wie X und Telegram wurden zahlreiche Nachrichten und Fotos gepostet, von denen einige wichtige Hinweise lieferten.

Rosenbergs Team ergänzte die Daten aus den sozialen Medien durch kommerziell erhältliche Satellitenbilder. Das Freiwilligenteam war gerade zu Beginn der Krise eine wichtige Informationsquelle. Seine Mitglieder rekonstruierten den Angriff auf den Kibbuz Nir Oz, bei dem etwa 100 seiner 400 Bewohner getötet oder entführt worden waren. Rosenberg, der als Verbindungsmann der Gruppe zu den IDF fungierte, sagte, die Ergebnisse, die er und sein Team den Analysten der Nachrichtendienste im aktiven Dienst lieferten, beseitigten bei diesen die letzten Zweifel daran, dass auch sie Palantir benötigten. »Die wollten das daraufhin wirklich selbst haben«, sagt er. Das erinnert an die Erfahrungen Palantirs mit dem US-Militär, wo es die amerikanischen Truppen im Irak und in Afghanistan waren, die den Erwerb der Technologie angestoßen hatten. Im Fall der israelischen Streitkräfte jedoch kam der Generalstab dem Wunsch im Gefolge des 7. Oktobers nur allzu bereitwillig nach. Als der Leiter von Palantirs Team in Israel Josh Harris hörte, wie israelische Militärs sich staunend über das Tempo unterhielten, mit der die Technologie des Unternehmens Daten bündelte und analysierte, konnte er kaum glauben, dass die Software für sie eine derartige Offenbarung sein sollte. Er erinnerte sich, gedacht zu haben: »Werdet ihr für eure Meinung bezahlt?«

Während Palantir sich schier überschlug, um Israel auszuhelfen, stellte Karp verstört fest, dass er der einzige amerikanische CEO zu sein schien, der sich nachdrücklich zu dem Konflikt äußerte. Eine Woche nach Erscheinen der *Times*-Anzeige unterhielten wir uns per Video. Er saß in seinem Haus in New Hampshire an seinem Schreibtisch, eine Strickmütze auf dem Kopf, und trank Tee. Auf dem Schreibtisch lagen zwei Rubik's Cubes. Zum ersten Mal in meiner Erinnerung erschien er mir niedergeschlagen, und er gab denn auch zu, »etwas deprimiert« zu sein. Wie viele andere auch war er entsetzt über die Brutalität des Hamas-Anschlags, und obwohl er sich, wie er sagte, nie Illusionen darüber gemacht habe, wie Juden wahrgenommen würden, habe ihn das Maß an Antisemitismus nach dem Massaker denn doch überrascht. »Es ist schlimmer, als ich dachte, und dabei hielt ich es für schlimmer als irgendjemand, den ich kenne«, sagte er. Er äußerte sich enttäuscht über das von ihm so empfundene Versäumnis anderer führender Köpfe aus der Tech-Branche, sich hinter Israel zu stellen und ihre Stimme gegen die von der Hamas begangenen Gräuel zu erheben. Er nannte keine Namen, sprach aber eindeutig von Musk, einem emsigen Poster auf X, als er sagte, er finde es »komisch«, dass »bestimmte Leute in der Tech-Branche, die online alles und jedes kommentieren«, zu den Ereignissen in Israel nichts zu sagen hätten. Er sei sich sicher, sagte er, dass die meisten Tech-Mogule Israel unterstützten, aber ihr Schweigen ärgere ihn. »Warum bin ich der Einzige, der die Juden verteidigt?«, fragte er.

Außerdem irritierte ihn das Schweigen anderer jüdischer Führungskräfte aus der Wirtschaft. Wir seien doch alle, so meinte er, mit dem Schlagwort »nie wieder« aufgewachsen, und jetzt, angesichts eines Gemetzels, das – pro Kopf der Bevölkerung gerechnet – das Äquivalent von 50 000 amerikanischen Menschenleben gefordert habe, sei er der einzige jüdische Chef eines börsennotierten Unternehmens, der sich für Israel starkmache und Antisemitismus verurteile. Abgesehen von ihm herrsche »da draußen ohrenbetäubendes Schweigen« – ein Schweigen, das er als Feigheit deutete. »Meine persönliche Meinung ist, dass keiner angeschrien werden und keiner sich unbeliebt machen will«, sagte Karp. Außerdem, so spekulierte er, wollten so einige von ihnen auch nicht riskieren, sich »mit ihren progressiven Freunden« anzulegen. »Weil ihre progressiven Freunde Israel nämlich nicht mögen. Und ein größerer Teil, als irgendjemand zugeben würde, mag Juden grundsätzlich nicht.«

Die Zurückhaltung jüdischer Wirtschaftsführer war bei ihm ein wiederkehrendes Thema in den Wochen nach dem Hamas-Anschlag. Im privaten Gespräch räumte er die Verachtung ein, die viele amerikanische Juden für den israelischen Premier Benjamin Netanjahu und seine rechtsextreme Regierung empfinden. Er wolle Netanjahu keineswegs verteidigen, sagte er. »Wenn jemand Netanjahu aus einem Hubschrauber stoßen würde, ich würde da nicht nachfragen«, sagte er einem Freund gegenüber. »Wenn ich die Möglichkeit hätte, Netanjahu aus einem Hubschrauber zu stoßen, ich würde es womöglich tun.« Doch so abstoßend der israelische Premier auch sein mochte, sei dies weder ein Grund für den kollektiven Anfall von Antisemitismus noch eine Entschuldigung für das Schweigen. Karp hatte vor, so bald wie möglich selbst nach Israel zu reisen, und das nicht nur, um seine Unterstützung für eine bedrängte Nation zu demonstrieren. Wie er gestand, ging es ihm auch darum, andere einflussreiche Angehörige der jüdisch-amerikanischen Gemeinde in Verlegenheit zu bringen, die feige schwiegen.

Mit dem Ausbruch des Krieges in Gaza verschob Karp seine Reise nach Israel. Anfang November nahm er an einem von der britischen Regierung ausgerichteten Gipfeltreffen zum Thema KI-Sicherheit teil. Während seines Aufenthalts in London erledigte er Palantirs Earnings-Call zum dritten Quartal. In seinen einleitenden Bemerkungen bezeichnete er das dystopische Weltbild, das von Anfang an der Ausgangspunkt für Palantirs Arbeit war, einmal mehr als voll und ganz gerechtfertigt, und bekräftigte die pro-israelische Haltung des Unternehmens. »Offensichtlich bestätigen die aktuellen Ereignisse und das Abschneiden unseres Unternehmens Palantirs Strategie, die weltweit kundengerechtesten und leistungsfähigsten Unternehmenslösungen zu gestalten«, sagte er vor Analysten und Investoren, bevor er zu einer langatmigen Rede über Israel und den 7. Oktober überging. »Wir haben Produkte für eine Welt entwickelt, die gewalttätig, ungereimt und irrational ist«, sagte Karp, »eine Welt, in der man Stärke zeigen muss; eine Welt, in der, wenn man keine Stärke zeigt, Vorurteile, Fremdenfeindlichkeit und, ich wage es kaum zu sagen, der Antisemitismus ihr hässliches Haupt erheben; eine Welt, in der man gar nicht anders kann, als sich für eine Seite zu entscheiden.«

Es sei einfach nicht mehr vertretbar, so fuhr er fort, Produkte an Freund und Feind gleichermaßen zu verkaufen. »Palantir ist meines Erachtens das erste große Unternehmen, das von Anfang an etwas gesagt hat, was offensichtlich wahr ist – die Möglichkeit, es mit allen Seiten zu halten, gibt es nicht mehr. Palantir liefert seine Produkte nur an westliche Verbündete. Wir haben unsere Produkte nie an Feinde geliefert. Wir sind stolz darauf, die US-Regierung zu unterstützen. Ich bin stolz darauf, dass wir in jeder nur erdenklichen Weise zu Israel stehen. Und wir stehen auch zu einer klaren Ansage. Wenn also in Israel, auf die USA umgerechnet, fast 50 000 Menschen massakriert werden, betrachten wir das als Akt des Terrors. Wir bezeichnen das als Terrorismus. Wir liefern unser Produkt an Menschen, die den Terrorismus bekämpfen; wir haben kein Problem damit, das Kind beim Namen zu nennen oder für unsere Verbündeten einzutreten; und wir liefern keinen falschen Kontext. Auf einmal braucht man eine Menge Kontext, um zu beschreiben, was es bedeutet, Juden zu töten oder Juden in der ganzen Welt zu verfolgen. Ich glaube an Kontext, und zwar dort, wo man ihn tatsächlich braucht. Aber wir bei Palantir haben unsere Weltsicht, nämlich dass es nun einmal Menschen gibt, die gewalttätig und nicht moralkonform sind und die bekämpft werden müssen.«

In gewisser Weise brachte der 7. Oktober Palantir zurück zu seinen Wurzeln. Das Unternehmen war mit der Maßgabe gegründet worden, den Terrorismus zu bekämpfen, insbesondere den Dschihadismus. Aber der islamische Terrorismus hatte sich nicht als so erdrückend und allgegenwärtig erwiesen, wie viele nach dem 11. September befürchtet hatten, und angesichts des Schadens, den die Vereinigten Staaten und ihre Verbündeten Al-Qaida und später ISIS zugefügt hatten, konnte man daran glauben, die Gefahr weitgehend neutralisiert zu haben. In der Zwischenzeit war Palantir in Bereiche vorgedrungen, die mit dem Kampf gegen den Terror wenig zu tun hatten. Der Anschlag der Hamas war der erschreckende Beweis dafür, dass die terroristische Bedrohung eben doch nicht gebannt war. Für Karp war er auch ein Beweis dafür, dass die Welt noch immer kein Problem mit dem Mord an Juden hatte und damit für Alex Karp persönlich ein gefährlicher Ort blieb. Selbst inmitten seiner Phalanx von Leibwächtern fühlte er sich persönlich bedroht. »Es geht hier ums Überleben«, sagte er.

Anfang Dezember, zwei Monate nach den Gräueln in Israel, besuchte Karp das Reagan National Defense Forum, das in der Ronald Reagan Library in der Nähe von Los Angeles stattfand. Die jährliche Veranstaltung, an der Kabinettssekretäre, Kongressabgeordnete, hochrangige Pentagon-Offiziere und Vertreter der Rüstungsindustrie teilnahmen, war für ihn zur Gewohnheit geworden. Karp wurde zu einer Podiumsdiskussion eingeladen und nutzte die Gelegenheit zu einigen Bemerkungen über die aktuelle Welle von Antisemitismus. »Es gab am 7. Oktober leider viel zu viele Menschen, die sich gefreut haben, und wir müssen anerkennen, dass wir in der westlichen Welt ein massives Problem mit dem Antisemitismus haben«, sagte Karp. »Nicht jede Kritik an Israel ist antisemitisch, aber ein größerer Teil davon, als uns bewusst war. Wir müssen das anprangern. Und ich bin einer der größten Spender der Demokratischen Partei, und ganz offen gesagt, ich prangere das an und gebe mittlerweile auch den Republikanern, und wenn Sie so weitermachen, werde ich ganz umsteigen, und eine Menge anderer Leute wird es genauso machen.«

Diese Bemerkung ging viral. Die Republikaner versuchten ohnehin, unzufriedene jüdische Demokraten anzuziehen, und hier war ein großer jüdischer Spender, der die Demokratische Partei wissen ließ, dass von ihm womöglich keine Spenden mehr zu erwarten waren. In Wahrheit hatte sich Karp, auch wenn er sich weiterhin als progressiv bezeichnete, schon seit Längerem von den Demokraten abgewendet. Er hatte selten etwas Positives über die Partei zu sagen, und seine Kritik glich immer wieder den Argumenten der Rechten. Auch wenn Karp nicht selbst Fox guckte, schien es fast, als beziehe er einige seiner Informationen von Fox-Fans. So machte er Biden für den Inflationsschub von 2021 verantwortlich, obwohl es sich dabei um ein weltweites Phänomen handelte, das hauptsächlich auf die Unterbrechung der Lieferketten während der Pandemie zurückzuführen war. Manchmal schien Karp geradezu nach einem Grund zu suchen, um auf die Demokraten loszugehen. So war für ihn der Umstand, dass Impfgegner den bislang zur Verteidigung reproduktiver Rechte benutzten Slogan »Mein Körper, meine Entscheidung« für ihren Protest gegen die Covid-Impfpflicht übernommen hatten, ein Musterbeispiel für die Umkehrung liberaler Argumente. Es war dies eine überraschend schwache Analogie aus dem Munde eines Mannes, dessen Logik in der Regel selbst dann unanfechtbar ist, wenn man seinen Standpunkt nicht teilt. Covid war ein weltweiter Gesundheitsnotstand, der das Leben von Millionen bedrohte; Abtreibung ist eine private Entscheidung, deren Gefahren damit nicht zu vergleichen sind.

Seine Entfremdung von den Demokraten hatte nichts mit seinem persönlichen Reichtum zu tun, zumindest nicht unmittelbar. Er ärgerte sich weder darüber, Steuern zahlen zu müssen, noch gehörte er zu den Heulsusen unter den Plutokraten, die den Demokraten unterstellten, sie wollten sie für ihren Erfolg bestrafen. Der Umstand, dass er Milliardär war, spielte hier insofern mit hinein, als er jetzt einen Großteil seiner Zeit mit anderen extrem reichen Menschen verbrachte, und in diesen Kreisen ist es fast ein Initiationsritus, seine Verachtung für die Demokraten kundzutun. Karps wesentliche Kritik an den Demokraten ist jedoch nicht wirtschaftlicher, sondern ideologischer Natur. Er ist der Meinung, dass Außenpolitik generell nicht ihre Stärke ist und dass die Partei sich von der identitären Linken und dem »Wokeism« habe vereinnahmen lassen. (Seine Abneigung gegen beides hatte sich im Zuge der ICE-Kontroverse und des Aufruhrs über die Arbeit von Palantir in New Orleans noch verstärkt.) Die antiisraelischen Demonstrationen nach dem Oktober führten zur weiteren Entfremdung Karps von den Progressiven. Dagegen lobte er die Republikaner für ihre nachdrückliche Unterstützung des jüdischen Staats. »Ich bin jetzt bereit, meine Meinungsverschiedenheiten mit den Republikanern in anderen Fragen wegen ihrer Position in dieser Sache zu übersehen«, sagte er. Dass die Demokraten es sich mit Karp verdorben hatten, lag nicht zuletzt an der Identitätspolitik, doch jetzt war es seine eigene Identitätspolitik, die ihn noch weiter in die andere Richtung trieb.

Das Problem war nur: Nach dem 7. Oktober hatten sich einige einflussreiche Stimmen der Rechten unverhohlen antisemitische Ansichten zu eigen gemacht. Mitte November hatte sich Elon Musk in einer Diskussion auf X endlich zu den Ereignissen im Nahen Osten geäußert. Jemand postete einen Kommentar, in dem es hieß, dass Juden »genau die Art von dialektischem Hass gegen Weiße schüren, die sie sich selbst gegenüber verbitten. Ich habe nicht vor, auch nur den kleinsten Scheiß darauf zu geben, dass der jüdischen Bevölkerung des Westens nun ein beunruhigendes Licht aufgeht – nämlich, dass die Horden von ihnen unterstützter Minderheiten, die das Land überschwemmen, sie nicht sonderlich mögen.« Impliziert wurde hier, dass Juden hinter dem sogenannten Großen Austausch stecken – einem angeblichen Komplott, das die Weißen im Westen zu einer Minderheit machen soll; eine Verschwörungstheorie, die in rechtsextremen Kreisen zu einem Glaubensartikel geworden ist. Musk reagierte darauf mit einem markigen »Da sprichst du ein wahres Wort aus.«

Sein Kommentar löste allenthalben Empörung aus. Nach monatelangen Spekulationen darüber, ob Musk ein Antisemit sei – ausgelöst durch dessen Angriffe auf George Soros und die Anti-Defamation League sowie der Wiederaufnahme von Neonazis auf X –, kamen viele Beobachter zu dem Schluss, dass sie nun eine Antwort bekommen hätten. Als Musk die Kontroverse zu entschärfen und seine Unterstützung für den jüdischen Staat durch einen Besuch bei Netanjahu in Israel zu demonstrieren versuchte, mischten sich zwei führende Kommentatoren vom rechten Flügel, Tucker Carlson und Charlie Kirk, mit Äußerungen ein, die denen des Posters auf X entsprachen. Carlson behauptete, reiche jüdische Spender finanzierten Leute, die für einen »Völkermord an Weißen« seien. Kirk schloss sich in seiner täglichen Radiosendung Carlsons Kommentaren an. »Die philosophische Grundlage der Weißen-Feindlichkeit in diesem Land wird größtenteils von jüdischen Spendern finanziert«, sagte Kirk seinem Publikum.

Als ich Karp auf diese Kommentare ansprach, bestritt er keineswegs, dass sie beunruhigend – oder vielmehr antisemitisch – seien. Dennoch glaube er nicht, dass dahinter eine echte Feindseligkeit gegenüber Juden stehe. Carlsons wesentliche Kritikpunkte seien die Einwanderung aus Entwicklungsländern und der Glaube, dass die Linke die Diskriminierung von Weißen sanktioniert. Karps Ansicht nach habe Carlson nur insofern ein Problem mit Juden, als einige von ihnen Gruppen unterstützten, die die Einwanderung sowie Universitäten und andere Einrichtungen förderten, die zu Plattformen für virulente Rhetorik gegen weiße Privilegien geworden waren. Karp hatte selbst ein Problem mit diesen Juden: Die Menschen, die sie als Verbündete wähnten, hätten sich nach dem 7. Oktober auf gehässige Weise gegen sie gewandt, und gleichzeitig riskierten sie mit ihrem Tun den Zorn all ihrer tatsächlichen Freunde. »Kein Volk in der Geschichte der zivilisierten Welt könnte weniger antisemitisch sein als das weiße Amerika«, sagte Karp.

Auch wenn er nicht behaupten wolle, dass Carlson für alle weißen Amerikaner sprach, so teilten doch Millionen von ihnen eindeutig seine Ansichten, und für Karp ist es selbstverständlich nicht im Interesse der Juden, sich diese Menschen zu Feinden zu machen. Vor dem 7. Oktober hatte er die Grenzkrise als nachteilig für die Demokraten gesehen, jetzt sah er sie als nachteilig für die Juden. Er sagte, dass 80 Prozent der Amerikaner eine gute Meinung von den Juden hätten (gab jedoch keine Quelle für diese Behauptung an). »Sie wollen vielleicht ihre Freizeit nicht mit Juden verbringen, aber sie respektieren und bewundern sie«, sagte er. Seiner Ansicht nach misst sich die Gesundheit einer Gesellschaft an ihrer Toleranz gegenüber den, wie er sagt, »überdurchschnittlichen Leistungen der Juden«, und er glaube, dass die meisten weißen Christen unter den Amerikanern den Juden wohlwollend gegenüberständen. In fast jeder Hinsicht seien die Juden zu einer In-Group geworden. Karp tippte jedoch stark darauf, dass die Leute, die da im Augenblick in die Vereinigten Staaten einzureisen versuchten, Juden gegenüber wahrscheinlich feindseliger oder zumindest nicht so wohlwollend eingestellt waren, was seiner Ansicht nach ein Grund mehr sei, die Grenze zu sichern und sie draußen zu halten.

Karp war schon seit einiger Zeit davon überzeugt gewesen, dass Donald Trump 2024 die Wahl gewinnen werde. Für ihn war die Einwanderung zu einem fast unüberwindbaren Problem für Biden geworden. Und in Vizepräsidentin Kamala Harris sah er eine weitere Belastung für die Demokraten: Sie war nicht beliebt, es bestand eine gute Chance, dass der 80-jährige Biden eine zweite Amtszeit nicht zu Ende bringen würde, und die Wahl würde wahrscheinlich nicht weniger eine Abstimmung über Biden als über Harris. Und dann waren Karps

Ansicht nach die Bemühungen, Trump seiner mutmaßlichen Straftaten wegen dranzukriegen, ein Fehler und nach hinten losgegangen, sie hätten seinen Einfluss auf die GOP nur verstärkt. Und auch das Massaker vom 7. Oktober würde zu Trumps Gunsten ausgehen: Es habe den Terrorismus wieder auf die Titelseiten gebracht, und wann immer Wähler Angst hätten, so meint er, wendeten sie sich in der Regel der politischen Rechten zu.

Trotz seiner Enttäuschung über die Demokraten spendete Karp weiterhin für Bidens Wahlkampf, nicht zuletzt wegen dessen Bekenntnis zu Israel. Trump könne er seine Stimme schon deshalb nicht geben, weil der unweigerlich für Chaos sorgen würde – weitere vier Jahre Trump wären vier weitere verlorene Jahre für das Land. Seinem Urteil nach ist das größte Problem mit Trump nicht einmal seine Niedertracht, sondern seine chaotische Persönlichkeit. Zumindest mir gegenüber hat Karp immer betont, dass Trump nicht so gefährlich sei, wie er dargestellt werde, und dass die Menschen sich zu leicht von »dem orangenen Mann«, wie er ihn nannte, aufbringen ließen. Er bemühte sich überdies, Trump für all das zu loben, mit dem dieser seiner Ansicht nach richtig lag, wie zum Beispiel die Behauptung, die Pandemie sei durch ein Leck in einem chinesischen Labor verursacht worden – eine Meinung, die Karp teilt. Insgeheim jedoch ist es mit Karps Gleichmut Trump gegenüber nicht ganz so weit. So hat er im Laufe der Jahre mehrere jüdische Kollegen ermutigt, sich einen zweiten Pass ausstellen zu lassen, als eine Art Versicherung.

Nach dem Massaker in Israel jedoch schien Karp entschlossener denn je, die von Trump ausgehende Gefahr herunterzuspielen. Als ich mich mit ihm eine Woche nach dem Hamas-Anschlag in Washington traf, kamen wir auf Trump zu sprechen. »Ich glaube nicht, dass Trump ein Faschist ist«, sagte Karp und erklärte, dazu sei er viel zu geldbesessen. Um dann in zunehmend trotzigem Ton nachzuschieben: »Ich glaube nicht, dass Trump ein Antisemit ist. Ich glaube noch nicht einmal, dass er ein Rassist ist.« Karp spricht normalerweise im Brustton ungebrochener Überzeugung – was ihn zu einem so effektiven Verkäufer macht –, und vielleicht glaubte er wirklich, dass Trump nichts von alledem war. Seine unvermittelte Angriffslust jedoch schien mir ein Hinweis darauf, dass er nicht mich, sondern sich selbst überzeugen wollte – dass er glauben *musste*, dass Trump zahlreicher gegenteiliger Beweise zum Trotz kein bigotter Autokrat war. Womöglich war das seine Art, sich auf Trumps mögliche Rückkehr an die Macht vorzubereiten und präventiv zu rechtfertigen, wie auch immer Palantir darauf reagieren müsste.

Am 5. Dezember 2023 erschienen die Präsidenten dreier Universitäten – Harvard, MIT und University of Pennsylvania – vor einem Kongress-Ausschuss, um zum Thema Antisemitismus auf dem Campus auszusagen. Auf die Frage, ob Äußerungen, in denen zum Mord an Juden aufgerufen würde, gegen die Verhaltenskodizes ihrer Universitäten verstießen, reagierten alle drei mit legalistischen Ausflüchten. Ihre ausweichende Reaktion löste weithin Empörung aus, auf die hin Penn-Präsidentin Liz Magill schließlich zurücktrat. Einige Tage später gab Karp auf X bekannt, dass Palantir 180 Stellen für Studenten zu schaffen gedenke, die »aufgrund von Antisemitismus um ihre Sicherheit auf dem Campus fürchten und Zuflucht außerhalb traditioneller höherer Bildungsanstalten suchen müssen«. Weiter heißt es in dem Statement: »Unsere Software verkörpert unsere Werte und Verpflichtungen, als da sind: hohe Leistung, Effizienz, Transparenz, Fairness sowie die Ablehnung engstirnigen Denkens, allen voran Angst und Skepsis gegenüber dem Anderen und offene Bigotterie.« Und schließlich heißt es noch: »Wir verurteilen das ungeheuerliche

Ausmaß an Antisemitismus in unserer Gesellschaft, vor allem an unseren Eliteuniversitäten. Einige dieser Anstalten scheinen strukturell nicht in der Lage zu sein, sich aus eigenem Antrieb zu reformieren.«

Ich war an diesem Vormittag mit Karp verabredet. Er hatte mir einige Minuten zuvor gesagt, dass er Schlagzeilen machen würde (»Haben Sie ein Auge auf X«), und als die Erklärung online ging, war er ganz aus dem Häuschen. Er hatte ganz offensichtlich seine Freude daran, über die Harvards und Penns herzuziehen und Palantir in den Mittelpunkt dieses speziellen Nachrichtenzyklus zu rücken (am selben Tag noch war er bei Fox Business zu Gast, um unter anderem über das ungewöhnliche Beschäftigungsprogramm zu sprechen). Er räumte ein, dass seine Einstellungspolitik, die bald den Namen »Operation Safe Haven« bekommen sollte, möglicherweise illegal war – die Vermutung lag nahe, dass man Jude sein musste, um sich zu bewerben, womit das Unternehmen selbstverständlich gegen das Verbot der Diskriminierung aufgrund von Rasse, Religion oder ethnischer Zugehörigkeit verstieß. Aber was Karp anging, sollte das Palantirs Rechtsabteilung klären. Oder wie er das – mit zufriedenem Grinsen – ausdrückte: »Meine Anwälte wird reihenweise der Schlag treffen.«

Er bezeichnete DEI als die Wurzel aller Probleme an den Universitäten. DEI – Diversität, Chancengleichheit und Inklusion – ist ein Rahmenwerk, das von Universitäten, Unternehmen und anderen Organisationen eingeführt wurde, um gegen die unzureichende Vertretung von Minderheiten in ihren Reihen anzugehen. Hinter DEI, so Karp, stehe die Auffassung, dass die Vorstellung von Amerika als einer leistungsorientierten, auf Meritokratie gegründeten Gesellschaft eine einzige große Lüge sei. Bei allem erkennbaren sozialen Fortschritt sei die systemische Diskriminierung von Frauen, Schwarzen, Schwulen und anderen Randgruppen weiterhin

Teil der amerikanischen Realität. Diesem könne man nur durch die institutionelle Einführung von DEI-Standards beikommen. Die Juden, so Karp, seien der unbequeme Beweis für das Gegenteil, hätten sie doch »auf einem tieferen Level angefangen als alle anderen« und seien heute »zweifelsohne die erfolgreichste Gruppe in Amerika«, ein Status, den sie sich ohne fremde Unterstützung und oft unter großen Anfeindungen erarbeitet hätten. »Juden entlarven die ganze Ideologie hinter DEI«, sagte er, was seiner Ansicht nach zu dem Hass beitrage, den man ihnen heute auf dem Campus entgegenbringe – ein Ausmaß an Bösartigkeit, das über den Hass gegen andere sogenannte Unterdrücker weit hinausgehe. DEI, so Karp, sei »eine Vorstufe des Antisemitismus« und gehöre abgeschafft.

Der aus eigener Kraft erarbeitete Erfolg der amerikanischen Juden, so fuhr er fort, sei auch der Grund für die Kluft zwischen Juden und Schwarzen. Die Schwarzen verachten die Juden seiner Ansicht nach im selben Maß, wie sie sie beneiden. Und das treffe nicht nur auf Schwarze zu; es gebe konkurrierende Narrative zwischen Juden und Menschen anderer Hautfarbe, weshalb die Feindseligkeit gegenüber Juden um so viel intensiver sei als die gegenüber »normalen männlichen Weißen«, wie er es ausdrückte. Aus dem Mund einer Person gemischten ethnischen Hintergrunds, so warf ich ein, höre sich das etwas merkwürdig an. Worauf Karp eingestand, dass seine Ansichten kompliziert und womöglich umstritten seien. Dennoch beharrte er darauf, dass er sich nicht weniger mit den Schwarzen eins fühle als mit den Juden, aber im Unterschied zu Ersteren wüssten Letztere das. Er ist der Ansicht, dass der Kampf gegen den Antisemitismus auch für Schwarze von Nutzen sei. »Die Gesundheit einer Gesellschaft lässt sich am einfachsten im umgekehrten Verhältnis zum Grad ihres Antisemitismus messen«, sagte er. »Wenn Sie eine starke schwarze

Gemeinschaft wollen, müssen Sie den Antisemitismus bekämpfen.«

Unser Gespräch über Colleges zeitigte einen weiteren Seitenhieb auf Haverford. Karp meinte, dass unsere Alma Mater jetzt wahrscheinlich dem Untergang geweiht sei. Jüdische Studierende würden landesweit Colleges und Universitäten wegen Diskriminierung verklagen. Harvard mit seinem 50 Milliarden Dollar umfassenden Stiftungsvermögen könnte einer Klagewelle standhalten, aber wie sollte ein College wie Haverford sich dagegen wehren? »Das könnte das endgültige Aus für Haverford bedeuten«, sagte Karp. »Es könnte deren Stiftungskapital auf 200 Millionen Dollar reduzieren. Womit sie aus den Top 50 herausfallen und letztlich zu einem Ableger von Bryn Mawr würden.« (Bryn Mawr ist ein reines Frauencollege, das eng mit Haverford verbunden ist.) Er fragte mich, ob ich die jüngste E-Mail von Haverford an die Ehemaligen gesehen hätte, in der es um bevorstehende Veranstaltungen an der Schule ging. Weder die Situation im Nahen Osten war erwähnt noch der Aufruhr in der akademischen Welt. »Sind die völlig übergeschnappt?«, fragte er, zunehmend aufgeregt. »Für Universitäten ist das ein Augenblick wie der, als Martin Luther King in Memphis von Hunden angefallen wurde – so was kann man doch nicht verschicken.« (Haverford wurde schließlich von einer Gruppe Studierender, Eltern und Ehemaliger seines mutmaßlich antisemitischen Umfelds wegen verklagt.)

Karp fand es unvernünftig, dass das College ihn nicht um seinen Rat bat. »Wenn Sie an Haverfords Stelle wären«, sagte er, »brauchen Sie jemanden wie mich, der Ihnen erklärt, wie die Welt wirklich funktioniert.« Aber die Präsidentin von Haverford, Wendy Raymond, hatte sich nie persönlich an ihn gewandt, und er ging davon aus, dass sie dies auch jetzt nicht tun werde. Sie befürchtete wohl, so vermutete er, dass er für Haverford das werden könnte, was sein Milliardärskollege, der Hedgefonds-Manager Bill Ackman, für Harvard geworden war. Im Gefolge der katastrophalen Anhörung im Kongress hatte Ackman sich an die Spitze der (letztlich erfolgreichen) Anstrengungen gesetzt, Harvards Präsidentin Claudine Gay ihres Amts zu entheben.

Karps Ansicht nach machte Haverford sich nicht nur der moralischen Blindheit schuldig, das College verhielt sich schlicht dumm. Sein Stiftungsvermögen belief sich auf 600 Millionen Dollar – er und ein anderer Haverford-Absolvent, Howard Lutnick, CEO des Finanzdienstleisters Cantor Fitzgerald und Handelsminister in Trumps zweiter Amtszeit, hätten zusammen weit mehr. Jede vernünftige Einrichtung, so möchte man annehmen, würde doch wohl alles tun, Leute mit so viel Geld nicht vor den Kopf zu schlagen (wobei Lutnick freilich bereits ein großzügiger Spender war). Karp war längst zu dem Schluss gekommen, dass Haverfords Verwaltung inkompetent war, aber ihre Weigerung, wie er das sah, den Terrorismus anzuprangern und dem Antisemitismus auf dem Campus entgegenzutreten, hatte jede Chance zunichte gemacht, dass er der Schule Geld geben würde. »Die kriegen nie auch nur einen Cent von mir«, sagte er.

Und es sieht ganz so aus, als könnten sich Haverford-Absolventen den Gedanken an einen Job bei Palantir abschminken. Während seines Auftritts beim Reagan Defense Forum nahm Karp nicht nur die Demokraten ins Visier, sondern auch Studierende, die an den Universitäten des Landes gegen Israel demonstrieren. »Ich bin kein Gesetzgeber«, sagte Karp, »aber ich leite eines der coolsten Unternehmen der Welt, und ich sage jungen Leuten: Ihr atmet die Dämpfe einer gefährlichen neuen und selbstzerstörerischen Pseudoreligion ein, wenn ihr an eurer Eliteschule so tut, als würdet ihr die Welt verstehen, nur weil ihr zweimal TikTok geguckt habt und euch ein Professor, der in der freien Wirtschaft nicht unterkommen konnte, eine Eins plus auf eine bekloppte Hausarbeit gegeben hat. Und ihr seid in meiner Firma nicht willkommen.« Die letzte Zeile sorgte für Gelächter und lauten Beifall.

Anfang Januar 2024 reiste Karp schließlich nach Israel. Er war fest entschlossen, auf Palantirs Unterstützung für das Land aufmerksam zu machen, und das auf dramatische Weise – mit einem Board-Meeting in Tel Aviv. Nicht alle Mitglieder des Boards konnten persönlich teilnehmen, aber der prominenteste von ihnen war mit dabei: Thiel schloss sich Karp in Israel an. Bevor das Board zusammentrat, traf Karp sich in Jerusalem mit Israels Präsident Isaac Herzog, der seiner Dankbarkeit für Palantirs Unterstützung Ausdruck gab. Karp und Thiel trafen sich darüber hinaus auch 90 Minuten lang privat mit Netanjahu, ein Meeting, das man weder von Palantirs Seite noch vom Büro des Premierministers aus bekannt gab. Während ihres Aufenthalts in Israel besuchten Karp und Thiel zusammen mit einigen anderen aus Palantirs Führungsriege den Kibbuz Kfar Aza, in dem über sechzig Menschen von der Hamas ermordet und neunzehn als Geiseln genommen wurden. Die Gruppe sah sich auch eine nahe gelegene israelische Militäreinrichtung an. Vor seiner Abreise aus Israel unterzeichnete Karp noch einen Vertrag mit dem israelischen Verteidigungsministerium und formalisierte damit eine Beziehung, die bereits in den Wochen nach dem Terroranschlag begonnen hatte. Während Karps Besuch vor Ort eine große Presse bekam, fand er in seiner Heimat weniger Aufmerksamkeit, obwohl *Bloomberg* etwas unter der Überschrift »Thiel's Palantir, Israel Agree Strategic Partnership for Battle Tech« brachte. Man hatte ein Filmteam angeheuert, das Karp während seines dreitägigen Aufenthalts in Israel begleitete, und mehrere seiner Mitarbeitenden hätten das Video gern auf der Website von Palantir gesehen. Lisa Gordon, die Kommunikationschefin des

Unternehmens, riet jedoch davon ab – man könnte das als geschmacklos empfinden, befürchtete sie.

In der folgenden Woche fand das Weltwirtschaftsforum statt. Davos war zu einem derartigen Witz geworden, dass Karp es lieber ausgelassen hätte. Aber er sah eine Gelegenheit, auf Israels Leiden aufmerksam zu machen. Zu diesem Zweck richtete er ein Event aus, bei dem mehrere ehemalige Geiseln der Hamas sowie die Angehörigen einiger Israelis, die noch im Gazastreifen festgehalten werden, über die Schrecken sprechen konnten, die sie erlebt hatten (Karp flog sie auf eigene Kosten in die Schweiz). Karp konnte mehrere prominente CEO-Kollegen zur Teilnahme an der Veranstaltung überreden: Andy Jassy von Amazon, Marc Benioff von Salesforce und Michael Dell von Dell Technologies gehörten dazu. An der Front des Davoser Palantir-Pavillons waren Fotos aller 150 Israelis zu sehen, die noch immer als Geiseln festgehalten wurden, zusammen mit der Aufforderung »Bring Them Home Now«.

Fast von Beginn des Krieges in Gaza an kam es zu Spekulationen über Palantirs Rolle in diesem Konflikt. Im April 2024 veröffentlichte das israelische Online-Magazin *+972* eine ausführliche Untersuchung eines Trios KI-gesteuerter Targeting-Programme, die Israel im Gazastreifen einsetzte, eines mit dem Namen Lavender, die anderen hießen The Gospel und Where's Daddy. Unter Berufung auf militärische Quellen erklärte das Magazin, die IDF habe die Entscheidungsfindung im Wesentlichen an Algorithmen ausgelagert, was zum Tod Tausender unschuldiger Palästinenser geführt habe.

Auch wenn Palantir in dem *+972*-Artikel nicht erwähnt wurde, geriet das Unternehmen sofort in Verdacht, und einige Analysten und Kritiker äußerten die Vermutung, dass es Technologie für Lavender, The Gospel und Where's Daddy geliefert habe. Palantirianern zufolge, die mit der Arbeit für Israel vertraut waren, stimmt das jedoch nicht; das Unternehmen hatte zu keinem der Targeting-Systeme auch nur beigetragen. Im Frühjahr 2025 bereitete Francesca Albanese, die Sonderberichterstatterin für die besetzten Gebiete Palästinas, einen Bericht vor, der große Tech-Unternehmen der Komplizenschaft an Israels Völkermord in Gaza, wie sie es nannte, beschuldigte, und ein früher Entwurf dazu warf dies auch Palantir vor. In Reaktion darauf engagierte das Unternehmen den (durch die Vertretung Dianas bei ihrer Scheidung von Prinz Charles weltbekannten) britischen Anwalt Anthony Julius, der einen geharnischten Brief verfasste, in dem er Albanese das Recycling von Unwahrheiten vorwarf.

Palantir unterstützte Israel jedoch auf andere Weise. So setzte das israelische Militär seine Software in mehreren Kommandoaktionen zur Befreiung von Geiseln in Gaza ein; außerdem half sie, die Übergabe von der Hamas freigelassener Gefangener zu arrangieren. Darüber hinaus setzten die Israelis die Software 2024 im Rahmen der Militäroperationen gegen die Führungsriege der Hisbollah im Libanon ein. Dann kam sie bei der Operation Grim Beeper zum Einsatz, bei der Hunderte von Hisbollah-Kämpfern verletzt und verstümmelt wurden, als ihre Pager und Walkie-Talkies explodierten (die Israelis hatten die Geräte mit Sprengsätzen versehen). Über das Projekt Maven des US-Militärs schließlich trug Palantir dazu bei, im Oktober 2024 und Juni 2025 groß angelegte iranische Raketenangriffe auf Israel abzuwehren.

Zu Hause in den Vereinigten Staaten stellte Palantir unterdessen im Rahmen der Operation Safe Haven Dutzende von Studierenden ein. Um sicherzustellen, dass das Programm den gesetzlichen Richtlinien entsprach, hatte das Unternehmen klargestellt, dass es keineswegs nur Juden offenstehe, und man bot denn auch nicht nur Juden Jobs an. Safe Haven hatte durchaus Ähnlichkeit mit einem älteren Programm Thiels, bei dem er Studierende dafür bezahlte, ihr Studium zugunsten einer Mitarbeit bei innovativen Projekten abzubrechen. Die Idee entsprang zum Teil der Verachtung Thiels für die akademische Welt, eine Verachtung, die Karp schon vor dem 7. Oktober teilte. Bei Karp schien sie jedoch tiefer zu sitzen und obendrein persönlicher zu sein. Er hatte sich aus eigenem Antrieb dagegen entschieden, Professor zu werden, aber wenn er über Universitäten sprach, hörte er sich nicht selten an wie einer, dem man den Lehrstuhl verweigert hatte – man spürte ein unterschwelliges Ressentiment.

Doch während Palantir »Flüchtlinge« von Columbia, Dartmouth und anderen Colleges willkommen hieß, gab es intern durchaus Konflikte im Hinblick auf die Unterstützung des Unternehmens für Israel. Die Debatte auf Palantirs Slack-Kanal wurde irgendwann so hitzig, dass das Unternehmen die Diskussion schloss. Palantirs Führungsriege bemühte sich, aus der Kontroverse eine Lektion zu machen. Man kündigte an, eine Vortragsreihe zu initiieren, um die Palantirianer über Geschichte und Nuancen des israelisch-palästinensischen Konflikts aufzuklären. Nur war gleich der erste Gast John Spencer, Lehrstuhlinhaber am Modern War Institute, einem mit West Point verbandelten Thinktank – ein Mann, der zu den entschiedensten Verteidigern der israelischen Militäraktion in Gaza gehört. In Meinungskolumnen und Medienauftritten verwarf Spencer die Ansicht, dass Israel Kriegsverbrechen begehe; im Gegenteil lege man sogar eine übertriebene Zurückhaltung an den Tag. Seiner Ansicht nach behindere der Druck der USA und anderer westlicher Länder Israels Fähigkeit, die Hamas zu besiegen, und gefährde damit die Bewohner des Gazastreifens umso mehr. Spencer ist keineswegs ein Spinner, aber seine Wahl als Eröffnungsredner der Reihe verstärkte bei einigen Mitarbeitenden den Eindruck, dass Palantir nicht wirklich an einer fundierten Diskussion über Israel und die Rolle des Unternehmens in diesem Land interessiert sei – und natürlich trifft das in Karps Fall auch tatsächlich zu. Aber so offen er sich zu diesem Thema in der Öffentlichkeit äußert, so verhalten gibt er sich intern: Er hielt keine Townhall-Meetings ab oder sprach auf andere Weise die Bedenken an, die Palantirianer bezüglich der Zusammenarbeit des Unternehmens mit Israel gehabt haben könnten. Einige Kollegen hielten es für nachlässig, dass er sich nicht direkt an seine Mitarbeitenden wandte, andere wiederum hielten es für besser, dass er es unterließ – er sagte womöglich etwas, was die Spannungen nur verschärfen würde.

Wie auch immer, in Karps engstem Kreis war man unverhohlen für die Unterstützung Israels, wobei die Nichtjuden besonders aggressiv wirkten. Einige aus der Führungsriege hätten besonders laute Dissidenten am liebsten entlassen. Doch obwohl Karp zuvor signalisiert hatte, keine internen Proteste dulden zu wollen, verwarf er die Idee; seiner Ansicht sähe so etwas nicht gut aus und Leute, denen die Politik des Unternehmens nicht lag, kündigten womöglich ohnehin. Eine Handvoll kündigte tatsächlich. Einer von ihnen brachte einen Brief in Umlauf, in dem er seine Entscheidung erklärte. »Nach fünf unvergesslichen Jahren als Hobbit ist heute mein letzter Tag bei Palantir«, schrieb er. Er sprach von seiner Zuneigung zu seinen Kollegen und von der Freude, die er an der Arbeit hatte, bevor er auf den Punkt kam: »Unsere Palantir-Führung hat sich offiziell für die demonstrative Unterstützung einer Regierung entschieden, die eindeutig gegen internationales Recht verstößt, und einer Armee, die aktiv und ungestraft Kriegsverbrechen verübt. Während sie zu Recht die grausamen Terroranschläge vom 7. Oktober verurteilte, das Leben israelischer Zivilisten betrauerte und die Freilassung israelischer Geiseln forderte, gab es nicht ein einziges Wort des Mitgefühls für die Palästinenser, keine Verurteilung der Angriffe auf die Zivilbevölkerung im Gazastreifen und keine Verurteilung des Umstands, dass Zehntausende von Palästinensern illegal in israelischer Haft gehalten werden und systematischen Misshandlungen ausgesetzt sind. Man könnte meinen, das Leben von Palästinensern sei weniger wert als das Leben von Israelis: Die selektive Empörung ist so offensichtlich, und diese Art von Doppelmoral ist inakzeptabel.« Er äußerte die Ansicht, Palantirs Handlungsweise stehe im Widerspruch zu seinem eigenen Auftrag: »Das ist nicht, worum es bei der Unterstützung des Westens gehen sollte. Mit unserer Haltung und unserem Engagement unterstützen wir nur Regierungen und Sonderinteressen, die die westlichen und universellen Werte der Menschenrechte, der Menschenwürde und des Rechts auf Freiheit, Gerechtigkeit und dauerhaften Frieden verraten.«

Doch Karp ließ sich nicht beirren, weder von diesem Argument noch von anderen Meinungen, die von seiner eigenen abwichen. Seiner Ansicht nach *ist* Israels Kampf der Kampf des Westens – der Kampf gegen die Hamas sei ein Kampf für die zivilisierte Welt und zur Verteidigung der Werte, die der Westen verkörpere und repräsentiere. Und diese Werte, davon ist Karp überzeugt, stehen nicht nur im Nahen Osten unter Beschuss, sondern auch auf dem amerikanischen College-Campus. Im Mai 2024 nahm er an einer Podiumsdiskussion anlässlich einer KI-Konferenz in Washington teil. Zu seinen Gesprächspartnern gehörten Eric Schmidt, der ehemalige Vorsitzende der Joint Chiefs of Staff, General Mark Milley, und David Cohen, der stellvertretende Direktor der CIA. Andrew Ross Sorkin von CNBC moderierte, und Karp nutzte einen Großteil seiner Zeit, um erneut über die Studenten herzuziehen, die gegen den Krieg in Gaza protestierten. Sie seien, so sagte er, dem »Krebsgeschwür einer zersetzenden Ideologie« verfallen, die das westliche Denken ablehne, und der Westen würde sich selbst entwaffnen, wenn ihre Ideen unwidersprochen blieben und nicht besiegt würden. »Wenn wir die intellektuelle Debatte verlieren«, sagte Karp, »werden wir im Westen nie eine Armee einsetzen können, nie.«

Am nächsten Morgen strahlte CNBCs *Squawk Box* einen Videoclip seiner Ausführungen aus. Danach bezeichnete ein schmunzelnder Joe Kernan, einer der Co-Moderatoren neben Sorkin, Karp als »ein Enigma in einem Rätsel. Er betont immer: ›Ich bin ein Progressiver‹, und dann klingt er wie ein monumentaler Rechtsaußen.«

Kapitel 11
DER SIEG DER REBELLEN

Vor Palantirs Börsengang war Thiel sorgsam darauf bedacht, seine Bedenken hinsichtlich der Unternehmensführung nicht öffentlich zu machen. Er drückte sein Vertrauen in Karps Führung aus und ließ keinen Zweifel daran aufkommen, dass sie beide einer Meinung waren, was das Unternehmen anging. Nach dem Börsengang jedoch war er eher bereit, zuzugeben, dass es durchaus Meinungsverschiedenheiten zwischen ihm und Karp gegeben hatte und ihm hinsichtlich der Arbeitsweise des Unternehmens manches Sorge bereitete. So gestand er beispielsweise, dass er Palantir früher an die Börse hatte bringen wollen als Karp. Er räumte auch ein, dass ihn die Schwierigkeiten bei der Auftragsakquise frustriert hätten – »Es hätte nicht zehn Jahre dauern dürfen, den D-sigs-Vertrag zu bekommen«, sagte Thiel mit Bezug auf die Software zur Gefechtsfeldaufklärung der Army – ebenso wie die Unfähigkeit, einen Gewinn zu erzielen. »Wenn Sie mir 2004 gesagt hätten, wir würden unseren ersten Gewinn im vierten Quartal 2022 einfahren, hätte mich das doch mehr als überrascht«, sagte er.

Thiels Ansicht nach war es Palantirs Underdog-Mentalität, die das Unternehmen bisweilen behinderte. Er sagte dies mit Hinweis auf eine »Selbsterzählung«, der zufolge Palantir auf dieser »großen heroischen« Suche sei, bei der alles zu einem epischen Ringen werden müsse, auch wenn dem nicht immer so sei. Wenn schon nicht wörtlich, so doch sinngemäß sagte er, dass Palantir bei der Wahl zwischen Haustür und Schornstein immer den Weg durch den Schornstein nahm. Thiel vermutete die Wurzeln dieses Verhaltensmusters bis zu einem gewissen Grad in Karps Psyche. »Ich denke«, so sagte er, »dass Alex mit inneren Konflikten ringt, die ihn alles so kompliziert wie nur möglich angehen lassen anstatt auf die direkte, einfache Art.« Ohne die Herausforderungen, mit denen sich Palantir konfrontiert sah, herunterzuspielen, war er der Ansicht, dass es nicht derart schwierig sein sollte, einen dauerhaften Erfolg zu erzielen. »Theoretisch hätte man das alles weit besser, schneller und weniger chaotisch angehen können«, sagte Thiel. Auch die Suche nach neuen Einnahmequellen sei immer chaotischer geworden: »Wir sind zu oft von einem Sektor zum anderen gewechselt.«

Diese Bemerkung machte er mir gegenüber nur wenige Wochen nach Karps Ankündigung, sich in einen weiteren Sektor stürzen zu wollen, der plötzlich vielversprechend schien. Anfang April 2023 kündigte Karp in einem öffentlichen Brief das bevorstehende Rollout von Palantirs Artificial Intelligence Platform (AIP) an. Sechs Monate zuvor hatte OpenAI ChatGPT veröffentlicht, einen Chatbot, der generative künstliche Intelligenz – Algorithmen, die neue Inhalte in Form von Text, Bildern, Videos oder Musik erstellen können – für die breite Masse zugänglich machte. ChatGPT war die Vorhut einer Gruppe von auf großen Sprachmodellen (LLMs) trainierten Bots wie Googles Bard, aus dem später Gemini wurde, Microsofts Copilot und so weiter. Sie alle haben anhand ungeheurer Datenmengen (Bücher, Zeitungs- und Zeitschriftenartikel, Fotos) menschliche Sprach- und Denkmuster erlernt und sind in der Lage, oft durchaus anspruchsvolle Antworten auf komplexe Fragen zu geben. LLMs gelten weithin als massiver Fortschritt auf dem Weg zur künstlichen allgemeinen Intelligenz (AGI), dem lange erwarteten Augenblick, in dem angeblich das maschinelle das menschliche Denkvermögen übersteigen würde.

In seinem Brief lobte Karp die LLMs als revolutionär. »Auf der elementarsten Ebene«, schrieb er, »bietet Software eine Schnittstelle, eine Methode zur Interaktion zwischen dem menschlichen Geist und der Maschine Computer. Es war schon immer einigermaßen problematisch, die Wünsche und kreativen Instinkte eines menschlichen Maschinenarbeiters für ein Computersystem verständlich und nachvollziehbar zu übersetzen. Die Entwicklung und Verfeinerung großer Sprachmodelle zusammen mit unseren bestehenden maschinellen Lernfähigkeiten hat nun eine völlig neue Art der Interaktion mit Maschinen eröffnet, die es bisher nie gegeben hat.« Im geschäftlichen und industriellen Kontext, so sagte er, »wird sich der Einsatz dieser neuen Technologien als transformativ erweisen.« Er räumte dabei durchaus ein, dass KI enorme Risiken für die Menschheit berge. »Es ist offensichtlich, dass Raffiniertheit und Komplexität dieser neuesten Systeme nur noch zunehmen werden«, schrieb Karp. »Die Herausforderung besteht nun darin, sicherzustellen, dass diese Technologien unserem kollektiven Willen unterworfen bleiben. Wir müssen der Software, die wir schaffen, unsere Werte aufzwingen.«

Mit dem Rollout von AIP lief Palantir einmal mehr dem allerneuesten Trend hinterher, aber in diesem Fall sollte sich das in einem Maße auszahlen, das selbst Karp nicht erwartet hatte. AIP brachte einen beispiellosen Anstieg des Geschäftsvolumens, eine anhaltende und wachsende Rentabilität und einen Anstieg des Aktienkurses, der schließlich zum Aufstieg Palantirs in den S&P 500 führte, Karp hatte mir mal gesagt, Palantir habe seiner Ansicht nach das Zeug, zum neuen IBM zu werden – in dem Sinne, dass er sich die Art von Marktdominanz vorstellen könnte, die IBM in den 1960er- und 1970er-Jahren hatte, als IBM-Großrechner das Rückgrat nicht nur der amerikanischen Unternehmenswelt, sondern auch des Staats waren. Zu dem Zeitpunkt lag der Aktienkurs von Palantir unter 10 Dollar, und seine Zuversicht schien, wenn schon nicht völlig abgehoben, so doch zumindest gewagt. Aber AIP erwies sich für Palantir als transformativ, und die Vorstellung, die Software des Unternehmens könnte tatsächlich zum De-facto-Betriebssystem der wichtigsten westlichen Institutionen werden, hörte sich nicht mehr ganz so abwegig an.

Neben Karp und Thiel war Stephen Cohen der dritte Mitbegründer, der noch immer aktiv am Unternehmen beteiligt war. Joe Lonsdale war 2009 ausgestiegen und hatte schließlich eine eigene Risikokapitalfirma aufgezogen. Nathan Gettings war bis 2012 dabei, als er ging, um mit Max Levchin, seinem ehemaligen PayPal-Kollegen, ein Unternehmen für Verbraucherkredite zu gründen. Cohen dagegen entschied sich zu bleiben und wurde Palantirs Präsident. Obwohl der Börsengang auch ihn zum Milliardär gemacht hatte, war Cohen persönlich nie aus dem Startup-Modus herausgekommen. Er trug so gut wie täglich das immer gleiche Outfit: schwarzes Polohemd und Jeans (bei wärmerem Wetter Shorts). Normalerweise aß er auch jeden Tag dasselbe zu Mittag: Erdnussbutter und Marmelade auf Wonder Bread. Wie Karp hatte er seine Schrullen. So arbeitete er gern bei arktischen Temperaturen – in seinem Büro in Palo Alto kam man sich wie in einer Kühlkammer vor. Seine Disziplin war legendär: Er schloss sich in einem Konferenzraum ein und kam stundenlang nicht mehr heraus – nicht einmal für Toilettenpausen, und er arbeitete auch schon mal eine Nacht durch. Auf eine öffentliche Rolle hatte er keine Lust. Weder trat er im Fernsehen auf, noch gab er groß Interviews. Er war damit zufrieden, im Hintergrund zu bleiben.

Für künstliche Intelligenz, die er als »die letzte Grenze der Informatik« bezeichnete, interessierte Cohen sich schon seit Jahren. Wenn er etwas bedauere, so Cohen, dann sei es, dass er seinerseits in Stanford keinen Einführungskurs in »natürlicher Sprachverarbeitung« belegt hatte. (Was er, nur nebenbei bemerkt, später als Gasthörer nachgeholt hat.) So eng er in die Produktentwicklung bei Palantir involviert war, die im Laufe der Jahre eine Reihe von Machine-Learning-Funktionen, eine Form der KI, umfasste, verfolgte er aufmerksam die KI-Forschung von Unternehmen wie Google, Meta, Microsoft, OpenAI und Anthropic. Als ChatGPT auf den Markt kam, konnte Cohen nur staunen über die Art und Weise, in der es die Fantasie der Öffentlichkeit beflügelte. »Das Besondere an ChatGPT war nicht nur der technologische Fortschritt, der schlicht erhebend war«, sagte Cohen. »Zu sehen, wie das die ganze Welt packte, wie da in so kollektivem Ausmaß ein menschlicher Funke übersprang – das war elektrisierend.«

Bob McGrew, einer der ursprünglichen Palantir-Ingenieure, war damals Forschungsleiter bei OpenAI. Nicht lange nach dem Rollout von ChatGPT schaute er bei Palantir in Palo Alto vorbei und traf sich mit Karp und Cohen. Deren Frage war so schlicht wie ergreifend: Ist ChatGPT wirklich intelligent oder ahmt es Intelligenz nur überzeugend nach? McGrew konnte ihnen damals nicht sagen, dass OpenAI bald eine aktualisierte Version von ChatGPT herausbringen würde, die logisches Denkvermögen gezeigt hatte, aber er sagte, die Intelligenz sei im Kommen. »Ich wiederholte nur immer wieder, dass die Modelle immer besser würden, dass das Zeug Realität ist und dass Palantir sich darauf einstellen sollte«, sagt McGrew. Zusammen mit Shyam Sankar und anderen aus Palantirs Führungsriege machten Karp und Cohen sich ans Brainstorming. Eines schien für sie auf der Hand zu liegen, und das war, wie Cohen es ausdrückte, dass »eine ungeheure technologische Revolution« bevorstand und dass dies für Palantir eine Chance war. Unternehmen und andere Institutionen würden LLMs in ihre Arbeitsabläufe und ihre breitere digitale Infrastruktur integrieren wollen, und Palantir schien ideal positioniert, um hier eine Vermittlerrolle zu spielen.

Nur würde die Entwicklung einer Reihe völlig neuer Tools, die es Organisationen ermöglichen würden, große Sprachmodelle zu einem integralen Bestandteil ihrer Operationen zu machen, eine beträchtliche Investition an Zeit und Geld erfordern und zudem Mitarbeitende von anderen Aufgaben abziehen. »Ihr müsst sofort Teams zusammenstellen – wir brauchen eine Kurskorrektur«, sagte Akshay Krishnaswamy, Palantirs Chefarchitekt. Es war letztlich Karps Entscheidung, in diese Richtung zu gehen. Es war ein riskanter Schritt, eine doppelte Wette sozusagen: einerseits eine Wette darauf, dass generative KI grundlegend die Art und Weise verändern würde, wie Unternehmen ihre Geschäfte führen, andererseits eine Wette darauf, dass Palantir im Zeitalter der KI der dominierende Anbieter von Unternehmenssoftware werden könnte. In einer Telefonkonferenz gab Karp das ehrgeizige Unterfangen mit der für ihn typischen Vollmundigkeit bekannt: Palantirs Strategie im Bereich der KI sei »die Eroberung des gesamten Markts«.

AIP wurde binnen weniger Wochen entwickelt und in Foundry integriert. Über AIP können Unternehmen LLMs für eine Vielzahl von Funktionen einsetzen – von der Finanzmodellierung über Kommunikation und Marketing bis hin zur Datenanalyse. Im Juni 2023 veranstaltete Palantir unter dem Namen AIPCon die erste der mittlerweile vierteljährlich stattfindenden Konferenzen, zu der Hunderte von Teilnehmern nach Palo Alto kamen, um einen Tag lang Demos zu sehen und Erfahrungsberichte zu hören. Außerdem begann Palantir, »Bootcamps« für bestehende und potenzielle Kunden anzubieten; Palantir-Mitarbeitende besuchten Unternehmen, um den Mitarbeitenden AIP-Tutorials und die Gelegenheit zu geben, damit herumzuspielen. Letztendlich veranstaltete Palantir über 1000 dieser Bootcamps, was sowohl das Engagement für das neue Produkt als auch die Nachfrage nach KI-Fähigkeiten unterstrich – eine Nachfrage, die zu einer Auftragsflut führte.

Allein in diesem ersten Jahr konnte das Unternehmen 150 neue kommerzielle amerikanische Kunden unter Vertrag nehmen und damit seinen Kundenstamm in etwa verdoppeln. Zeugnis für die Vielseitigkeit von Palantirs Technologie ist die Bandbreite der Branchen, aus der die neue Kundschaft kam: Es waren darunter die Heimwerkerkette Lowe's, General Mills, United Airlines, CBS, der Lebensmitteldienstleister Aramark, die American Association of Retired Persons (AARP) und Selkirk Sport, ein Hersteller von Pickleball-Equipment. Zwei Kunden, die Palantir in der Vergangenheit hatten fallen lassen, JP Morgan Chase und Coca-Cola, kamen zurück. Darüber hinaus kamen große Klinikgruppen hinzu, darunter die Cleveland Clinic. Ende 2023 nutzten Palantirs Software fast 20 Prozent aller amerikanischen Krankenhäuser, was freilich nicht nur auf das AIP, sondern auch auf die zentrale Rolle des Unternehmens während der Pandemie zurückzuführen war.

Palantirs Umsatz im Jahresvergleich stieg nach dem Rollout von AIP um fast 30 Prozent. Das Unternehmen meldete weiterhin Quartalsgewinne, eine Erfolgssträhne, die bis ins vierte Quartal 2022 zurückreicht. Einige alte Palantir-Skeptiker an der Wall Street waren dennoch nicht überzeugt: Sie sahen in Karps AIP kaum mehr als einen Zuckerschock und blieben skeptisch hinsichtlich der längerfristigen Wachstumsaussichten des Unternehmens. Rishi Jaluria, ein Analyst von RBC Capital Markets, behauptete öffentlich, Palantir versuche letztlich, die Leute hinters Licht zu führen. »Palantir versucht sich als innovatives Unternehmen auf dem Gebiet der generativen KI darzustellen und hat damit ganz bewusst Kleinanleger im

Auge«, sagte Jaluria gegenüber *Yahoo Finance.* »Es ist eine gute Daten-Pipeline, es ist ein gutes Unternehmen für Datenontologie, ich sage nicht, dass es kein nützliches Unternehmen ist, aber es ist nicht das, was es zu sein behauptet.« Jaluria sah sich von Palantir in Acht und Bann getan – das Unternehmen nahm weder seine Anrufe entgegen, noch bekam er eine Karte für die AIPCon. Andere Zweifler aus der Wall Street standen ebenfalls vor verschlossenen Türen.

Dann schien jedoch mit einem Mal der prominenteste Palantir-Baisse-Spekulant an der Wall Street seine Meinung zu ändern. Im Oktober 2023 wurde Jim Cramer von einem *Mad Money*-Zuschauer nach seiner Meinung über das Unternehmen gefragt. »Palantir hat tatsächlich ein echtes Geschäft«, sagte er. »Ich war etwas skeptisch gegenüber den Leuten (…) aber sie hatten ein wirklich gutes Quartal und sind ihrem Hype gerecht geworden. Ich würde also nichts Schlechtes über die sagen, und sie werden Geld verdienen. Also zwei Hipp-Hipps auf Palantir.« Einige Wochen später ging er sogar noch weiter. »Ich mochte die lange ganz und gar nicht, aber das ist jetzt vorbei«, sagte er seinem Publikum. »Ich gehöre zum Team Palantir. Ich bin Mr. Palantir.« Ein paar Monate später bekräftigte Cramer seinen Optimismus und sagte, dass er an einem AIP-Bootcamp teilzunehmen gedenke. Er hoffe, so fügte er hinzu, dass Karp oder sonst jemand aus Palantirs Führungsriege in seiner Sendung auftreten würde. »Ich flehe sie schlicht an, in der Sendung aufzutreten«, sagte er. »Ich bitte sie flehentlich, bei mir aufzutreten.« (Weder Karp noch ein anderer Palantirianer sind seiner Einladung gefolgt.)

Doch Palantirs Heer von Karp-Fanboys brauchte keinen Cramer, um ihnen zu sagen, dass sie die Aktie kaufen sollten, sodass der Kurs in den Monaten nach dem Rollout von AIP dank dem Kaufinteresse zahlloser Kleinanleger einen enormen Anstieg erfuhr. Als Palantir AIP herausbrachte, lag der

Aktienkurs unter 8 Dollar; ein Jahr später übersprang er die Marke von 22 Dollar; im Spätsommer 2024 wurde das Papier bereits mit über 35 Dollar gehandelt. Palantir hatte 2021 einen noch größeren Kursanstieg erlebt, als die Aktie ihren Höchststand von 39 Dollar erreichte, bevor sie wieder unter 10 Dollar fiel. Aber damals war Palantir nur eine Meme-Aktie gewesen, die von wallstreetbets-Usern und ihrer Schwäche für »Daddy Karp« – und dem Wunsch, es den professionellen Anlegern zu zeigen – nach oben gespült worden war. Sicher, die Karp-Sekte war zu einem nicht geringen Teil für den AIP-Boom des Palantir-Papiers verantwortlich, aber in diesem Fall schienen die Eckdaten des Unternehmens den Kursanstieg tatsächlich zu rechtfertigen – Palantir lieferte jetzt solide Zahlen.

Karp manövrierte Palantir in die vorderste Linie der KI-Debatte. Im Juli 2023, drei Monate nach dem Rollout von AIP schrieb Karp einen Meinungsartikel zum Thema KI für die *New York Times*. Der Film *Oppenheimer* war gerade in die Kinos gekommen, und Karps Artikel trug den Titel »Our Oppenheimer Moment«. »My Oppenheimer Moment« hätte es besser getroffen, schließlich war der Subtext ganz eindeutig Karps Wunsch, als Vordenker in Sachen KI gesehen zu werden. Zu diesem Zeitpunkt hatten mehr als tausend führende Tech-Leute, Forscher und Wissenschaftler, darunter auch Elon Musk, ein sechsmonatiges Moratorium für die Entwicklung von KI gefordert. Man berief sich dabei auf die potenziell tiefgreifenden Risiken dieser neuen Technologien – nicht zuletzt die Auslöschung der Menschheit.

Karp wies in seinem Artikel Forderungen nach einer Atempause zurück mit der Behauptung, die USA und ihre Verbündeten befänden sich inmitten eines neuen globalen Wettrüstens, dessen Ausgang davon abhänge, wer sich die Überlegenheit auf dem Gebiet der künstlichen Intelligenz sichern könne. Amerika, so sagte er, dürfe »nicht vor der Entwicklung scharfer Werkzeuge zurückschrecken nur aus Angst, man könnte sie gegen uns verwenden«, und dass »ein Zaudern, sich mit der oft bitteren Realität eines andauernden geopolitischen Machtkampfs auseinanderzusetzen, eine Gefahr für sich darstellt. Unsere Gegner werden sich keine Pause gönnen, um sich in theatralischen Debatten um den Sinn der Entwicklung sicherheitsrelevanter militärischer Technologien zu ergehen. Sie werden einfach weitermachen.« Er warnte eindringlich vor Selbstgefälligkeit und schrieb: »Die Fähigkeit freier und demokratischer Gesellschaften, sich durchzusetzen, erfordert mehr als den moralischen Appell. Sie erfordert Hard-Power, und Hard-Power wird in diesem Jahrhundert auf Software bauen.«

So anregend der Essay war, er litt unter Karps spitzer Art. Einmal mehr nahm er die »Wunderkinder aus dem Silicon Valley« aufs Korn – allzu deutlich hätten sie sich aufgrund ihrer Abneigung gegen eine Zusammenarbeit mit dem US-Militär »vom Gravitationszentrum des öffentlichen Leben in unserem Land entfernt«. Dem nicht genug, schrieb er: »Die Sorgen und politischen Instinkte der Eliten an Amerikas Küsten mögen für die Aufrechterhaltung ihres Selbstbewusstseins und ihrer kulturellen Überlegenheit wichtig sein, aber die Interessen unserer Republik fördern sie kaum.« Dieser Satz sorgte in Palantirs Washingtoner Dependance für Bestürzung: Man sah das als völlig unnötigen Seitenhieb, der zweifellos viele Leser verprellt und womöglich auch einige Leute auf dem Capitol Hill verärgert haben dürfte.

Doch falls tatsächlich jemand auf dem »Hill« irritiert gewesen sein sollte, so war das offenbar schnell vergessen. Zwei Monate später nämlich war Karp einer der führenden Leute aus der Tech-Branche, die einer Einladung von Chuck Schumer, dem Mehrheitsführer im Senat, zu einem eintägigen Gipfel zum Thema KI-Regulierung folgten. Als Karp sich im Dezember 2016 mit den anderen Tech-Mogulen zu dem berüchtigten Treffen im Trump Tower einfand, schien er nicht so recht dazuzugehören: Palantir war ein relativ kleines Unternehmen, das sich zwar in puncto Reichweite und Bedeutung nach oben geboxt hatte, aber nicht wirklich mit Schwergewichten wie Apple, Amazon, Alphabet und Microsoft mithalten konnte (was Karp selbst eingestand). Nur sieben Jahre später stellte jedoch niemand infrage, warum man Karp gebeten hatte, mit Musk, Gates, Zuckerberg und anderen Tech-Stars über KI zu diskutieren. Er bekam sogar einen Ehrenplatz – gleich neben Musk.

Wobei Karp selbst gar nicht so glücklich über die Sitzordnung war. Als er und der CEO von Tesla und SpaceX während des Presse-Briefings vor der Konferenz einige Worte wechselten, fragte er Musk, ob ihm klar sei, warum man sie nebeneinandergesetzt hätte. Musk sagte, er habe keine Ahnung. »Weil der Streukreis einer Schrotflinte gerade mal groß genug für uns beide ist«, meinte Karp lachend. Ob Musk den Scherz verstand und lustig fand, war nicht ganz klar. Karps humoristischer Vorstoß reflektierte seinen Wunsch, als unbequemer, gerade mal geduldeter Eindringling gesehen zu werden, als einer, den das »Establishment« zu gern abgeschossen hätte – wäre es nicht gar so abhängig von seiner Software. Selbst auf einer Veranstaltung, zu der nur »Insider« geladen waren, wollte Karp sich (und Musk) immer noch einreden, dass er ein Außenseiter sei.

In Wahrheit war er längst eine Größe in Washington, was ich eindrucksvoll zu sehen bekam, als ich ihn eines Tages in Palantirs dortiger Dependance besuchte. Er hatte einen außergewöhnlich hektischen Vormittag hinter sich und meinte, mich bestenfalls unterbringen zu können, wenn ich mit zu seinem mittäglichen Workout kam. Also stiegen wir kurz nach Mittag in zwei Autos und wurden an den Startplatz des Capital Crescent Trail an der Uferpromenade von Georgetown chauffiert.

Von dort aus fuhr Karp auf Rollskiern die fünf Meilen zu dem Haus, das er kürzlich in einer in Maryland gelegenen Vorstadt gekauft hatte. Ich und einer seiner Bodyguards begleiteten ihn auf dem Rad; einer der Norweger fuhr auf Rollskiern neben ihm her. Ich hatte schon einfachere Interviews geführt – mein Handy in der einen Hand, um seine Antworten aufzuzeichnen, versuchte ich mit der anderen verzweifelt, einerseits Radfahrern und Joggern auszuweichen, andererseits seinen Skistöcken, damit er mir nicht den Reifen zerstach. Aber trotz unserer angeregten Unterhaltung schafften wir es unfallfrei bis zu seinem Haus. Als wir hineingingen, erwähnte er beiläufig, dass der ehemalige CIA-Direktor George Tenet seinen Besuch angekündigt hatte. Dass Tenet, der Gründer von In-Q-Tel, der Mann, ohne den es Palantir womöglich nicht gegeben hätte, bei Karp vorsprach und nicht umgekehrt, schien mir ein Sinnbild des Ansehens, das Karp inzwischen genoss.

Als Tenet eintraf, stand Karp unter der Dusche. Ich unterhielt mich kurz mit ihm, während einer von Karps Assistenten ein einzelnes Gedeck auf dem Esstisch auftrug – als weitere Übung in Multitasking wollte Karp während seines Meetings mit Tenet zu Mittag essen. Schließlich kam er die Treppe herunter, sein Haar noch tropfnass. Ich schloss mich den beiden an, als Karp Tenet eine kurze Führung durch seine Bibliothek gab; bei ihrem eigentlichen Meeting hatte ich nichts verloren. Auf dem Weg zur Tür hörte ich noch, wie Karp Tenet etwas von seinem Hummus anbot.

Karp gewann nicht nur in Washingtons politischen Kreisen an Profil. So veröffentlichte 2024 der deutsche Filmemacher Klaus Stern einen Dokumentarfilm mit dem Titel *Watching You: Die Welt von Palantir und Alex Karp*. Der Film erlebte seine Uraufführung auf dem DOK.fest, dem Internationalen Dokumentarfilmfestival in München, und erregte große Aufmerksamkeit bei der deutschen Presse. Karp selbst hatte nicht mitgewirkt, aber Karola Brede, die seine Dissertation betreut hatte, war unter denen, die mit Stern gesprochen haben. Karp schien über die Geschäftswelt hinauszuwachsen und wurde – wie Musk, wenn auch nicht in gleichem Maße – zu einer Persönlichkeit der Alltagskultur. Im Sommer 2024 war er Gegenstand einer ausführlichen und recht schmeichelhaften Kurzbiografie von Maureen Dowd in der *New York Times*. Einige Wochen später war er zu Gast bei *Real Time with Bill Maher*. Während er in Los Angeles war, traf Karp sich mit Anwälten aus der Unterhaltungsbranche, um über die Möglichkeit eines Spielfilms über ihn und Palantir zu sprechen. Etwa zur gleichen Zeit sah Karp seine Bedeutung auf ganz andere Weise gewürdigt: Das russische Außenministerium verbot ihm die Einreise nach Russland.

Anders gesagt, es wimmelte nur so von Zeichen der Anerkennung – und der Bestätigung. Palantirs Beispiel folgend, stellten nun auch andere Tech-Unternehmen, darunter OpenAI, Forward-Deployed Engineers ein. Noch bedeutender – und aus Karps Sicht erfüllender – war das Aufkommen einer »Palantir-Mafia«, einer wachsenden Zahl von Startups, die von ehemaligen Palantir-Mitarbeitenden gegründet wurden. Die Liste war zwar noch nicht so illuster wie die der PayPal-Nachkommen (LinkedIn, YouTube etc.), aber sie war beeindruckend und wurde immer länger, mit Unternehmen wie Affirm, OpenSea, Handshake und Ironclad, die allesamt erhebliches Risikokapital angezogen hatten. Der größte Erfolg des »Palantir Packs«, wie man die Firmen nannte, war jedoch ein Unternehmen namens Anduril (eine weitere Anspielung an Tolkien; in der *Herr der Ringe*-Trilogie ist Andúril ein Schwert mit magischen Kräften). Anduril war auf Rüstungstechnologie spezialisiert, insbesondere auf die Herstellung autonomer und halbautonomer Waffen. Gegründet hatten die Firma Palmer Luckey, ein schillernder Unternehmer, der sein Vermögen mit dem Virtual-Reality-Headset-Unternehmen Oculus gemacht hatte, und ein Trio ehemaliger Palantirianer: Brian Schimpf, Trae Stephens und Matt Grimm. Peter Thiels Founders Fund war einer der Hauptinvestoren des Unternehmens, das 2025 bereits mit über 30 Milliarden Dollar bewertet wurde.

Es ließe sich ohne Übertreibung sagen, dass Palantir Anduril hervorgebracht hat, und das nicht nur, weil das Unternehmen drei seiner Mitbegründer stellte. Die Flut von Militäraufträgen, die Palantir in den Jahren nach seiner Klage gegen die Army erhielt, ermutigte andere Tech-Player zur Gründung verteidigungsorientierter Startups. Der von Palantir ausgelöste Umbruch brachte eine Teilbranche neuer Tech-Unternehmen hervor, die sich um Aufträge des Pentagons bemühen – ein Goldrausch, der durch den Krieg in der Ukraine noch beschleunigt wurde. Zwischen 2021 und 2024 steckten Risikokapitalfirmen rund 130 Milliarden Dollar in Startups, die Hard- und Software für das Gefechtsfeld entwickelten – ein erneuter Goldregen, der als Silicon Valleys Schwenk zu »patriotischem Kapital« gewertet wurde.

Die Nachricht im Sommer 2024, Eric Schmidt habe ein Unternehmen zur Herstellung militärischer Drohnen gegründet, schien von geradezu symbolischer Bedeutung. Schmidt befürwortete zwar seit Langem schon engere Beziehungen zwischen Valley und Pentagon, aber sein Einstieg in die Waffenproduktion unterstrich das Ausmaß, in dem der Krieg in Tech-Kreisen in Mode gekommen war – und Karps Palantir hatte eine entscheidende Rolle dabei gespielt. Angeheizt wurde das Gerangel um das Geld aus dem Pentagon zum Teil durch die aggressive Haltung gegenüber China, und auch in dieser Hinsicht konnte Karp mit Fug und Recht behaupten, dass er Recht behalten hatte. Jahrelang war Palantir ein Ausreißer im Valley gewesen, insofern das Unternehmen nicht bereit war,

Geschäfte in China zu machen. Im Gegensatz dazu zögerte die Risikokapital-Community keineswegs, chinesische Startups zu unterstützen, und Tech-Giganten wie Apple und Google hatten Unsummen in China investiert.

Doch bis 2024 hatte sich die Stimmung geändert, zum Teil infolge politischen Drucks: Erst unter Trump und dann unter Biden setzte sich zunehmend die Erkenntnis durch, dass die Beziehungen der USA zu China grundsätzlich antagonistischer Art seien und dass es nicht im nationalen Interesse liege, China Zugang zu amerikanischer Technologie und amerikanischem Know-how zu gewähren. Es war schließlich die Regierung Biden, die Beschränkungen für US-Investitionen in chinesische Tech-Bereiche wie KI und Quantencomputing verhängte. In Washington herrschte jetzt parteiübergreifend Konsens darüber, dass die Vereinigten Staaten und China am Beginn eines neuen Kalten Krieges stehen. Der Rüstungssektor war natürlich bestrebt, die Bedrohung durch China hochzuspielen, weil das gut fürs Geschäft war, und niemand hat sie besser hochgespielt als Karp. Aber in seinem Fall war nicht nur Opportunismus am Werk: Er stand China seit zwei Jahrzehnten skeptisch gegenüber und hielt einen Konflikt schon lange für unvermeidlich.

Und jetzt war Karp ganz unbestreitbar eine Schlüsselfigur in der Debatte über KI, China und Amerikas nationale Sicherheit. Im Mai 2024 ging er in Washington nach einer ganztägigen Konferenz auf ein Dinner, das in einem prunkvollen Raum in der Library of Congress stattfand. Anwesend waren eine beachtliche Anzahl von Politikern, darunter JD Vance, Kyrsten Sinema, Joe Manchin und Lindsey Graham. Die Hauptattraktion jedoch war Alex Karp. Der Mehrheitsführer im Senat, Chuck Schumer, hielt während des Cocktailempfangs eine Rede und lobte Karp für seine Führungsrolle im Bereich der künstlichen Intelligenz (nicht zu vergessen den kleinen Seitenhieb auf seine Frisur). Später traf sich Karp im Rahmen eines Kamingesprächs zu einem Interview mit dem US-Abgeordneten Ritchie Torres, einem Demokraten aus New York. Die Akustik war so miserabel, dass viele Gäste nicht mitbekamen, was Karp sagte, aber der Umstand, dass Torres ihn interviewte und nicht umgekehrt, zeugte von der Macht und dem Einfluss, den er inzwischen ausübte. Kurz darauf verließ einer von Torres' Kollegen, Mike Gallagher, ein Republikaner aus Wisconsin, der für seine harte Haltung gegenüber China bekannt ist, den Kongress und wechselte zu Palantir. Dort ersetzte er als Leiter des Rüstungsgeschäfts Doug Philippone, der das Unternehmen verlassen hatte, um sich auf seinen eigenen, ganz auf Rüstungsstartups ausgerichteten Risikokapitalfonds zu konzentrieren. Gallagher war frustriert, sowohl davon, dass im Kongress nichts voranging, als auch vom Extremismus in seiner eigenen Partei. Aber dass ein amtierender Kongressabgeordneter kündigte, um zu Palantir zu gehen, besagte so einiges über das Renommée, das das Unternehmen inzwischen genoss.

Bei alledem herrschte bei Palantir immer noch der Geist eines Startups. Das Unternehmen beschäftigte kaum 4000 Mitarbeitende, eine Zahl, die seit fast einem Jahrzehnt im Wesentlichen praktisch unverändert geblieben war. Und im Gegensatz zu Apple, Amazon, Google und Facebook, die ihr kontinuierliches Wachstum vor allem durch die Übernahme anderer Unternehmen vorangetrieben haben – laut *Washington Post* hatten die vier Tech-Giganten bis 2021 zusammen mindestens 600 andere Unternehmen geschluckt –, blieb Palantirs Wachstum im Großen und Ganzen organisch. In den zwei Jahrzehnten seines Bestehens hatte das Unternehmen im Stillen ein paar Firmen aufgekauft, aber jedes neue Produkt, das es auf den Markt brachte, wurde intern von Mitarbeitenden entwickelt, die Palantir eingestellt und von denen viele ihre ganze berufliche Laufbahn hindurch nur für Palantir gearbeitet hatten.

Und natürlich leitete Palantir immer noch einer seiner Mitbegründer. Karp war jetzt 57 Jahre alt. Einige der größten Namen der Tech-Branche – Jeff Bezos, Larry Ellison – waren an der Spitze der von ihnen gegründeten Unternehmen geblieben, lange nachdem sie reich geworden waren. Aber sie waren Ausnahmen, so wie Karp. Obwohl er als CEO beschäftigter war denn je zuvor – er reiste wieder so viel wie vor der Pandemie, und mit dem Börsengang hatte sich sein Arbeitspensum beträchtlich erhöht –, dachte er nicht an den Ruhestand. Als ich ihn fragte, ob es Pläne für einen Thronfolger gebe, brach Karp in ein breites Grinsen aus. »Wollen Sie mir etwas sagen?«, fragte er mit gespieltem Entsetzen. »Werde ich morgen von einem Bus überfahren?« Dann wurde er wieder ernst. Es gebe keinen designierten Nachfolger, weil er nicht die Absicht habe, in nächster Zeit zu sterben oder in den Ruhestand zu gehen. Um ehrlich zu sein, kann man sich Palantir kaum unter einem anderen CEO vorstellen, so sehr ist die Identität des Unternehmens eins mit Karp. Außerdem ist es schwer vorstellbar, dass jemand anderes den einzigartigen Fokus mitbringen würde, mit dem Karp den Job angeht.

Die effektivsten Unternehmensführer, so schrieb im September 2024 der prominente Silicon-Valley-Investor Paul Graham in einem Blog-Beitrag, seien die, die im Gründermodus, wie er es nannte, verharrten – Menschen, die in praktisch alle Aspekte ihrer Unternehmen involviert blieben, egal wie groß diese werde. Graham stellte dies dem »Manager-Modus« gegenüber, bei dem der CEO mit zunehmender Größe und Komplexität des Unternehmens seine Führungsriege dirigiert, der er mit Rat zur Seite steht, die Umsetzung seiner Anweisungen jedoch ihr überlässt. Der Gründermodus, so meint er, habe sich als der effektivere Ansatz erwiesen – es gebe schlicht keinen Ersatz für die Vision, das Wissen und die Erfahrung, die ein Gründer sozusagen in die Fabrikhalle einbringen könne. Da sowohl Unternehmer wie Investoren den Vorteil des »Gründermodus« nur bestätigen konnten, wurde Grahams Beobachtung im Silicon Valley über Nacht zum Gemeinplatz. Und auch wenn Graham Karp nicht namentlich erwähnt hatte, verkörperten nur wenige in der Tech-Branche diese Idee besser als der CEO von Palantir.

Wenige Wochen nach Erscheinen von Grahams Post wurde Palantir in den S&P 500 aufgenommen. Für Karp war dies der unumstößliche Beweis dafür, dass er Palantir klug und gut geführt hatte. Zu diesem Anlass veröffentlichte er ein Video, das ihn und einen seiner Norweger beim Joggen auf einer Langlaufloipe zeigte, auf der kein Schnee lag; die beiden stießen sich beim Laufen Schritt für Schritt mit ihren Skistöcken ab. An die Kamera gewandt, sprach Karp schließlich über den langen Weg Palantirs von einem von Risikokapitalgebern gemiedenen Startup zur Mitgliedschaft in der, wie er es nannte, »elitärsten Institution des Wirtschaftslebens«, dem S&P 500. Er platzierte den üblichen Seitenhieb auf die Wall Street, die Palantir zu Unrecht als »Frankenstein-Monster mit einem Freakshow-Leader als Motor, mir«. Karp sagte, er sei »wirklich, wirklich fucking happy« über Palantirs Aufnahme in den S&P 500 und stolz darauf, dass das Unternehmen sich seinen eigenen unkonventionellen Weg gebahnt habe. »Wir haben es auf unsere Art gemacht«, sagte er. Und Palantirs Mitarbeitende, so schob er nach, sowie die Kleinanleger, die das Unternehmen unterstützt hätten, hätten allen Grund zum Triumph. »Die Rebellen haben gesiegt«, sagte Karp. »Die Rebellen haben gesiegt.«

Im April 2023 traf ich mich zweimal mit Peter Thiel, zuerst in seinem Haus in Los Angeles und eine gute Woche später dann in einem Hotel an der Ostküste von Maryland. Ich hatte angenommen, dass er wegen einer politischen Veranstaltung dort sei, aber wie sich herausstellte, leitete er ein Symposium über seinen alten Stanford-Professor René Girard. Als wir uns an dem Nachmittag unterhielten, sagte er mir, dass er sich aus der Politik zurückziehen wolle. Die Anfeindungen, denen er sich wegen seiner Unterstützung Donald Trumps ausgesetzt sah, hätten ihn ziemlich mitgenommen. Eine noch größere Belastung sei das aber alles für seinen Ehemann Matt Danzeisen gewesen, der nun darauf bestehe, dass er sich aus der Präsidentschaftswahl 2024 heraushielt. »Matts überzeugter Meinung nach darf ich überhaupt nichts mehr tun«, sagte Thiel. »Mehr will er nicht. Ich bin also ganz fest entschlossen, mich 2024 aus allem herauszuhalten. Wir werden sehen, ob ich das kann, aber mein Entschluss steht fest. Ich bin verheiratet, er hat ein Machtwort gesprochen, und ich habe auf das zu hören, was er sagt.«

Thiel sagte mir jedoch noch, dass er mit Trump so oder so fertig sei. Auch wenn er die Unterstützung des Immobilienentwicklers 2016 nicht bereue, sie sei ein Fehler gewesen. Obgleich er gewusst hatte, dass Trump ein Mensch voller Mängel mit »einem gestörten Verhältnis zur Wahrheit« ist, wie er es ausdrückte, so hatte er doch geglaubt, Trumps Wahlkampfslogan »Make America Great Again« könnte ein Fanfarenstoß zur nationalen Erneuerung sein. Eine Wahl zu gewinnen, sei jedoch eine Sache, zu regieren eine andere. Thiels Ansicht nach hat Trump als Präsident versagt. Zwar hätte er für einen Bruch gesorgt, aber letztlich wenig dazu beigetragen, das Land von der Lethargie zu befreien, von der es Thiels Ansicht nach befallen ist. »Wir mussten aufhören, uns von den wichtigen Problemen ablenken zu lassen«, sagte er, »und Trump war letztlich eine fantastische Möglichkeit, uns von den wichtigen Problemen abzulenken.« Er spendete nicht für Trumps Kampagne zu seiner Wiederwahl 2020 und lehnte eine Einladung ab, in dem Jahr auf der Republican National Convention zu sprechen. »Die Kriterien waren, dass ich etwas prinzipiell Wahrheitsgemäßes, prinzipiell Positives, einigermaßen Wirkungsvolles sagen sollte, und da fiel mir einfach nichts ein«, sagte er. »Ich vermute, selbst eines dieser Kriterien wäre schwierig gewesen, alle drei waren unmöglich.«

Thiel sagte, er werde Trumps Kandidatur 2024 nicht unterstützen; er hoffte, die GOP werde den Ex-Präsidenten mit den zwei Amtsenthebungsverfahren fallen lassen. Bei den Halbzeitwahlen 2022 habe er eine Handvoll republikanischer Kandidaten unterstützt, aber nur zwei Rennen hätten ihm etwas bedeutet: die Kampagnen für den US-Senat von JD Vance und Blake Masters, Freunden und ehemaligen Schützlingen von ihm, die in Ohio beziehungsweise Arizona kandidierten. Seine Unterstützung für andere Kandidaten, insbesondere für Harriet Hageman, die die Trump-Gegnerin Liz Cheney in der republikanischen Vorwahl für den einzigen Kongresssitz Wyomings besiegte, war nach eigenem Bekunden rein strategisch: Er wollte Trump beschwichtigen, in der Hoffnung, dass er sowohl Vance als auch Masters unterstützen werde (was Trump denn auch tat). Masters verlor die Parlamentswahlen, während Vance gewann, nicht zuletzt dank der 15 Millionen Dollar, die Thiel zu seiner Kampagne beisteuerte. Er deutete jedoch an, dass sein Scheckbuch damit geschlossen sei, insbesondere für Trump.

Karp half Thiels Bruch mit Trump ebenso wenig wie seinerzeit seine Unterstützung Trumps im Wahljahr 2016. Karp war überzeugt, dass Trump wieder ins Weiße Haus einziehen würde, und wenn man sich beim ehemaligen Präsidenten auf etwas verlassen konnte, dann war das seine Rachsucht. Kurz nachdem ich mich mit Thiel in Maryland getroffen hatte, ging Trump ihn um einen Beitrag an. Thiel lehnte ab, worauf Trump antwortete, er sei »sehr, sehr traurig, das zu hören«.

Thiel sagte gegenüber *The Atlantic*, Trump habe ihn in einem anschließenden Gespräch mit Blake Masters einen »verdammten Scheißkerl« genannt. Thiels Bruch mit einstigen und möglicherweise künftigen Präsidenten verhieß nichts Gutes für Palantir.

Als es so weit war und Trump 2024 bei den ersten republikanischen Vorwahlen klar dominierte, kam Karp zu dem Schluss, proaktiv handeln zu müssen, nur für den Fall, dass Trump tatsächlich gewann. »Ich muss das Unternehmen auf Trump vorbereiten«, sagte er mir. Palantir war in den Jahren seit Trumps Ausscheiden aus dem Amt zu einem MAGA-freundlicheren Unternehmen geworden. Die Firma beschäftigte jetzt noch mehr ehemalige Soldaten und hatte aus politischen Gründen eine Handvoll ehemaliger Mitarbeitender republikanischer Abgeordneter und andere Parteigänger eingestellt. Diese Veränderungen in der Belegschaft hatten ihr Pendant in Karps Entscheidung gegen eine Impfpflicht im Unternehmen, und das trotz seiner Mysophobie (er betrat nach wie vor keinen Aufzug ohne Maske). Er wusste, dass es jetzt Impfgegner in der Belegschaft gab, und wollte nicht, dass es zu internen Spannungen kam.

Nachdem Thiel nicht mehr im Spiel war, versuchte Karp, auf andere Weise Verbindungen zum Trump-Universum herzustellen. Auf seine Anweisung hin schwärmten die Mitarbeitenden der Washingtoner Dependance in der Hauptstadt aus, um Kontakte zu Personen zu knüpfen, die aller Wahrscheinlichkeit nach in einer zweiten Regierung Trump einen Job bekommen oder zumindest Einfluss auf sie ausüben würden. Sie nahmen an Konferenzen rechtslastiger Thinktanks teil, an Cocktailempfängen mit Persönlichkeiten aus dem konservativen Lager und an anderen Veranstaltungen, bei denen sich mit ehemaligen und möglicherweise künftigen Amtsinhabern einer neuen Regierung Trump anbandeln ließ – alles, um den potenziellen

Schaden durch den Bruch zwischen Thiel und Trump abzufedern. Und es waren nicht nur Mitarbeitende aus Washington: Im März reiste Louis Mosley nach Palm Springs, um ein Wochenende beim Tennisturnier BNP Paribas Open mit Robert C. O'Brien zu verbringen, der als einer von Trumps Nationalen Sicherheitsberatern tätig gewesen war und ein Haus in der Gegend besitzt. O'Brien ist einer der wenigen »konventionellen« Mitarbeitenden, die das Weiße Haus in gutem Einvernehmen mit Trump verlassen hatten, und man konnte davon ausgehen, dass er im Falle einer Wiederwahl Trumps einen anderen hochrangigen Posten bekommen würde.

Während also Trump der republikanischen Nominierung entgegenging, baute man allenthalben Brücken. Joe Lonsdale, der mittlerweile nach Austin gezogen war, hatte eine Spendenaktion für die Präsidentschaftskandidatur von Floridas Gouverneur Ron DeSantis veranstaltet, weil er sich nicht sicher war, ob Trump tatsächlich gewinnen könnte. Doch nachdem DeSantis' Kampagne floppte, legte Lonsdale seine Zweifel ab und wurde ein glühender Anhänger Donald Trumps. Eine noch größere Hilfe kam im Mai des Jahres, als Jacob Helberg bekannt gab, 1 Million Dollar für Trumps Wahlkampf spenden zu wollen. Helberg ist ein außenpolitischer Analyst, der Karp als bezahlter Berater zur Seite steht. Er hat Verbindungen zu PayPal-Mafia und Thielverse; sein Ehemann war der Risikokapitalgeber Keith Rabois, ehedem ein Redakteur der *Stanford Review*, dann bei PayPal und später bei Thiels Founders Fund. Helberg und Rabois hatten 2018 geheiratet, Sam Altman von OpenAI hatte die Trauung vollzogen.

Helberg stand kürzlich im Mittelpunkt eines Artikels der *New York Times* zum Thema Wettrüsten im Bereich der künstlichen Intelligenz. Für einige bei Palantir war der Artikel Anlass zur Sorge: Ihrer Ansicht nach hatte Helberg seine Grenzen überschritten und nutzte den Namen des Unternehmens aus.

Aber er schien Karp nützlich zu sein: Er war in Washington bestens vernetzt, insbesondere bei den Republikanern, und nun hatte er auch Trumps Gehör. Helberg hatte die Tagung über China und KI ausgerichtet, bei der Karp die Hauptattraktion war, und er konnte Trump zu einer kurzen Videobotschaft überreden, in der dieser sich an eine Begegnung mit Helberg erinnerte und die Teilnehmer aufforderte, »die Ohren steif zu halten«. Einige Wochen später gab Helberg seine Großspende für Trumps Wahlkampf bekannt. Auf X postete Helberg einen Link zu einem Artikel der *Washington Post* über seine Spende und schrieb: »Das ist für Israel.« Aus Palantirs Sicht machte seine siebenstellige Spende den siebenstelligen Scheck wett, den Thiel dieses Mal nicht ausstellte. Im Gegensatz zu Thiel sah Helberg sich nicht mit einer Rede auf dem Parteitag der Republikaner belohnt; er sprach jedoch im Oktober auf einer Trump-Kundgebung in Georgia.

Beim Cocktailempfang im Anschluss an die China/KI-Tagung traf Karp sich kurz mit JD Vance. Zwei Monate später, nach intensivem Lobbying seitens einiger der größten Namen im Silicon Valley – Musk und Lonsdale, um nur zwei zu nennen –, machte Trump Vance zu seinem Kandidaten für den Posten des Vizepräsidenten. Thiel hatte Trump Vance 2021 vorgestellt und sich Berichten zufolge nachdrücklich dafür eingesetzt, den Senator auf das republikanische Ticket zu bekommen. Vance hatte vor seinem Eintritt in die Politik bei Thiels Mithril Capital gearbeitet. Im August sagte Thiel der *New York Times* gegenüber, er sei begeistert, dass Trump sich für Vance entschieden habe, und sei im Begriff, sich für die Idee einer zweiten Amtszeit Trumps zu erwärmen. Außerdem sei er sich jetzt so sicher, dass Trump gewinnen werde, dass er eine Spende nicht mehr für nötig halte. »Trump hat so gut wie gewonnen«, sagte er. »Und die Demokraten haben so gut wie verloren. Und deshalb spielt Geld keine Rolle mehr.«

Zu dem Zeitpunkt war Biden bereits aus dem Rennen und Vizepräsidentin Kamala Harris hatte ihn als demokratische Kandidatin abgelöst. Als ich Karp im August in seinem Haus in Maryland besuchte, gab er sich, was Harris anging, weniger ätzend als sonst. Er räumte ein, dass sie auf dem Parteitag der Demokraten Anfang des Monats eine gute Figur gemacht habe und offenbar für echte Begeisterung zu sorgen vermochte. Er gab zwar Trump nach wie vor die besseren Chancen, aber das Rennen würde seiner Ansicht nach nun weit knapper ausfallen, und so beabsichtige er, Harris zu unterstützen – allen bisherigen Bedenken ihr gegenüber zum Trotz. Als ich ihn nach Vance fragte, wich er aus. »Dazu kann ich nichts sagen«, sagte er.

Am Sonntag vor der Wahl war Karp wieder in Washington. Palantir gab am folgenden Nachmittag seine Ergebnisse für das dritte Quartal bekannt, und er musste sich darauf vorbereiten. (Es war ein weiteres fantastisches Quartal gewesen, und Palantirs Aktie sprang auf die Nachricht hin tags darauf um ganze 10 Dollar nach oben, auf 51,13 Dollar, ein Rekordhoch.) Für Karp stand nun fest, dass Trump wieder Präsident würde. Einwanderung sei ein toxisches Thema für die Demokraten, sagte er, und außerdem war er der Ansicht, Harris habe sich nicht ausreichend von dem unbeliebten Biden distanziert. Ich war zu dem Zeitpunkt so überzeugt von Harris' Sieg, dass ich ihm eine Wette vorschlug: Sollte Trump gewinnen, würde Karp die Hälfte meines Vermögens bekommen; sollte Harris gewinnen, würde ich die Hälfte seines Vermögens bekommen. Glücklicherweise ging er nicht auf die Wette ein.

Ein paar Tage nach der Wahl rief mich Karp an, um mir seine korrekte Prognose unter die Nase zu reiben, aber auch, um das Ergebnis zu diskutieren. Ich sagte ihm, Palantir würde unweigerlich wieder unter Beschuss geraten, wenn Trump seine Drohung wahr machen sollte, noch härter gegen Einwanderer vorzugehen. Karp beteuerte, dass ihm das egal sei – er werde auch diesmal ICE nicht den Rücken kehren. Ich brannte darauf, zu hören, was er jetzt von Trump hielt, hatte doch dessen Brandstifter-Rhetorik seinen ganzen Wahlkampf geprägt. Er bezeichnete seine politischen Gegner als »Ungeziefer« und sprach düster vom »inneren Feind«, ein Vokabular, das der Ansicht vieler Fachleute nach nicht nur an den Faschismus allgemein, sondern an Nazideutschland erinnerte. Immerhin hatte Karp über die Rhetorik des Faschismus promoviert, konnte auf diesem Gebiet also durchaus mitreden – und als einer, dem eigenen Aussagen zufolge nichts so sehr Angst mache wie der Faschismus, hatte er für dessen Töne doch sicher ein feines Ohr. Also fragte ich Karp, ob er Trump noch immer nicht für einen Faschisten halte. Er ignorierte meine Frage und sagte nur, er sei sich nicht sicher, was die nächsten vier Jahre bringen würden.

EPILOG

Anfang Dezember 2024, wenige Wochen nach der Präsidentschaftswahl, veranstaltete Palantir in seiner New Yorker Dependance ein Event zu seiner KI-Plattform AIP. Als ich vormittags dort eintraf, unterhielt Karp sich gerade angeregt mit Amit Kukreja, einem Hobby-Börsenkommentator und möglicherweise Palantirs (und Karps) größtem Fan in der Privatanleger-Community. Er war zu einer Art Maskottchen geworden und man lud ihn mittlerweile regelmäßig zu Unternehmensevents ein. Mitten im Gespräch erspähte Karp eine Frau, die von der anderen Seite des Raumes auf sie zukam, und rief aus: »Hey, was verschafft uns denn diese Ehre? Nach allem, was man so hört, darf man gratulieren.« Als die Frau Karp erreichte, drückte sie ihm ein Küsschen auf die Wange. Karp gab sich enttäuscht und bestand darauf, dass sie ihm auch ein Küsschen auf die andere Wange gab, was sie denn auch tat. Die Frau war Monica Crowley, die *Fox-News*-Kommentatorin, die eben vom designierten Präsidenten Trump zur Protokollchefin der Vereinigten Staaten ernannt worden war. Sie hatte bereits der ersten Regierung Trump angehört. Bei *Fox News* hatte sie Verschwörungstheorien über Präsident Obama verbreitet – beispielsweise, dass er ein Moslem sei, der in den Vereinigten Staaten die Scharia einführen wolle. Karp sieht in ihr eine Freundin; sie kennen sich von der Sun Valley-Konferenz und anderen Events. Aber Crowley ist auch ein Star am MAGA-Firmament und MAGA ist im Aufwind. Entsprechend ließe Karps überschwängliche Begrüßung sich als Sinnbild für seine Gesinnungsänderung sehen. Diesmal würden er und Palantir sich Trump kompromisslos anschließen, ja sogar mit Begeisterung.

Einige Stunden nach der Begegnung mit Crowley, fuhr Karp zu einem Live-Interview mit dem Fox Business Channel. Zwei Tage zuvor hatte man unweit der Fox-Studios den CEO von UnitedHealthcare erschossen, und der Täter war nach wie vor nicht gefasst. Karps Sicherheitsteam war an dem Tag größer als üblich, und seine Bodyguards waren sichtlich nervös. Entsprechend waren sie alles andere als begeistert, als Karp, frustriert vom Manhattaner Verkehr, ausstieg, um die letzten paar Blocks zu Fuß zu gehen. Karp nutzte das Interview, um Palantirs patriotische Einstellung zu bekräftigen – »Palantir existiert, um dieser Nation zu dienen« – und mit dem Erfolg des Unternehmens zu prahlen. »An alle, die uns runtergemacht haben«, sagte er in Anspielung auf das bevorstehende Weihnachten. »Freut euch über eure Kohle!«[3] Worauf Fox-Moderatorin Liz Claman lachte. Als sie Karp zur Ernennung von Elon Musk zum Leiter einer Initiative zur Kostensenkung namens Department of Government Efficiency (DOGE) befragt, gibt er sich überschwänglich. »Ich unterstütze, was die tun, von ganzem Herzen«, antwortet er, »und Gott weiß, dass man dafür keinen Besseren finden könnte als Elon.«

Von New York flog Karp zum jährlichen Reagan National Defense Forum nach Los Angeles. Begleitet wurde er von Shyam Sankar, der Berichten zufolge für einen hohen Pentagon-Posten im Gespräch war. Joe Lonsdale war ebenfalls mit dabei, ebenso wie Doug Philippone. Auf der Konferenz wimmelte es nur so von Leuten aus der Verteidigungs-Tech-Branche, die alle bester Laune schienen: Sie wussten, Trumps zweite Amtszeit würde gut fürs Geschäft. Karp nahm an einer

3 Kinder, die das Jahr über nicht brav waren, bekommen von Santa Claus statt Geschenken Kohle in die aufgehängten Socken gesteckt.

Podiumsdiskussion teil. Er behauptete, Trump habe ein »massives Mandat« erhalten, und bedachte die Demokraten, die er als »meine gelegentlich ehemalige Partei« bezeichnete, mit seiner üblichen Verachtung. Er sagte, die Demokraten hätten unter anderem deshalb verloren, weil »die Leute eure woke, heidnische Ideologie nicht hören wollen«; sie würden lieber wissen, »dass sie sicher sind, und Sicherheit bedeutet, dass der andere Angst hat. Nur so sorgt man für Sicherheit. Der durchschnittliche Amerikaner versteht das. Leider verstehen das viele der intellektuell vereinnahmten (...) intellektuell von der Berkeley-Fraktion vereinnahmten Institutionen nicht.« Musk repostete einen Ausschnitt aus Karps Bemerkungen mit einem markigen Kommentar: »Aber voll!«

Einige Tage nach dem Reagan-Event belohnte Trump Jacob Helberg für seine 1,25-Millionen-Dollar-Wahlkampfspende, indem er ihn zum Staatssekretär für Wirtschaftswachstum, Energie und Umwelt ernannte. Mitte Dezember spendete Karp still und leise 1 Million Dollar aus seinem Privatvermögen an das Trump Vance Inaugural Committee. Der Amtseinführung selbst jedoch blieb er fern, obwohl zu den Festivitäten an dem Wochenende auch eine Party in Peter Thiels Washingtoner Villa stattfand. Diese zog einige Prominenz an, darunter JD Vance, Mark Zuckerberg, Sam Altman, Joe Lonsdale, Donald Trump Jr. und der Sprecher des Repräsentantenhauses Mike Johnson. Unabhängig davon gaben einige hochrangige Palantirianer eine Zigarrenparty in einem Washingtoner Hotel, zu der sich einer aus der Führungsriege ausgeladen sah, weil er den anderen nicht MAGA genug schien. Karp verbrachte das Wochenende mit Skifahren.

Anfang Februar, zwei Wochen nach Trumps Vereidigung, brachte Karp ein Buch mit dem Titel *The Technological Republic: Über die Macht des Silicon Valley und die Zukunft des Westens* heraus. Mitverfasser war Nick Zamiska, Palantirs

Head of Corporate Affairs. Das Buch beschreibt Karps Weltanschauung und (weniger bissig formuliert als sonst) einige seiner Lieblingsärgernisse; alles in allem ist es eine kaum verhüllte Verkaufspräsentation für Palantir. Langatmig kommt es auf das zentrale Argument zu sprechen, dem zufolge der an den Universitäten gelehrte kulturelle Relativismus und die Konsumorientiertheit des Silicon Valley das »amerikanische Projekt« untergraben hätten und dass ein neuer, technologiegetriebener Nationalismus gebraucht werde, um die Vorherrschaft Amerikas und damit auch des Westens zu erhalten.

Die Reaktion auf *The Technological Republic* war durchwachsen. Das *Wall Street Journal* lobte es als »neuen Beitrag zur politischen Theorie«. Der konservative Kolumnist George F. Will schrieb: »Seit Allan Blooms erstaunlich erfolgreichem Buch *Der Niedergang des amerikanischen Geistes* aus dem Jahr 1987, das sich über eine Million Mal verkaufte, gab es keine so umfassende Kulturkritik mehr wie die von Karp.« Andere hingegen zerrissen das Buch in der Luft. Der politische Kommentator John Ganz schrieb für *Bloomberg*, es sei »voller schlechter Ideen, die von bloß zweifelhaft bis abscheulich und beunruhigend reichen (…) Es ist der Vorbote einer so finsteren wie beunruhigenden Zukunft.« Einige Kritiker betrachteten das Buch als ein techno-autoritäres Manifest, das zufällig genau zu dem Zeitpunkt erschienen sei, als Karp und andere Oligarchen aus dem Silicon Valley effektiv die Macht im Staat übernommen hätten. Aber die Neinsager schienen den Verkauf nicht zu beeinträchtigen: *The Technological Republic* erreichte Platz eins der Bestsellerliste der *New York Times*. Auf dem X-Account von Palantir feierte das Unternehmen diesen Erfolg mit den Worten: »Die Aufständischen haben die Tore durchbrochen.« Außerdem brachte das Buch Karp einen Fan im Oval Office ein. Im Februar war er im Rahmen seiner Werbetour Gegenstand eines Artikels im *Wall Street Journal* mit der Überschrift »Alex Karp Wants Silicon Valley to Fight for America«. Einige Tage später erhielt Karp ein Exemplar des Journal-Artikels mit einer Unterschrift von Trump. Direkt darüber stand: »Alex – großartig!«

Für Leser, die mit Karps Dissertation vertraut sind – was zugegebenermaßen nur auf sehr wenige zutrifft –, enthält das Buch eine bestürzende Passage. Karp und Zamiska erwähnen Martin Walsers Paulskirchen-Rede von 1998, in der er die fortgesetzte Instrumentalisierung des Holocaust als Moralkeule gegen das deutsche Volk anprangerte. Karp hatte Walsers Rede in seiner Dissertation in einem finsteren Licht dargestellt und als Beispiel für faschistische Rhetorik angeführt. Die Autoren von *The Technological Republic* dagegen loben Walser als Verfechter der Meinungsfreiheit, der sich mutig gegen die Gedankenpolizei zur Wehr gesetzt habe. »Er hat«, so schreiben sie, »die verbotenen Wünsche und Gefühle einer ganzen Nation zum Ausdruck gebracht und damit eine immense innere Dissonanz seines Publikums gelöst. Die meisten von ihnen lebten in einer Kultur, in der jede freie Meinungsäußerung streng überwacht und auf das geringste Abweichen von der Mehrheitsmeinung, vom nationalen Konsens, geprüft wurde.«[4]

Karps Neueinschätzung Walsers reflektiert einen offenbar umfassenderen Wandel in seinem Denken. Es fällt auf, dass ein angeblich der Zukunft des Westens gewidmetes Buch kaum etwas über den Liberalismus zu sagen hat und den Aufstieg der populistischen Rechten und die Bedrohung, die sie für die demokratische Regierungsform in den USA und Europa darstellt, komplett ignoriert. Früher hatte Karp die Verteidigung des Westens

---

4 Karp, Alexander C.; Zamiska, Nicholas W., *The Technological Republic: Über die Macht des Silicon Valley und die Zukunft des Westens. Der Palantir-Gründer über die Tech-Industrie, Innovationen, Wirtschaft & Geopolitik* (S. 230). FinanzBuch Verlag. Kindle-Version. Aus dem Englischen von Tobias Gabel, Enrico Heinemann und Jörn Pinnow.

mit der Sicherung seiner politischen Ordnung gleichgestellt. Noch 2020 hatte das Unternehmen in seinem Wertpapierprospekt für die Börsenaufsicht erklärt, seine Mission bestehe darin, »die westliche liberale Demokratie und ihre strategischen Verbündeten zu unterstützen«. In *The Technological Republic* gibt es jedoch keinen Hinweis darauf, dass Karp die Demokratie und ihre Grundlagen wie etwa Rechtsstaatlichkeit als wesentlich für den Erfolg und den anhaltenden Wohlstand des Westens erachtet.

Stattdessen schien Karp seine Meinung über die Gründe für den Erfolg des Westens geändert zu haben. In einem Aktionärsbrief vom Februar 2025 zitierte er wohlwollend die Beobachtung des Politikwissenschaftlers Samuel Huntington, dass der Westen die Welt »nicht durch die Überlegenheit seiner Ideen oder Werte oder seiner Religion« erobert habe, sondern »vielmehr durch seine Überlegenheit bei der Anwendung von organisierter Gewalt«. Bei einem Werbeauftritt für *The Technological Republic* in der CNBC-Sendung *Squawk Box* ließ Karp durchblicken, dass die westliche Zivilisation irgendwie von Natur aus besser sei. »Der Westen als Idee und als Prinzip, nach dem er umgesetzt wird, ist offensichtlich überlegen«, sagte er. Es sah ganz so aus, als entkoppele Karp damit das Schicksal des Westens von dem der liberalen Demokratie. War er womöglich zu der Überzeugung gelangt, dass die beiden nicht untrennbar miteinander verbunden sind? Oder war er mit Trump im Weißen Haus einfach nur ein cleverer CEO und hängte sein Mäntelchen nach dem gerade herrschenden Wind?

Noch während Karp mit seinem Buch tourte, geriet Palantir einmal mehr in eine Kontroverse um ICE. Im April berichtete die Tech-Website *404 Media*, dass Palantir einen 30 Millionen Dollar schweren Vertrag mit ICE unterzeichnet habe, um Software für eine neue Plattform namens ImmigrationOS zu liefern, die Abschiebungen erleichtern soll. *404 Media* gelangte an eine interne Palantir-Wiki-Seite, auf der man den Mitarbeitenden die Gründe für den Vertrag erläuterte. Es heißt dort, dass sich »die nationale Debatte über die Durchsetzung der Einwanderungsbestimmungen sowohl an der Grenze als auch im Inneren der Vereinigten Staaten verschoben« habe und dass sich damit für das Unternehmen »eine Gelegenheit bietet, gute Arbeit zu leisten«. Die Website veröffentlichte außerdem Slack-Messages, in denen Aki Jain, der verantwortliche Leiter von Palantirs US Government Business, erklärte, dass das Unternehmen auf Fragen und Bedenken der Mitarbeitenden eingehen werde. »Ich bin mir bewusst, dass dies ein Thema ist, das viele Hobbits interessiert«, schrieb er. »Wir sind uns bewusst, dass Sie, je öffentlicher dies wird, wahrscheinlich von Freunden, Familienangehörigen, Bewerbern und Kunden gefragt werden, was davon wahr und was frei erfunden ist.« John Grant, Mitglied des Teams für Datenschutz und Bürgerrechte bei Palantir, veröffentlichte einen Link zu einer internen FAQ mit dem Titel »Kann es richtig sein, einen Kunden zu unterstützen, wenn man dessen Intentionen für falsch hält?«.

Zu dem Zeitpunkt begannen sich Videos zu verbreiten, in denen maskierte ICE-Agenten Menschen auf der Straße festnahmen; und zu den Betroffenen gehörten nicht nur illegale Einwanderer, sondern auch ausländische Studenten, die an Protesten gegen den Krieg in Gaza teilgenommen oder sich auch nur dagegen ausgesprochen hatten. Berichten zufolge befanden sich unter den von ICE Aufgegriffenen auch einige US-Bürger. Die Festgenommenen landeten in ICE-Verwahrungseinrichtungen. Nach Aussagen von Einwanderungsanwälten und gewählten Volksvertretern, die sich diese Einrichtungen ansahen, waren sie überfüllt und unhygienisch, zudem mangelte es an Nahrung, Wasser und medizinischer Versorgung. Einige Häftlinge gaben an, von den Wärtern körperlich misshandelt worden zu sein.

ICE schob darüber hinaus Hunderte von angeblichen Mitgliedern einer venezolanischen Bande nach El Salvador ab, wo sie in einem für seine Brutalität berüchtigten Gefängnis inhaftiert wurden. Recherchen von *New York Times* und *Washington Post* zufolge hatten viele dieser Personen keinerlei Verbindung zu Gangs. Ein Bundesrichter warf der Regierung Trump vor, sich über sein Verbot zweier Häftlingstransporte nach El Salvador hinweggesetzt zu haben; man habe den Betroffenen ein ordnungsgemäßes Verfahren verweigert. In einem Interview im Juli erklärte Trumps Grenzschutzbeauftragter Tom Homan gegenüber *Fox News*, dass die Bestimmungen der Verfassung bei der Durchsetzung der Einwanderungsgesetze nicht anzuwenden seien. »Sehen Sie, die Leute müssen verstehen, dass ICE-Agenten und Grenzschutzbeamte keinen hinreichenden Grund brauchen, um jemanden anzuhalten und zu befragen«, sagte er. »Es genügt der Gesamteindruck, ja? Sie beobachten, sammeln die typischen Fakten.« Auch Racial Profiling, so ließ Homan durchblicken, sei Teil der ICE-Strategie – man nehme Menschen »aufgrund der Örtlichkeit, ihres Berufs, ihrer äußerlichen Erscheinung und ihrer Handlungsweise« ins Visier.

DOGE schickte Software-Ingenieure, die meisten von ihnen Twens (einer war noch ein Teenager), in eine Reihe von Behörden. Dort bemächtigten sie sich der Computersysteme und verschafften sich in einigen Fällen Zugang zu Daten, die einzusehen sie keine Berechtigung hatten. Es wurde eine Reihe von Klagen gegen die Rechtmäßigkeit des Vorgehens von DOGE eingereicht. Einer dieser Ingenieure hatte ein Praktikum bei Palantir absolviert. Dem Magazin *Wired* zufolge halfen zwei ehemalige Mitarbeitende von Palantir bei der Rekrutierung für DOGE. Wie *Wired* außerdem berichtete, hatte DOGE vor, mithilfe von Palantirs Foundry sämtliche Daten des Bundesfinanzamts (IRS) zusammenzuführen und anderen Behörden zugänglich zu machen.

Allen Kontroversen um DOGE zum Trotz beharrte Karp darauf, dass sein Unternehmen einen notwendigen Dienst für das Land leiste – und das bei einem wachsenden Berg von Beweisen dafür, dass es sich um eine stümperhafte Operation handelte, durch die essenzielle Behördenfunktionen bedroht waren. In einem weiteren Auftritt beim Fox Business Channel sagte er: »Palantir ist ausgesprochen pro-DOGE, ich bin pro-DOGE, ich glaube, dass da Großartiges für Amerika passiert.« Wenn man bedenkt, wie sehr Karp zwei Jahrzehnte lang auf die Bedeutung des Datenschutzes gepocht hatte, war diese Verherrlichung einer massiven Datenpanne, die zwangsläufig ein noch tieferes Misstrauen gegenüber der Tech-Branche, und Palantir im Speziellen, lostreten würde, geradezu paradox.

Außerdem überschlug Karp sich schier bei der Verteidigung Elon Musks. Am Tag von Trumps Amtseinführung hatte Musk eine Ansprache mit einer Geste beendet, in der die halbe Welt einen Nazi-Gruß sah. In einem Interview mit CNBC darauf angesprochen, ging Karp nicht auf die Geste selbst ein, sondern wies darauf hin, dass Musk nach dem 7. Oktober nach Israel gereist sei, um seine Unterstützung für den jüdischen Staat zum Ausdruck zu bringen, und dass jede Andeutung, er sei ein Nazi-Sympathisant oder Antisemit, »völlig absurd und eine totale Geschichtsverfälschung« sei. Musk würdigte diese Unterstützung: »Alex Karp ist hammer«, schrieb er auf X und fügte ein Herz-Emoji hinzu.

Bei alledem gewann Karps eigene Rhetorik zunehmend an Bombast. Anlässlich eines Earnings-Calls bezeichnete er DOGE als »Revolution«, bei der »einige Leute einen Kopf kürzer gemacht« würden – eine offensichtliche Anspielung auf die Zehntausenden von Bundesangestellten, die zu diesem Zeitpunkt gekündigt hatten oder entlassen worden waren. Im Februar, als er im CVJM in der New Yorker 92nd Street in einem Gespräch mit Andrew Ross Sorkin sein Buch vorstellte, spann er Fantasien über die Demütigung der Wall-Street-Analysten, die Palantir gegenüber immer so skeptisch gewesen waren. »Ich könnte mir gut vorstellen«, sagte er, »eine Drohne zu besorgen und die Analysten, die uns anschmieren wollten, mit einem Nebel von mit Fentanyl versetztem Urin zu besprühen.« Auch die Werbung von Palantir wurde handfester: Der neue Slogan des Unternehmens lautet »Software, die dominiert«.

All das wurde einigen ehemaligen Palantirianern denn doch zu viel. Im Mai veröffentlichten dreizehn ehemalige Mitarbeitende des Unternehmens einen offenen Brief mit der Überschrift »Die Säuberung des Auenlands«, in dem sie dem Unternehmen vorwarfen, seine Gründungsprinzipien (den Schutz von Demokratie und Menschenrechten, die Verteidigung der wissenschaftlichen Forschung) verraten zu haben und »unter dem Deckmantel einer von Oligarchen angeführten ›Revolution‹ den Autoritarismus zu normalisieren«. Zu den Unterzeichnern gehörte Ari Gesher, einer von Palantirs Software-Ingenieuren der ersten Stunde. Palantir antwortete darauf, dass die ehemaligen Mitarbeitenden zwar »sicherlich das Recht haben, ihre Meinung zu diesen Themen zu äußern«, dass sie aber mit Palantirianern von heute hätten sprechen sollen, um »besser zu verstehen, gegen was sie da protestieren«.

Etwa zur gleichen Zeit stellte Palantir auf seinem X-Konto ein vierminütiges Video ein, in dem Mitarbeiter, die das Unternehmen verlassen hatten, dann aber wieder zurückgekehrt waren, ihre Motive dafür erklärten. Der Clip war ziemlich merkwürdig, nicht zuletzt wegen der schaurigen musikalischen Untermalung. »Ich habe es um die sechs Monate ohne Palantir ausgehalten«, erklärt einer der Heimkehrer, dann sei ihm klar geworden, dass er einen Fehler gemacht hatte. Das Video sollte ganz eindeutig einem Exodus all derer entgegenwirken, denen Palantirs Verträge, unter anderem der mit ICE, Kopfschmerzen bereitete.

Eine Palantirianerin, die der Beziehung zu ICE wegen gekündigt hatte, blieb jedoch bei ihrer Entscheidung und forderte andere auf, ihrem Beispiel zu folgen. Auf ihrer LinkedIn-Seite schrieb Brianna Katherine Martin: »Den größten Teil meiner Zeit bei Palantir empfand ich unseren Umgang mit der Problematik unserer Möglichkeiten als wohltuend, transparent und mit meinem Gewissen vereinbar. Das hat sich für mich in den letzten Monaten geändert ... Angesichts der Aushöhlung des Rechtsstaats und seiner Institutionen ist jetzt nicht die richtige Zeit für den Aufbau einer Maginot-Linie von Rechtfertigungen auf der Basis von Bequemlichkeit und Konformität. Wenn es sich falsch anfühlt, dann weil es wahrscheinlich falsch ist.«

Ende Mai kam es zu weiteren Kontroversen, als die *New York Times* berichtete, dass Palantir die Regierung Trump beim Aufbau einer zentralen Datenbank mit persönlichen Informationen über US-Bürger unterstütze. Diese Bemühungen stehen angeblich im Zusammenhang mit einer Durchführungsverordnung Trumps vom März, die die Konsolidierung der Datenerfassung sämtlicher Behörden auf den Weg bringen soll. Während seiner ersten Amtszeit hatte Trump keinen Zweifel daran gelassen, die Macht seines Amtes zur Bestrafung vermeintlicher Feinde nutzen zu wollen. Jetzt war sein Durst nach Vergeltung womöglich noch größer, und der Aufbau einer zentralen Datenbank mit personenbezogenen Daten alarmierte nicht nur Demokraten, sondern auch zahlreiche Datenschützer und Bürgerrechtler. Historisch gesehen wurden viele dieser Informationen absichtlich getrennt gespeichert, um Missbrauch zu verhindern – und gerade im Fall von Trump erscheint das Potenzial für Missbrauch enorm.

Palantir reagierte mit ungewöhnlicher Heftigkeit auf den Artikel der *Times*. Auf X bezeichnete das Unternehmen den Artikel als »offenkundig unwahr« und erklärte, »wenn die Fakten auf ihrer Seite wären, hätte die *New York Times* die Wahrheit nicht verdrehen müssen«. Man postete weitere Beiträge gegen die *Times*, darunter einen mit dem Titel »Demokratie stirbt in Unfähigkeit«, in Anspielung auf den Slogan »Demokratie stirbt im Dunkeln«. Darüber hinaus veröffentlichte das Unternehmen auf seinem Blog eine Gegendarstellung, die mit gut 4000 Wörtern mehr als doppelt so lang war wie der Artikel der *Times*. Palantir erklärte darin, der Artikel stelle die Arbeit des Unternehmens ganz allgemein falsch dar und vermittle ein völlig verzerrtes Bild seiner Zusammenarbeit mit der Regierung Trump, die lediglich darauf abziele, den Staat effizienter zu machen. Auf die Befürchtungen, Trump könnte seinen Zugang zu privaten Informationen zur Rache an seinen Gegnern nutzen, reagierte der Blogpost nicht.

In Reaktion auf den *Times*-Artikel schickte eine Gruppe demokratischer Parlamentarier, darunter die Kongressabgeordnete Alexandria Ocasio-Cortez und die Senatorin Elizabeth Warren, Palantir einen Brief, in dem sie weitere Informationen über die angebliche Datenbank forderten und dem Unternehmen rieten, einschlägige E-Mails und andere Mitteilungen »im Hinblick auf künftige Rechtsstreitigkeiten und eine Aussage vor dem Kongress« aufzubewahren. Die Reaktion der Linken beunruhigte Karp jedoch wenig. Was ihm und anderen aus der Führungsriege eher Sorgen machte – und zum Teil auch die ungestüme Reaktion auf den *Times*-Artikel zeitigte –, war die Empörung unter MAGA-Influencern darüber, dass Trump, der sich doch immer zum Opfer des Deep State stilisiert hatte, diesem nun ihrer Ansicht nach noch mehr Macht gab. Nick Fuentes, der notorisch antisemitische weiße Nationalist, der mit Trump in Mar-a-Lago diniert hatte, schrieb auf X, Trumps Zusammenarbeit mit Palantir sei »der ultimative Verrat an seinem eigenen Volk«, und schob dann die Frage nach: »Wenn Palantir nicht der Deep State ist, wer dann?«. Die Palantirianer blieben dabei, dass der Artikel der *Times* faktisch falsch sei, wollten aber auch verhindern, dass sich die Empörung der Rechtsextremen zu einer Bedrohung für ihr Geschäft entwickelte. Eine prominente MAGA-Stimme freilich setzte sich für Palantir ein: der altgediente Verschwörungstheoretiker Alex Jones sagte, Palantir sei nicht weniger vertrauenswürdig als andere große Tech-Unternehmen und würde nur deshalb herausgegriffen, weil es »Trump unterstützt«.

Tatsächlich schien Karp nun voll und ganz auf Trump zu setzen. Im Mai war er einer der rund dreißig amerikanischen CEOs, die Trump auf seiner Reise nach Saudi-Arabien begleiteten. Er plauderte dort freundschaftlich mit Trump und dem saudischen Kronprinzen Mohammed bin Salman, nahm an einem traditionellen Schwerttanz teil. Einige Wochen später sponserte Palantir Trumps Washingtoner Militärparade mit 5 Millionen Dollar, eine Veranstaltung vorgeblich zur Feier des 250-jährigen Bestehens der Army, das rein zufällig mit dem 79. Geburtstag des Präsidenten zusammenfiel.

Im Vergleich zu dem, was Palantir die ersten Monate von Trumps Rückkehr ins Amt eingebracht haben, war dies jedoch eine kleine Investition. Berichten der *Times* zufolge hatte das Unternehmen bereits mehr als 100 Millionen Dollar an neuen Verträgen und Verlängerungen von bestehenden Verträgen erhalten. Der Aktienkurs des Unternehmens hatte sich seit der Wahl fast verdreifacht, ein Beweis für das Vertrauen der Anleger darauf, dass Palantir in einer einzigartigen Position sei, um von Trumps zweiter Präsidentschaft zu profitieren. In den ersten beiden Quartalen 2025 schnitt Palantir besser ab als jede andere Aktie im S&P 500. Mitte August lag die Aktie bei über 200 Dollar, die Marktkapitalisierung war auf rund 430 Milliarden Dollar gestiegen, und Palantir gehörte zu den 20 wertvollsten Unternehmen der Welt. Karps Nettovermögen lag nun bei weit über 10 Milliarden Dollar.

Ich traf mich mit Karp am Wochenende des 4. Juli. Es gab eine Menge zu besprechen. Palantir war einmal mehr Gegenstand des Protests. Man demonstrierte vor den Dependancen des Unternehmens in Denver und New York sowie in der Lobby von Thiels Gebäude in Los Angeles. Die Demonstranten verwiesen auf Palantirs Arbeit mit ICE, seine Unterstützung des Gaza-Kriegs und seine angebliche Rolle bei der Unterstützung der Regierung Trump beim Ausbau des Überwachungsstaats. Musk hatte sich unterdessen von DOGE zurückgezogen, nachdem er damit seinem eigenen Ruf nicht weniger geschadet hatte als Teslas Aktienkurs; seine Beziehung zu Trump hatte sich in Bitterkeit aufgelöst. Trump selbst war nicht viel beliebter: Seine Zustimmungsrate war auf etwa 40 Prozent gesunken, und die Mehrheit der Amerikaner lehnte nun seine Einwanderungspolitik ab.

Karp war jedoch voll des Lobes für Trump und pries den Präsidenten für den kürzlich erfolgten Angriff der USA auf die iranischen Atomanlagen (eine Operation, an der die Software von Palantir über das Projekt Maven beteiligt war). Er bezeichnete das Streben des Irans nach der Bombe als »Scheideweg« für die zivilisierte Welt und behauptete, kein Demokrat hätte ein ähnliches Maß an Mut und Entschlossenheit gezeigt. Er sei jetzt, so sagte er, ein Ein-Thema-Wähler: sein Thema sei die nationale Sicherheit sei und den Iran an der Entwicklung von Atomwaffen zu hindern sei eine existenzielle Notwendigkeit. Trump habe mit Hilfe Israels (und Palantirs) die Welt sicherer gemacht, und Karp äußerte Bewunderung und Dankbarkeit für seine Entscheidung, den Schlag gegen den Iran anzuordnen.

Als ich auf ICE und Einwanderung zu sprechen kam, sagte Karp (und ignorierte dabei den Stimmungsumschwung, wie er aus den Umfragen hervorging), die Wähler hätten bei der Wiederwahl Trumps deutlich gemacht, dass es ihnen nicht nur um die Sicherheit der Grenze ging, sondern auch um die Aufrechterhaltung von Amerikas demografischem Gleichgewicht – und nichts von dem, was Trump bis zu diesem Zeitpunkt getan habe, darauf bestand er, sei verfassungswidrig. Die Sorgen um das Schicksal der Demokratie seien übertrieben, schließlich hätten die Vereinigten Staaten immer noch eine »voll und ganz funktionierende Justiz«. Für Trumps Kritiker, so sagte er, habe er kein Verständnis – am Trumpismus seien die aufgescheuchten Demokraten in ihrer Resignation selbst schuld. »Ich habe keine Lust, endlos über Trump zu sprechen, so verantwortungslos wie die andere Seite ist«, sagte er. »Sie tun nichts in Sachen Einwanderung, sie tun nichts in Sachen Iran. Sie reden die ganze Zeit über Rassismus, aber über Antisemitismus reden sie nicht. Ich habe es satt, dass Linke rechtspopulistische Bewegungen fördern, weil sie bei diesen Themen nicht wie Erwachsene handeln wollen.«

Die Liberalen, so räumte Karp ein, würden ihm all das wahrscheinlich verübeln, aber es sei nun mal die unbequeme Wahrheit, und er begrüße mittlerweile ihre Geringschätzung. Die Verachtung der Linken für Palantir scheine dem Unternehmen gutzutun. Obwohl es noch nie so umstritten gewesen sei, gewinne es weiterhin neue Kunden, und die Aktien des Unternehmens hätten ein Rekordhoch erreicht und stiegen weiter. »Unbeliebtheit zahlt sich aus«, sagte er.

DANK

Jedes Buch benötigt einen Vertrauensvorschuss seitens des Verlegers, und ich bin wirklich froh, dass Ben Loehnen mich für kreditwürdig hielt. Ben ist ein fantastischer Lektor, ein weiser Ratgeber mit einem herrlichen Sinn für Humor, mit dem zu arbeiten mir ein Vergnügen war. Dank schulde ich auch Carolyn Kelly, David Kass und dem übrigen Team von Avid Reader Press. Avid Reader ist ein dynamischer Verlag, und ich bin stolz darauf, mit meinem Buch dazuzugehören.

Ich habe das Glück, von David Black und Gary Morris vertreten zu werden, zwei der besten literarischen Agenten der Branche, unermüdliche Fürsprecher und unverzichtbare Gesprächspartner. Ich bin dankbar für ihre Unterstützung, Ermutigung und Freundschaft. Gary war ein Partner bei diesem Projekt, und das Buch hat von seiner Weisheit enorm profitiert.

Dankbar bin ich auch für die Bereitschaft so vieler aktueller und ehemaliger Palantirianer, mit mir zu sprechen und ihre Gedanken und Erinnerungen mit mir zu teilen. Ein besonderer Dank geht an Lisa Gordon für all das, was sie getan hat, um dieses Buch möglich zu machen.

Es ist ein Privileg, für das *New York Times Magazine* schreiben zu dürfen, und ich bin Jake Silverstein, Bill Wasik, Dean Robinson und ihren Kollegen dort zu Dank verpflichtet.

Eine Handvoll Leute hat das Manuskript ganz oder teilweise gelesen und mir wertvolles Feedback gegeben. Mein Dank geht an Peter Steinberger, Tobias Rees, Joel Fishman, Eric Tagliacozzo, Virginia Van Natta und Rahul Jacob.

Dank auch an Brian Shames und andere geschätzte Freunde: Wilf Jaeger, Bill Klapp, Dickon Pownall-Gray, David Vos, Julie Ma, Gary Rosenberg, John Stocker, George Nouaime, David und Bob Cox.

Es wäre unverzeihlich, hier nicht mein Tennisteam zu erwähnen, allesamt ausgezeichnete Sparringspartner und noch bessere Freunde; unser Schlagabtausch war stets eine willkommene Abwechslung von der Plackerei des Bücherschreibens.

Wie immer danke ich meinen Eltern, John und Rita Steinberger, und meinen Schwiegereltern, Joseph und Keiko Brennan, sowie den erweiterten Familien Steinberger und Brennan.

Mein Sohn James und meine Tochter Ava erfreuen und inspirieren mich jeden Tag aufs Neue und erfüllen mich mit Hoffnung.

Selbst nach all den Jahren schlägt mein Herz immer noch schneller, wenn meine Frau Kathy Brennan den Raum betritt. Ich liebe sie, und ich liebe das Leben, das wir gemeinsam gestaltet haben.